W0290020

James Walker

Wenn Männer nicht führen… und Frauen nicht folgen

Partnerschaft und Harmonie

FRANCKE
Verlag der Francke-Buchhandlung GmbH

CIP-Titelaufnahme der Deutschen Bibliothek

Walker, James:
Wenn Männer nicht führen . . . und Frauen nicht folgen : Partnerschaft und Harmonie / James Walker. [Dt. von Agentur Lardon/Köppl]. – Marburg an der Lahn : Francke, 1991
(Edition C : F, Brennpunkt die Familie ; Nr. 36)
Einheitssacht.: Husbands who won't lead and wives who won't follow ‹dt.›
ISBN 3-88224-869-6
NE: Edition C / F

Alle Rechte vorbehalten
Originaltitel: Husbands Who Won't Lead And Wives Who Won't Follow
© 1989 by James Walker
Published by Bethany House Publishers, Minneapolis, USA
© der deutschsprachigen Ausgabe
1991 by Verlag der Francke-Buchhandlung GmbH,
3550 Marburg an der Lahn
Deutsch von Agentur Lardon/Köppl
Umschlaggestaltung: Herybert Kassühlke
Satz: Druckerei Schröder, 3552 Wetter/Hessen
Druck: St.-Johannis-Druckerei, C. Schweickhardt
7630 Lahr-Dinglingen
Printed in Germany 27143/1991

Edition C, Nr. F 36

Inhalt

Ich lernte meinen Mann beim Tanzen kennen. Nun, nachdem Jahre vergangen sind, habe ich noch immer das Gefühl, im Dunkeln mit einem vollkommen fremden Mann zu tanzen. Ich möchte gerne die Lichter anzünden und mir diesen Mann anschauen oder einfach dasitzen und ausruhen, aber ich kann es nicht. So bleibe ich ständig in Bewegung, tue so, als ginge es mir gut, und warte darauf, daß er mit mir spricht. Ich glaube, ich werde einfach weitertanzen, bis ich tot bin.

Anonymer Brief einer Ehefrau

1. Tanz im Dunkel

Viele Ehefrauen führen heute das gleiche leere, einsame Leben wie die eine, die den zitierten Brief schrieb. Mit Schmerz in der Seele beschließen sie, weiterzumachen, ohne Hoffnung, daß ihr Mann sich ändern werde. Sie sind überzeugt, daß er niemals in ihrer Ehe oder bei den Kindern die Führung übernehmen – geschweige denn seelische Vertrautheit zu seiner Frau – entwickeln wird. Vielleicht haben sie jede Berührung mit dem, was Frausein wirklich bedeutet, verloren. Schlimmer noch ist es, wenn sie beschließen, niemals mehr für einen Mann verwundbar zu sein, weil sie den Schmerz der Enttäuschung nicht ertragen können.

Das kann bei mancher Frau zu dem Entschluß führen, „Feuer mit Feuer zu bekämpfen". Ihre Haltung besagt dann: „Wenn du dich weigerst, in meinem Leben die Führung zu übernehmen – wenn du meine Bedürfnisse und die der Kinder nicht erfüllen kannst oder willst, – dann nehme ich die Sache selbst in die Hand." Diese Konsequenz erfährt in der modernen Gesellschaft zweifellos eine Bestätigung. „Sei unabhängig und selbstsicher", ist das Motto, unter dem für die Frauen von heute zum Sammeln geblasen wird.

Und wie steht es mit dem Mann von heute? Er „stellt etwas dar" in seinem Maßanzug mit dezenter Krawatte, und jeden Morgen entschwindet er in eine völlig andere Welt als die, die er mit seiner Familie teilt. In seiner Arbeitsumwelt ist er meist verantwortungsbewußt und leistungsfähig, und am Abend kehrt er in die andere Welt der Familie zurück.

In Wirklichkeit muß der Mann von heute feststellen, daß seine Rolle im Vergleich zu seinem Vater oder Großvater radikal neu definiert wurde. Für Männer ist es heute schwer, die Einzigartigkeit ihrer gottgegebenen Stellung in der Familie auch nur zu verstehen. Die traditionelle Männlichkeit – die zugegebenermaßen auch mit einem gewissen Teil kultureller Last befrachtet ist –, schloß auch die Vorstellung vom Vater als wichtigstem Leitbild mit ein, der Integrität, Treue und Selbstaufopferung mit verkörperte. Inzwischen reduziert sich Männlichkeit auf das lächerliche „Macho-Image", das in Bierreklamen oder den „harten Burschen von der Polizei" in Krimis über unsere Fernsehschirme flimmert. Der „Mann von heute" kann sich durchs Leben schlängeln, indem er Frauen benutzt, Kinder vermeidet und sich niemals durch irgendwelche Verpflichtungen oder Gefühlsbindungen anketten läßt. Das andere Image der Medien zeigt einen etwas einfältigen, dümmlichen Vater, der nicht genau weiß, was eigentlich los ist, aber zu allem witzige, ausgefallene Kommentare liefert.

Gleichgültig, ob der Mann von heute ein Muskelprotz mit rücksichtslosem Gebaren in Konkurrenzkampf und Geschäft ist oder eine interessierte, aber faselige Randfigur im Leben seiner Familie – die Rolle des Mannes in der Familie ist weder klar umrissen noch wird sie überhaupt verstanden. Ohne eine eindeutig gezeichnete und vorgelebte Rollenfigur der Männlichkeit bleibt nur eine in der Medienphantasie entstandene Karikatur übrig.

Wenn Männer und Frauen zu beweisen suchen, daß sie zäh genug sind, es auch allein zu schaffen, braucht man sich nicht zu wundern, wenn die Ehe für viele nicht viel mehr ist als ein Kampf zwischen Sparringspartnern, – oder in dem Schweigen, das jede Konfrontation umgibt, eine Ursache für Einsamkeit und Verzweiflung liegt.

Können Ehepartner den Spannungszyklus durchbrechen und eine Antwort auf das Gefühl von Einsamkeit, Verlassenheit und Richtungslosigkeit finden? Ich glaube schon. Die Ehe ist noch immer eine der schönsten Gaben des Schöpfers an seine Kinder. Seinem Plan für die Ehe – der weltklugen modernen Menschen „antiquiert" erscheinen mag – liegt der Konstruktionsplan für die Neugestaltung von Einigkeit, gegenseitigem Vertrauen und dem Potential, Ebenbild der Beziehung Gottes zu seiner Braut, der Gemeinde, zu sein, zugrunde.

Wo finden wir nun diesen Konstruktionsplan? Es überrascht nicht, daß Gott einiges von seinem Plan unmittelbar in Natur und Charakter von Mann und Frau hineingelegt hat. Außer den offenkundigen physischen Unterschieden gibt es grundlegende Gegensätze im geistigen und seelischen Bereich mit vielerlei Zwischenstufen, die sichtbar sein können, oft aber auch nicht. Wenn wir zum Schöpfungsbericht zurückgehen, sehen wir, daß Adam auf eine, Eva auf eine andere Weise erschaffen wurde. Mann und Frau wurden so erschaffen, daß sie mit unterschiedlichen Stärken und Schwächen, Gaben und Bedürfnissen zueinander passen. Gott selbst ist zwar die letzte Antwort auf die tiefsten Bedürfnisse aller Menschen, doch unabhängig davon erschuf er Mann und Frau: Den Mann mit der Aufgabe zu führen, zu versorgen und zu beschützen, die Frau mit der Aufgabe zu unterstützen, zu nähren und auf die Gesellschaft moralischen Einfluß auszuüben.

Wie ich weiter oben bereits erwähnte, hat sich unsere moderne „Ansicht" von den Rollen von Mann und Frau radikal gewandelt. Doch es bleibt eine unverrückbare Tatsache, daß sich die grundlegenden Eigenschaften und angeborenen sexuellen Unterschiede zwischen Männern und Frauen nie verändert haben. Meine Frage lautet daher: Wenn so viele Ehen sich auf einem Kollisionskurs mit zerstörerischen Folgen befinden, wie können wir es uns da leisten, die neu entdeckten Haltungen von Unabhängigkeit und seelischer Loslösung weiter beizubehalten?

Gott, unser Schöpfer, gibt uns die besten Anweisungen für unsere Beziehungen zueinander.

Gottes Konstruktionsplan für dich und mich

Im Schöpfungsbericht (1.Mose 2) gestaltet Gott einen Menschen. Nach den Worten unseres Herrn selbst ist es „nicht gut, daß der Mensch allein sei" (1. Mos. 2, 18). Adams Zustand des Alleinseins bewog Gott, ihm „eine Gehilfin [zu] machen, die um ihn sei".

Für viele Frauen hat das Wort „Gehilfin" heute etwas Erniedrigendes. Wie kann jemand „Gehilfin" und trotzdem in Funktion und Wert gleich sein? So wie Gott das Wort gebraucht, erhält es eine Bedeutung der Wertschätzung. Es unterstellt nicht, daß die Gehilfin nur Assistentin für jemanden ist, der seinerseits die Kompetenz besitzt. Vielmehr bedeutet es, daß ein Mensch einem anderen die Fähigkeit verleiht, etwas zu tun, wozu dieser sonst nicht imstande wäre. Das Wort ist weit davon entfernt, einen Bürger zweiter Klasse zu bezeichnen. Ja, Gott benutzt es sogar für sich selbst!

Im 70. Psalm ruft David in Vers 6: „Ich aber bin elend und arm; Gott, eile zu mir! Du bist mein *Helfer* und Erretter; Herr, säume nicht!" Jesus bezog sich auf den Heiligen Geist als „Beistand" (Joh.14, 16).

Wenn die Rolle des Helfenden für den Schöpfer des Universums legitim ist, dann kann sie kaum eine geringere Rolle haben oder einen erniedrigenden Begriff darstellen, wenn damit eine Frau in der Partnerschaft mit einem Mann als seine Gehilfin angesprochen wird.

Als unser Herr ein Gegenüber für den Mann erdachte, berechnete er den besten Weg, eine *passende* Partnerin zu gestalten. Seine unendliche Weisheit erkannte in der Natur des Mannes etwas, das ohne weibliches Gegenstück keine Erfüllung finden konnte. Das tiefe Verlangen in der männlichen Natur Adams konnte nur durch Eva gestillt und erfüllt werden. Das gleiche galt für Eva; ehe die Sünde in die Welt Einzug hielt, gab es für sie keine Probleme in ihrer Beziehung zu Adam, ihm mit Achtung zu begegnen. Niemals kam ihr der Gedanke, sie sei ihm nicht gleich, sondern etwas Minderes. Es gab nichts zu beweisen. Sie konnte auf angenehme Weise weiblich sein und Adam eine zufriedene Männlichkeit gestatten.

Tatsächlich scheint ihre Zufriedenheit in dem kühnen Begriff eingefangen zu sein, der in dem Wort „geeignet" zum Ausdruck kommt. Was bedeutet es, geeignet zu sein? Heißt das, getreten und herumgescheucht zu werden? Bedeutet es, daß die Rollen von Mann und Frau austauschbar sind je nachdem, wie die Erfordernisse und die Fähigkeiten der einzelnen Partner beschaffen sind?

Ehe wir uns mit diesen Fragen beschäftigen, müssen wir das Thema der Geschlechterrollen und sexuellen Unterschiede eingehender untersuchen.

Im Grunde des Herzens

Tief drin schlummert in jedem Mann und jeder Frau eine gemeinsame Sehnsucht: Der Wunsch, Geborgenheit, Gemeinschaft und Erfüllung zu finden. Gott hat uns diese Sehnsucht aus einem bestimmten Zweck eingepflanzt. Für den Mann liegt der Sinn der Ehe unter anderem darin, so männlich wie möglich zu werden. Gleicherweise liegt die

Erfüllung der Frau in der Ehe darin, so ausgeprägt weiblich wie möglich zu werden. Jedem fällt dabei eine einzigartige Rolle und eine klar umrissene Funktion zu. Gottes Entwurf für die Ehe sieht vor, daß ein Mann die geistigen, seelischen und körperlichen Bedürfnisse seiner Frau erfüllt und umgekehrt. Außerhalb der Ehe hat Gott wiederum andere Wege, Menschen zu vollem Potential als Mann und Frau zu führen.

Gottes „Blaupause“ für eine Ehe ist die Verbindung von zwei unterschiedlichen Entwürfen, einem männlichen und einem weiblichen. Wenn die Einmaligkeit der Geschlechter geleugnet und die Grundregeln Gottes für die Geschlechter durch den mißgeleiteten Kampf um einen Rollentausch oder die Leugnung überhaupt ersetzt werden, muß dies zu schwerwiegenden Konsequenzen führen.

Eine männliche und eine weibliche Welt

Mann und Frau können vielleicht die gleiche Arbeit ausführen, aber dennoch oftmals ganz unterschiedliche Ansichten vom Leben haben und völlig andere seelische Belohnungen anstreben. In der Zeit ihrer ersten Liebe waren sie unter Umständen von diesen Unterschieden fasziniert, in der Ehe jedoch können die gleichen Eigenschaften als Bedrohung erscheinen. Wenn Reibungen auftreten, werden Differenzen leicht als Mangel an Liebe gewertet und nicht als das, was sie wirklich sind.

Um unseren Partner zu verstehen, müssen wir zuerst seine oder ihre Sexualität begreifen. Es gibt einzigartige Unterschiede, die selbst bei oberflächlicher Betrachtung der männlichen und weiblichen Anatomie ins Auge fallen. In Kapitel 3 werden wir uns eingehender mit den feineren Besonderheiten von Mann und Frau befassen. Ohne allzu sehr ins Bildhafte zu gehen, erkennen wir in Gottes Plan für den männlichen und weiblichen Körper Hinweise, die auf tiefere Rückschlüsse darüber weisen, wer wir als Menschen sind.

(Anmerkung: Die nachfolgenden Ausführungen sollen nicht als absoluter Standard für jeden einzelnen gelten. Es gibt allgemeine Faktoren und Trends, die sich über die Zeiten hinweg nicht verändert haben trotz der gegenwärtigen Theorien von einer eingeschlechtlichen Gesellschaft.)

Zuerst erkennen wir aus der Stärke des männlichen Körpers, daß

Gott ihn als Beschützer geplant hat. Er ist es auch, der ursprünglich Leben schenkt, da er in der Beziehung zu einer Frau die Initiative ergreift. Während der ganzen schriftlich festgehaltenen Geschichte hing die Gesellschaft vom männlichen Schutz und von der Versorgung ab, die Männer mit ihrer Kraft herbeischaffen. In der kurzen Spanne der letzten hundert Jahre haben wir dem Mann seine Jagdflinte genommen und ihm dafür einen Computer in die Hand gegeben, was seine Rolle als Beschützer vielleicht verschleiert, aber nicht beseitigt hat.

Zweitens wissen wir, daß die Verantwortung für die Verwaltung der Schätze dieser Erde nicht erst als Resultat des Sündenfalls begann, sondern Teil von Gottes ursprünglichem und höchstem Ideal für Adam und seine Söhne war.

In 1. Mose 2, 15 lesen wir:

> Und Gott der Herr nahm den Menschen und setzte ihn in den Garten Eden, daß er ihn bebaute und bewahrte.

Die Verantwortung für die Kultivierung der Erde deutet darauf, daß der Mann derjenige ist, der für die Bedürfnisse der Familie sorgt. Es ist nicht einfach so, daß er eine Rolle spielt und *aus diesem Grunde* männlich ist; vielmehr ist es die Natur seiner Männlichkeit, die ihn seine größte Befriedigung und Achtung in der Funktion des Versorgers suchen läßt.[1]

Drittens ist eine Frau körperlich, seelisch und geistig für die zentrale Aufgabe des Nährens und Erziehens geschaffen. Der Versuch, Männer und Frauen in der Familienstruktur austauschbar zu machen, trägt entscheidend zum Verlust der Führung in der Familie bei. Das Problem besteht nicht darin, ob Männer auch einmal Windeln wechseln, sondern in der viel tiefer reichenden Frage nach der Sicht des Vaters von sich selbst und wie diese Sicht in die Perspektiven seiner Frau und seiner Kinder hineinpaßt. Umgekehrt gilt auch, wie sich die Frau in der Familie sieht.

Viertens gehört es zur weiblichen Natur, zu empfangen und zu erwidern. Der größte Druck, der Frauen heute auferlegt wird, ist die Vorstellung, es sei grundverkehrt, in dieser Weise weiblich zu sein. Das „neue und verbesserte" Modell der Weiblichkeit ist aggressiv, selbstbewußt und seelisch stahlhart. Der Versuch, dieser Legende gerecht zu werden, führt manche Frauen zur Verleugnung ihrer grundsätzlichen inneren Natur, die im Erwidern besteht.

Das bedeutet nicht, daß ein Mann nicht auch erwidern oder eine Frau niemals die Führung übernehmen soll. Es heißt nur, daß die Tiefen der Sexualität eines Mannes bestätigt werden, wenn er die Möglichkeit zur Führung hat. Genauso wird das tiefste Verlangen der weiblichen Natur berührt, wenn sie auf die Führung ihres Mannes eingeht. Dies zu leugnen heißt, die Natur zu leugnen.

Zwei Hälften – und ein großes Loch?

Wir können der Vorstellung unterschiedlicher Geschlechter (die modernen Männern und Frauen überholt erscheint) Widerstand entgegensetzen und versuchen, sie wegzuargumentieren. Kennen wir nicht alle begabte Geschäftsfrauen und Männer, die voller Freude ihre Kinder versorgen und aufziehen? Aber die Unterschiede zwischen den Geschlechtern verschwinden nicht, ganz gleich, wie heftig manche versuchen, dagegen anzugehen.

Viele Ehepaare entdecken, daß ihre Ehe von Rissen durchzogen ist, die sich zu riesigen Gräben in ihrer Beziehung erweitern, weil sie die fundamentalen Geschlechtsunterschiede ihres Partners ignorieren. Eine Frau mag stark wirken (vielleicht weil ihr Mann niemals ihr tiefes Bedürfnis nach beschützender Zärtlichkeit befriedigt hat) und doch tiefunglücklich oder sogar von Depressionen befallen werden, ohne die Ursache zu kennen. Ein Mann zeigt vielleicht Freude über den höherbezahlten Job seiner Frau, aber unterschwellig, ohne daß er sich dessen bewußt wird, nagt ein Konkurrenzgefühl in ihm, das sich in beißenden Bemerkungen und mehr Anforderungen an seine Frau, als sie zu ertragen vermag, entlädt. Bei ihr können die Auswirkungen darin bestehen, daß sie völlig erschöpft ist oder an den Rand eines seelischen Zusammenbruchs gerät.

Viele Paare haben heute das Empfinden, im Mittelpunkt ihrer Beziehung befinde sich ein riesiges Loch. Gewiß, es gibt eine Menge verschiedener Erklärungen dafür, warum sich solche riesigen Klüfte auftun. Einer der gewichtigsten Gründe muß zweifellos darin gesehen werden, daß die Ehegatten es versäumen, die dem Verhalten ihres Partners zugrundeliegenden Geschlechtsunterschiede zu erkennen.

Männlichkeit und Weiblichkeit wurden von Gott nicht zu dem

Zweck geschaffen, um Paare auseinanderzutreiben. Sie bilden zwei Hälften eines ehelichen Ganzen. Beide können einander nur voll und ganz verstehen und achten, wenn einer mit dem anderen zusammen ist.

Im 1. Korintherbrief schreibt der Apostel Paulus in Kapitel 11, 11-12:

> Doch im Herrn ist weder die Frau etwas ohne den Mann noch der Mann etwas ohne die Frau; denn wie die Frau vom Mann, so kommt auch der Mann durch die Frau; aber alles von Gott.

Jedes Geschlecht trägt in sich die Bestandteile, die das andere zur Entfaltung seines größtmöglichen Potentials und höchsten Zieles führt. Keines sollte unabhängig vom anderen sein, und wir sollten auch nicht versuchen, jedes zu einer ungeschlechtlichen, austauschbaren Persönlichkeit zu vermengen.

Vereinigung – oder Kollision?

Eine Ehe soll eine Vereinigung dieser beiden Sexualitäten darstellen. Nach Gottes Plan sollen die beiden einander zugetan sein und sich damit gegenseitig helfen, zu einem ganzen, reifen Menschen zu wachsen.

Oft genug ist die Ehe jedoch keine Vereinigung, sondern ein Zusammenprall der Geschlechter. Am Beginn dieses Kapitels lasen wir den Brief einer Frau, in dem sie die Leere in ihrer Ehe beschreibt, und wir sahen Beispiele dafür, wie Männer und Frauen auf unterschiedliche Weise an die Ehe herangehen. Die Unterschiede zwischen unseren Geschlechtern treten bei praktisch jedem Gespräch in Erscheinung. Wenn kein harmonisches Ineinandergreifen stattfindet, wenn wir nicht in positiver, aufbauender und kräftigender Weise aneinander hängen, beginnen unsere Geschlechtsunterschiede Reibungen zu erzeugen und im Laufe der Zeit sogar unsere Persönlichkeit zu zerstören.

Ein Ehepaar, das wir Karl und Hanna nennen wollen, präsentierte mir vor kurzem eine handfeste Beschreibung seiner Beziehungen. Obgleich sie uneins waren, hingen sie doch aneinander, aber es war keine Anhänglichkeit in Liebe, sondern in Frustration. Hanna wünschte sich verzweifelt, daß Karl in ihrer Ehe die Führung übernehmen sollte – so sehr, daß sie sich selbst und ihre Forderungen an ihn zu behaupten versuchte. Als ich die beiden kennenlernte, war ihre Ehe nahezu am Ende. Hören Sie sich an, wie jeder den Zustand beschreibt:

> Hanna: Ich liebe Karl und muß einfach wissen, daß er da ist. Doch wenn er heimkommt und mir nicht die Aufmerksamkeit, die ich mir wünsche, oder die Hilfe, die ich brauche, zuteil werden läßt, dann sorge ich dafür, daß er das auch weiß. Manchmal überschütte ich ihn regelrecht damit, wissen Sie, so richtig die Masche mit dem Schuldgefühl! Ich sage dann Dinge wie: „Du weißt, daß du in der Familie führen solltest. Wieso muß ich dann die ganzen Entscheidungen treffen? Warum muß ich in dieser Familie die Hosen tragen? Immer muß ich mit den Kindern beten, sie bestrafen und ständig Papa und Mama gleichzeitig sein. Ich entschuldige dich zwar bei den Kindern, aber sie wissen Bescheid. . ." und ähnliches mehr.
>
> Ich weiß, daß diese Wutausbrüche niemals funktionieren, und wenn ich fertig geredet habe, fühle ich mich gräßlich elend. Aber ich kann's einfach nicht abstellen. Ich glaube, ich muß das aus meinem System rauskriegen.

Ich fragte Karl, dessen Blick starr auf seine Schuhspitzen gerichtet war, wie sich Hannas temperamentvolle Ausfälle auf sein Denken auswirkten.

> Karl: Sie hat recht. Wenn sie fertig ist, weiß ich, daß sie recht hat. Ich halte mich für einen totalen Versager. Ich möchte ihr und den Kindern einen großen Gefallen tun und einfach verschwinden. In Wirklichkeit bin ich noch viel schlimmer, als sie meint. Sie tut mir leid, weil ich nicht glaube, daß ich mich jemals ändern kann. Aber ich möchte sie ganz bestimmt nicht verlieren. Ich weiß, daß sie meine einzige Chance ist. Keine andere Frau würde das auf sich nehmen, was sie auf sich nimmt.

Karl und Hanna waren einander zugetan. Keiner glaubte, ohne den anderen leben zu können, doch sie machten sich gegenseitig das Leben schwer. Je mehr sie ihre eigene Existenz und ihren eigenen Wert im Verhalten und Reden des Partners reflektiert sahen, desto mehr glaubten sie an dieses Spiegelbild und desto mehr wuchs ihre Resignation, damit leben zu müssen.

Wenn Männer und Frauen sich von solch destruktiven Beziehungen freimachen und eine fruchtbare, positive Verbindung aufbauen möchten, müssen sie als erstes damit *aufhören*, ihren Partner als Spiegelbild ihrer eigenen Leistung und ihres eigenen Selbstwertgefühls zu benutzen. Es gibt zwei Reaktionen, die beide gleichermaßen zu schlechten Resultaten führen. Die erste besteht darin, sich den Versuchen des Ehepartners, einen in ein passendes „Korsett" zu pressen, zu widersetzen, auszuweichen und dagegen aufzulehnen. Die zweite liegt in Nachgeben und Anpassung an den Druck.

Sie mögen vielleicht einwenden: „Moment! Wenn ich nicht Widerstand leisten und mich auch nicht anpassen soll, was bleibt dann übrig? Was soll ich unternehmen, wenn ich der wirklich männliche Mann oder die wirklich weibliche Frau werden möchte, so wie Gott mich haben will? Wie werde ich eine gesunde, vollständige Persönlichkeit, die weiß, wie sie die richtige Beziehung zum Ehepartner aufbaut?"

Die Antwort verlangt Ihre volle Aufmerksamkeit und volles Engagement. Sie müssen es aufgeben, Ihren Wert als Mann oder Frau in dem Spiegelbild zu messen, das sie von sich selbst in den Augen Ihres Ehepartners sehen, und Sie müssen definitiv damit aufhören, Ihre Sexualität und Ihren Wert an den Normen der Welt zu messen. *Beides vermittelt Ihnen verzerrte Bilder von sich, weil es sich um unvollkommene Spiegel handelt.* Wenn Sie einen verzerrten Spiegel für den richtigen halten, dann verdrehen und verzerren Sie sich selbst, um in eine Form zu passen, die von Rissen durchsetzt ist.

Der einzige „Spiegel", der Sie so, wie Sie geschaffen wurden – als Mann oder als Frau –, wiedergibt, ist das unwandelbare Wort Gottes. Der Standard Gottes ist das einzige vollkommene Spiegelbild der erlösten Sexualität und einer erlösten, gesunden Einheit zwischen männlich und weiblich. Gottes Normen sind alles andere als unzeitgemäß, sondern bleiben nach wie vor gegen die falschen Normen der heutigen Welt bestehen – Bilder, die Männer und Frauen und ihre Ehen zerstören und ungezählten Kindern tiefen Schaden zufügen, die die Familie nur als Ort vor Augen haben, wo ein Geschlecht mit aller Gewalt das andere zu überrunden und zu zerstören sucht.

Die Konfliktlösung für Ihre Ehe besteht nicht darin, „alle Möglichkeiten offenzuhalten“ oder nach einem billigen Ausweg zu suchen. Gottes tieferer Plan ist es vielmehr, die wahren Rollen von Mann und Frau in einer wohlgeordneten Ehe zu entdecken.

Erscheint Ihnen das unmöglich, zu schwierig, um es in Angriff zu nehmen? Ich kann Ihnen versichern, daß es kein unerreichbares Ziel ist. Gott kann Ihre Ehe von Grund auf neu ordnen. Er kann Ihnen helfen, Kritik, Feindseligkeit, Enttäuschung und Leere zu überwinden.

Gottes Ausgangspunkt ist meistens unser eigenes Herz. Nur selten ändert er die Umstände, bevor er uns selbst ändert. Wenn wir merken, daß in unserer Ehe ein Gefecht im Gange ist, sollten wir als allererstes dort ansetzen, wo auch unser Herr anfängt – in unserem Herzen. Wenn diese Veränderung einsetzt, dann werden Mann und Frau erkennen, daß sie ihr Leben nicht damit zubringen müssen, im Dunkeln mit einem Fremden zu tanzen.

Es gibt zwei Arten von Macht. Eine gewinnt man durch Angst vor Strafe und die andere durch die Kunst der Liebe. Macht, die ihre Grundlage in der Liebe hat, ist tausendmal wirksamer und dauerhafter als Macht, die sich von der Angst vor Strafe herleitet.

Mahatma Ghandi

2. Wer ist hier Herr im Haus? – Der Kampf um die Kontrolle

Kontrolle und die Frage, wer sie ausübt, ist die letzte, unausgesprochene Frage bei einem Ehekonflikt, und wenn sie entschieden ist, dann fühlt sich keine Seite glücklich über das Resultat. Selbst wenn ein Ehepartner ein Höchstmaß an Einfluß über den anderen erreicht, ist das immer ein bittersüßer Sieg.

Wenn eine Frau sich beispielsweise von ihrem Mann beherrschen läßt, dann empfindet er allmählich Abneigung gegen sie, weil sie so viel von einer „Persönlichkeit" vermissen läßt. Sie ist nicht seine Gefährtin, seine Gehilfin und nicht seine Freundin, sie ist lediglich sein Werkzeug. Umgekehrt merkt eine Frau, die totalen Einfluß über ihren Mann erlangen konnte, daß sie mit einem Manne lebt, dem sie keine Achtung entgegenbringen kann. Nie hat sie Gewißheit, ob er sie liebt oder nur Konflikten aus dem Weg gehen will. Ein Sieg im Kampf um die Kontrolle bedeutet letzten Endes den Verlust der Schlacht.

Für viele ist Kontrolle ein Ziel, für dessen Erreichung sie zu allem bereit sind, gleichgültig, wie schmerzlich oder zerstörerisch sich dies auf das seelische Wohlbefinden des Ehepartners auswirkt. Normalerweise glauben wir, daß jemand, der seinen Ehepartner derartig behandelt, an einer völlig verdrehten Idee von Liebe leidet. Wenn das Ausmaß der Beherrschung schlimm genug ist, leidet dieser Mensch tatsächlich an einer anderen Krankheit – einer idealisierten Vorstellung davon, wie eine Beziehung angeblich funktionieren sollte. Solche Menschen klammern sich an einen anderen, von dem sie glauben, daß er ihnen Bedeutung verleiht. Dies führt zu einem ungesunden Verhalten, bei dem eine Beziehung trotz der damit verbundenen Pein aufrechterhalten wird.

Der amerikanische Psychologe Howard Halpern schreibt:

> Wenn Sie so an einer Person hängen, daß Sie sie zum Fetisch erheben, dann passiert folgendes: Sie verzerren das Wesen dieser Person in einem Maße, daß die guten Seiten hochgespielt und die schlechten verwischt oder verdunkelt werden. Das kann harmlos oder bis zu einem gewissen Grade hilfreich sein, weil es die Räder der Beziehung schmiert und besser über die unvermeidlichen holprigen Stellen hinwegrollen läßt. Wenn Sie allerdings Dinge idealisieren, die Ihnen viel Schwierigkeiten verursachen, oder wenn die Idealisierung Sie in einer Weise verblendet, die für die Beziehung schädlich ist, dann kann diese Idealisierung zu einer bösartigen Selbsttäuschung werden.

Halpern bespricht im weiteren die Beziehung eines Ehepaares, bei dem die schlimmsten Aspekte eines Partners als seine positiven Stärken angesehen wurden. Der Mann legte eine felsenfeste Unabhängigkeit und eine seltsame Unfähigkeit, Zärtlichkeit und Gefühle zu zeigen, an den Tag. Die Frau begann das Problem als Frage ihrer eigenen „Unreife“ zu betrachten und wertete die Unfähigkeit ihres Mannes, liebevoll zu sein, als eine seiner größten männlichen Stärken. Mit dieser Illusion tappte sie in ein Leben, in dem ihr eigenes Bedürfnis, von ihrem Ehepartner geliebt und geachtet zu werden, ihr als Schwäche erschien und sie um ihre Selbstachtung brachte, ohne daß sie den geringsten Gewinn davon hatte!

Oftmals ist es dieses Gefühl, daß wir besser werden müssen oder daß wir nur „nehmen“ dürfen, was der Partner austeilt, das uns in eine vom Partner beherrschte Beziehung stolpern läßt. Seltsamerweise ist das zugleich aber auch eine Falle für den Beherrschenden. Es sei nochmals darauf verwiesen, daß ein Mann, der unbedingt alles in der Hand haben muß, sich von einer Frau angezogen fühlt, die unsicher ist und versorgt und beschützt werden möchte. Daraus ergibt sich eine recht ungesunde Mischung.

In seinem Buch *„Der innere Mann“* spricht Herb Goldberg über diesen destruktiven Selektionsprozeß.

> Auf Grund dieses starken Drangs zum Kontrollieren [heiratet ein Mann unter Umständen] die Frau, bei der er sich anfangs behaglich fühlt, weil sie sich ihm aus Angst anpaßt und ihn manipuliert oder „benutzt", um zu bekommen, was sie braucht. Sie bedrängt ihn nicht, sich persönlich zu engagieren oder sich in einer Weise zu erschließen, die seine tieferen Gefühle bloßlegt, denn davor fürchtet sie sich genauso wie er. Unbewußt räumt sie ihm damit eine beherrschende Rolle ein, weil sie eher auf ihn *reagiert als* selbst *agiert.* Dadurch gibt sie sich selbst ihm preis, obwohl sich damit in ihr unausweichlich Zorn und sogar Haß auf ihn aufbauen. Unbewußt besagt ihre innere Verfassung, daß sie die Übernahme einer offenen und direkten Kontrolle und Macht fürchtet und ablehnt. Sie hat ebensoviel Angst vor der Übernahme der Kontrolle und Macht, wie er Angst hat, beides zu verlieren. Da sich diese Verteidigungspositionen gegenseitig verstärken, fühlen sich beide zu Anfang voneinander angezogen.

Bei den Menschen, die sich im tödlichen Griff der Kontrolle befinden, gibt es zwei vorherrschende „Muster". Wir nennen sie „Die unterdrückte Frau" und „Der fehlende Mann".

Die unterdrückte Frau

Die „unterdrückte" Frau hat einen Mann mit dem zwanghaften Bedürfnis zum Befehlen geheiratet. Sie lebt ein ungemütliches, „unsichtbares" Leben und hat ständig das Gefühl, nicht gebraucht zu werden. Ihr Mann mag ihre Arbeit benötigen, ihre Fähigkeit im Umgang mit den Kindern schätzen und für die sexuelle Entspannung dankbar sein, die sie ihm bietet, aber ihre Gedanken – ihre Bedürfnisse, Wünsche und ihre Seele – bleiben unbeachtet und werden ignoriert.

Diese Frau wird in der Tat völlig abhängig. Sie mußte niemals lernen, die Fernbedienung eines Fernsehers zu bedienen. Dieses Gerät befindet sich ständig in der Hand ihres Mannes. Sie würde niemals daran denken, den Knopf am Radio zu drehen und eher erfrieren, bevor sie die Einstellung der elektrischen Heizdecke oder der Autoheizung verändert.

Beherrschung – selbst unter dem Deckmantel der „geistlichen Führung" – trägt den Stempel der Ungleichheit. Sie hinterläßt beim Mann wie bei der Frau das Gefühl hilfloser Vernachlässigung. Sie ist das genaue Gegenteil dessen, was Christus wollte:

> Denn ihr alle, die ihr auf Christus getauft seid, habt Christus angezogen. *Hier ist nicht Jude noch Grieche, hier ist nicht Sklave noch Freier, hier ist nicht Mann noch Frau; denn ihr seid alle einer in Christus.* (Gal.3, 27-28)

Führung bedeutet nicht Beherrschung. Die Idee, daß ein Geschlecht von der Heiligen Schrift her den Auftrag habe, das andere zu beherrschen, ist Gottes Denken vollständig fremd. Bedauerlicherweise orientieren wir uns im Hinblick auf Führung an weltlichen und fleischlichen Beispielen. Wir betrachten den Trainer des örtlichen Sportvereins oder den Big Boss eines Unternehmens als beispielhafte Vorbilder dafür, was ein Führer bedeutet. Jesus stellt dem allerdings sein „Führungsmodell" entgegen:

> Ihr wißt, daß die Fürsten ihre Völker niederhalten und die Mächtigen ihnen Gewalt antun. So soll es unter euch nicht sein; sondern wer unter euch groß sein will, der soll euer Diener sein; und wer unter euch der Erste sein will, der soll euer Knecht sein, so wie *der Menschensohn nicht gekommen ist, um sich dienen zu lassen, sondern um zu dienen und sein Leben zu geben als Lösegeld für viele.* (Matth.20, 25-28)

Christus, der sich über die Füße seiner Jünger (unter ihnen auch Judas) beugt und sie wäscht – das ist das Bild von Führung, das Gott in den Herzen der Christen einprägen wollte. (Siehe Joh.13, 4-14). Petrus mag dieses Bild vor Augen gehabt haben, als er an die Gemeindeältesten schrieb:

> ...nicht als Herrscher über die Gemeinden, sondern als Vorbilder der Herde. (1.Petr.3)

Wenn ein Ehegatte die biblische Führungsrolle in der Familie übernehmen soll, dann muß es die uns durch das Beispiel Christi und die Anweisungen der Heiligen Schrift vorgegebene Führung sein. Männer, die ihre Frauen beherrschen, tun dies in den seltensten Fällen, weil sie die Bibel mißverstehen. Es handelt sich vielmehr um Männer, die besonderes Behagen dabei empfinden, wenn sie absolute Kontrolle über die Frauen in ihrer Umgebung haben. Sie fürchten sich vor Frauen, obgleich sie das niemals zugeben würden. Die eigentliche Wurzel ihres Verhaltensproblems liegt in ihrem Denkschema. Ein solcher Mann vermag nicht so zu führen, wie Christus es will, weil er eine falsche Vorstellung von dem hat, was es heißt, „ein Mann“ zu sein.

Der unsichere Mann

Das andere „Modell“ des beherrschenden Mannes ist derjenige, der herrscht, weil er entsetzlich unsicher ist. Dieser Mann ist normalerweise auf das Bild seines Vaters fixiert. Oft lebte er in einer von einer Frau beherrschten Familie, wo der eigene Vater fehlte oder abwesend war. Andere haben eine Mutter ertragen, die ihre Familie unterdrückte oder ihr feindselig gegenüberstand. Der Alptraum dieser Erinnerung führt ihn dazu, nun als Erwachsener in dem Bedürfnis nach absoluter männlicher Kontrolle seine Familie zu beherrschen. Sich mit weniger zufriedenzugeben, würde das Risiko mit sich bringen, das unterdrückte Leben seines Vaters führen zu müssen, und daran mag er nicht einmal denken. Er ist seinem Vater vielleicht in tiefer Liebe zugetan und empfindet Mitleid mit ihm, aber er kann ihm keine Achtung entgegenbringen. Würde er seiner Frau gestatten, etwas zu entscheiden, was auch ihn betrifft, dann würde er riskieren, ein Mann wie sein Vater zu werden – ein Mann, der keinen Respekt verdient.

Der Leistungsdruck

Für viele Männer ist männlich gleichbedeutend damit, ständig „auf Draht“ zu sein. Diese Männer gehen davon aus, daß sie dauernd „am Drücker“ sind, daß sie dran sind, etwas zu unternehmen und daß die Verantwortung, wenn etwas schiefgeht, bei ihnen liegt. Sie übernehmen die aktive Rolle und empfinden unablässig den Druck, den selbstauferlegten oder von anderen gestellten Erwartungen gerecht zu werden.

In *seiner* Untersuchung über die Unterschiede zwischen Männern und Frauen schreibt George Gilder über das Bedürfnis der Männer, etwas zu unternehmen, um ihre Männlichkeit unter Beweis zu stellen. Dieses maskuline Bedürfnis drückt sich je nach kulturellem und historischem Hintergrund einer Nation in verschiedenen Weisen aus. Er stellt dieses Phänomen in Gegensatz zur Frau, deren sexuelle Identität eine Frage der biologischen Uhr ist, die sie in sich trägt:

> In einem frühen Alter wird er sozusagen in die Freiheit entlassen. Ehe er zu einer Frau zurückkehren kann, muß er seine Männlichkeit durch die Tat bekräftigen. Der Zulu-Krieger mußte einen Mann töten, der Mandan-Jüngling mußte Folterqualen erdulden, der irische Bauer mußte ein Haus bauen, der amerikanische Mann eine Arbeitsstelle finden. Das ist der klassische Mythos und die weltliche Realität der Männlichkeit.

Männer sind zielorientiert. Für manche Männer ist die Ehe nur ein weiteres Etwas auf dem Wege – ein wichtiges Ziel zwar, aber eben ein Ziel und nicht eine Beziehung. Zu seinem Ziel in der Ehe gehört auch, die Kontrolle in der Hand zu haben, Probleme zu vermeiden oder sie zu leugnen. Dem männlichen Wesen ist ein beschwerlicher Druck eigen, Leistung zu erbringen und Verantwortung zu tragen.

Männliche Verwirrung

Kleine Mädchen werden für ihre Schönheit und ihren Charme belohnt. Doch wenn ein kleiner Junge zum Mann heranwächst, merkt er, daß seine Stellung im Leben von den „großen Drei" abhängt: Status, Macht und Geld. Alle miteinander sind das Ergebnis von Leistung. Bei der extremen Verwirrung, die in unserer Gesellschaft in bezug auf Männlichkeit herrscht, bleibt es nicht aus, daß manche Männer sich zu den populären Stereotypen hingezogen fühlen. So messen sie sich an ihrem Status, ihrer Macht und ihrem Geld.

Die Gefahrenzeichen

Die folgende Liste erhebt keinesfalls Anspruch auf Vollständigkeit, sondern führt nur einige der wichtigen männlichen Identitätsprobleme auf, die zu dem Bedürfnis führen, in mehr oder weniger großem Umfang Kontrolle auszuüben.

Jedes Problem ist sein Problem.

Manche Männer stehen unter dem Zwang, ihren Frauen gegenüber eine Vaterrolle einzunehmen. Wie Professor Henry Higgins bilden sie sich ein, daß die Frau, mit der sie zusammenleben, ein von ihnen erschaffenes Produkt sei. Edwin und Karin (die Namen wurden geändert) berichteten mir von einer der zahlreichen Frustrationen in ihrer zehnjährigen Ehe. Karin nannte es ein „Kommunikationsproblem".

„Sooft ich Ed sage, daß ich müde bin und einen freien Tag brauche", begann sie, „nimmt er das persönlich. Ganz gleich, wie mein Problem aussieht, er scheint anzunehmen, er könne mir das ausreden. Meistens endet es dann in endlosen Predigten und sogar Wutanfälle. Am besten, ich sage gar nichts."

Edwin erwiderte darauf: „Ich fühle mich für das verantwortlich, was mit ihr geschieht. Wissen Sie, das ist meine geistliche Pflicht als Ehemann. Wenn ein Problem existiert, dann ist es meine Sache, mich darum zu kümmern."

Im weiteren Verlauf des Gesprächs fanden wir heraus, daß diese Art von unterdrückendem Verhalten sich auch darin zeigte, daß Edwin ihr Ratschläge für ihren Haushalt gab, was sie zum Essen kochen und wann sie damit fertig sein sollte. Er wollte sogar Karins Kleidung an den einzelnen Tagen bestimmen! Karin konnte sich keine einzige Entscheidung denken, die die ganze Familie betraf und an der sie beteiligt gewesen wäre.

Wenn ein Mann über seine Frau herrscht, drückt sie vielleicht sogar Schmerz aus und findet, daß sie eine Bedrohung für sein Ego darstellt. Die geringste Regung eines seelischen Problems wirkt wie ein Finger, der auf seine armselige Führung weist und seinen Mangel an Weisheit verurteilt.

Gute Ideen müssen von ihm stammen.

Karin krampfte die Hände zusammen, dann sagte sie ruhig und nachdenklich: „Ich habe das Gefühl, jedesmal, wenn er das Fenster öffnet, kommt eine Brise herein, und jedesmal, wenn ich's öffne, ist es ein Luftzug. Ich erinnere mich noch, wie wir am Tag nach unseren Flitterwochen in unserer ersten Wohnung waren. Ich kochte ein leckeres Abendessen, und nachdem wir aufgegessen hatten, setzte er sich vor den Fernseher und ließ mich mit dem Geschirr allein.

Ich sagte ihm in freundlichem Ton, wie sehr ich es schätzen würde, wenn er mir helfen würde und wir nebenher in der Küche miteinander reden könnten. Er wurde ärgerlich und sagte: 'Ich möchte dir gerne behilflich sein, aber wenn du es *verlangst,* dann nimmt mir das alle Freude. Ich habe dann nicht das Gefühl, es sei meine Idee. Vielmehr klingt es wie ein Befehl. Welchen Spaß macht es dann noch?' Natürlich fand ich mit der Zeit heraus, daß er überhaupt nichts für mich tat, wenn ich ihn nicht darum bat. So mache ich's verkehrt, wenn ich darum bitte, und ich mach's verkehrt, wenn ich es bleiben lasse."

Im Gespräch mit Edwin entdeckten wir die wahre Ursache für seine scheinbar fehlende Bereitschaft. Tief im Herzen schleppte er die Erinnerung an seinen eigenen Vater mit sich herum, der jeden Tag nach der Arbeit heimkam und das Spülbecken voll schmutzigen Geschirrs vorfand. Sein Vater hatte sich immer um die Arbeiten im Haushalt kümmern müssen, während seine Mutter nutzlosen Dingen nachrannte und mit ihren Freundinnen plauderte. Edwin verabscheute es, seinen Vater in dieser Weise beherrscht zu sehen, und beschloß, daß ihm dies niemals passieren werde. Wieder waren es die alten Alpträume seiner Vergangenheit, die sich in die Gegenwart einschlichen.

Logische Begründung des Egozentrismus.

Auf Grund seines Widerstands gegen jede Andeutung von Beherrschung hatte Edwin einen eleganten Weg zur Rechtfertigung seiner eigenen Unfähigkeit, die Bedürfnisse anderer zu erfüllen, eingeschlagen. Seine Argumente waren Verteidigungslinien, die andere auf Distanz hielten und ihm sichere Kontrolle gewährleisteten. Wenn er Karin dazu anhielt, auf ihn zu reagieren, anstatt selbst tätig zu werden, konnte er seinen ichbezogenen Lebensstil weiter pflegen. Seine Predigten, seine auswendig gelernten Verse, seine Enthüllungen von früheren Erfahrungen kreisten alle um seine eigenen Bedürfnisse. Ohne sich dessen bewußt zu sein, setzte er genau das fort, was er am besten konnte: sich um Edwin kümmern.

Seine Frau fühlt sich abhängig und hilflos.

Bei einer unserer Sitzungen sagte Karin etwas, das die in ihrer Ehe gewachsenen Selbstzweifel und Ängste kurz und bündig zusammenfaßte.

„Bevor ich heiratete, fühlte ich mich unabhängig und selbstbewußt. Ich besaß den Magistertitel einer angesehenen Universität und übte im Anschluß daran sechs Jahre lang eine verantwortungsvolle Tätigkeit aus. Doch nach nur einem Jahr Ehe war ich hilflos und abhängig geworden. Ich war nervös, hatte keinerlei Selbstbewußtsein, fand nie die richtigen Worte, und es hatte den Anschein, als wüßte ich überhaupt nicht, was ich tun solle. Wie konnte es nur geschehen, daß aus mir innerhalb so kurzer Zeit ein Möbelstück geworden war?"

Er wahrt Distanz.

Ein wesentlicher Weg, wie Männer versuchen, die Kontrolle zu behalten, besteht darin, einen ausreichenden Abstand zu wahren. Sie können sich einem Problem einfach dadurch entziehen, daß sie zur Tür hinausgehen und sich in ihre eigene Welt begeben. Selbst wenn sie daheim sind, können sie sich gefühlsmäßig verabschieden. Salomo, der sein gerüttelt Maß an Problemen mit tausend Frauen hatte und dessen Palast wohl einem Irrenhaus geglichen haben dürfte, schreibt: „Ein zänkisches Weib und ein triefendes Dach, wenn's sehr regnet, lassen sich miteinander vergleichen" (Spr.27, 15).

Eine Frau kann die Initiative ergreifen (aber hat sie damit auch wirklich die Kontrolle in der Hand?)

Männer, die ständiger Kritik ausgesetzt sind, geben auf. Die Reibereien, die sie beim Nachhausekommen vorfinden, treiben sie nur tiefer in die Sportseiten und fesseln sie noch mehr an den Fernseher. Wir entdecken diese Haltung der Hoffnungslosigkeit gegenüber zänkischen Weibern auch im Leben Salomos: „Wer sie aufhalten will, der will den Wind aufhalten und will Öl mit der Hand fassen" (Spr.27, 16).

Die meisten Männer tun alles, um einer Konfrontation aus dem Wege zu gehen. Wenn ein Mann zu Hause mit einem Konflikt konfrontiert wird, bläst er zum Rückzug. Nur selten ist es allerdings ein echter Rückzug, meist eher ein Vorstoß in eine neue Richtung. Er zieht es vor, lange zu arbeiten und so die Konfrontation zu vermeiden. Im Büro hat er wenigstens das Heft in der Hand. Für ihn ist es wundervoll, eine Tätigkeit auszuführen, bei der man Dinge geschehen lassen kann. Es behagt ihm, das Telefon zu nehmen, eine Nummer zu wählen und sich augenblicklich an Respekt zu erfreuen. Er weiß, wer er ist, und daß er das Sagen hat.

Vor einiger Zeit konnte ich ein Ehepaar beobachten, das bei einer Beratungssitzung über seine Schwierigkeiten debattierte. Als sie zum Klagelied über ihren Ehemann ausholte, hörte sich das an wie eine Einkaufsliste: „Du kommst heim und willst dich nur hinlegen. Du willst mir nicht bei der Arbeit helfen. Du willst den Tisch nicht abdekken. Du willst die Kinder nicht baden. Du willst *überhaupt keine Verantwortung übernehmen.*“ Und dann kam der Paukenschlag: „Wenn du ein richtiger Mann wärst, dann würdest du etwas tun.“

Wer in diesem Augenblick an meinem Fenster vorübergegangen wäre und dieses Paar gesehen hätte, der hätte geglaubt, den typischen unterdrückten Ehemann und seine herrschsüchtige Frau vor sich zu haben. Er hätte beobachten können, wie sie mit dem Finger in seine Richtung wies – und hätte den völlig verkehrten Schluß gezogen, wer in dieser Familie das Heft in der Hand hat. Trotz all ihrer Drohungen, Ausfälle und wütenden Blicke, trotz aller Schläge gegen sein männliches Ego wahrte er sicher die Kontrolle.

Solange er nämlich weiterhin dasaß und nicht auf ihre Forderungen reagierte, war er am Zug. Sie konnte nörgeln, wüten, toben, betteln, flehen oder versprechen – das regungslose Objekt ließ sich nicht aus der Ruhe bringen. Auf passive Weise hatte er alles in der Hand.

Dieses zurückhaltende, passive Verhalten bei Männern kann ein echter Kampf um die Kontrolle sein. Der passive Mann wird immer noch auf recht wirkungsvolle Weise sein eigenes Leben führen. Diese Art der Kontrolle entfernt ihn jedoch von seiner Familie. Seine Frau mag diesen Rückzug als erforderlich für die ordnungsgemäße Funktion der Familie betrachten, doch was auf kurze Sicht notwendig ist, kann sich auf lange Sicht als verheerend für die Ehe auswirken.

Wie wir in Kapitel 1 ausführten, ist es Gottes Wunsch, daß jeder Partner in einer Ehe eine vollständige Persönlichkeit ist. Daher sollten beide eine im wesentlichen gleiche und unabhängige Persönlichkeit in die Ehe einbringen. So kann einer dem anderen auf gesunde und sinnvolle Weise dienen. Nehmen wir an, eine Ehe, die aus zwei vollständigen Persönlichkeiten besteht, stelle 10 dar. Das können wir graphisch folgendermaßen darstellen:

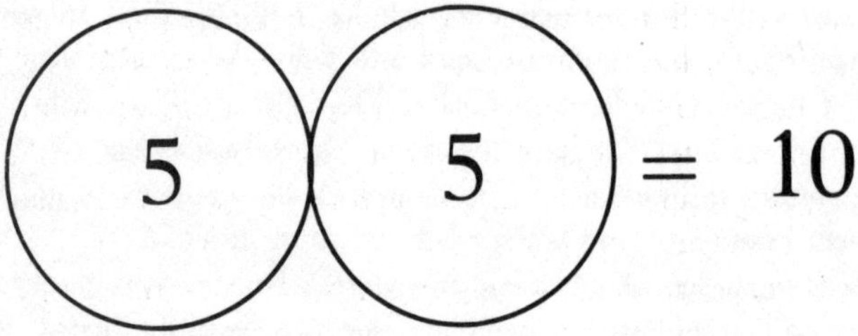

Wird die Stellung eines Mannes in Frage gestellt oder gehemmt, dann zieht er sich in vielen Fällen zurück. Er hört unter Umständen damit auf, seine Persönlichkeit, seine Energie und seine schöpferische Kraft in die Familie einzubringen. In diesem Falle besteht die natürliche Tendenz einer Frau darin, den Platz einzunehmen, den ihr Mann freigemacht hat.

Sie beginnt nun ein Gespräch, weil „er nicht reden will". Sie übernimmt es, Rechnungen zu bezahlen, weil „sie uns sonst das Licht abdrehen". Sie schlägt die Bibel auf, liest den Kindern vor und betet mit ihnen, weil „meine Kinder von ihrem Vater keine geistliche Hilfe bekommen". Dies erhält zwar die Funktion der Familieneinheit, trägt allerdings bereits den Keim des Todes in sich.

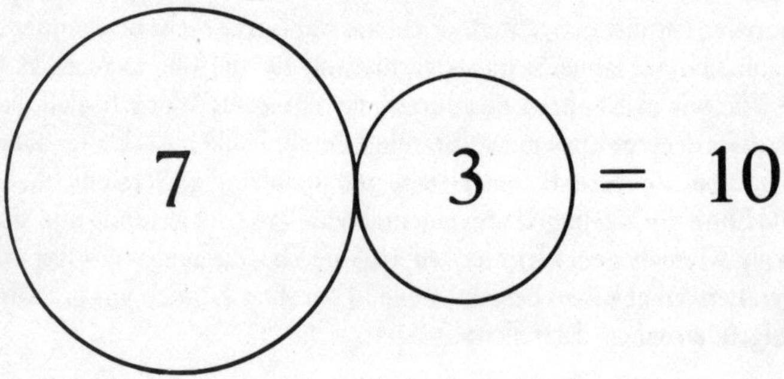

Noch immer *besteht* ein Kontakt zwischen diesen Menschen; Entscheidungen werden getroffen, Rechnungen beglichen und Gespräche werden geführt, wenn auch in unzureichendem Maße. Wenn dieser Kreislauf jedoch nicht gestoppt wird, dann findet sich eine Frau, die ihr Leben damit verbringt, Sieben zu sein, während Gott ihr die Rolle fünf zugeteilt hat, mit der Zeit in Frustration und Erschöpfung wieder. Sie verfängt sich in einer Falle, erkennt, was passiert, und sieht doch keinen Ausweg.

Ein Mann mag damit zufrieden sein, heimzukommen und eine bequeme Drei zu sein. Vielleicht war auch sein Vater eine Drei. Vielleicht bestand sein Vorbild auch in einem Vater, der ihn lehrte, wie man eine respektable Zwei sein kann. Wieder andere Männer haben heute Väter, die zu Hause überhaupt nicht anwesend waren. Ein Mann in solcher Lage weiß im allgemeinen, daß es mehr bedarf, ein guter Ehemann und Vater zu sein, doch er leidet an einer Vertrauenskrise. Er fühlt sich womöglich als Versager und sieht seine Frau als dauernde Mahnung an seine eigenen Unzulänglichkeiten. Er wird von Schuldgefühlen gequält, weil er nicht glauben will oder kann, daß er imstande ist, im Leben Erfolg zu haben. Was immer sie Gutes unternimmt, um die Lücke auszufüllen, ist wie ein anklagender Finger, der in seine Richtung weist.

Hier wurden einige der hauptsächlichen Impulse aufgezeigt, die Männer dazu treiben, auf Krisen so zu reagieren, wie sie es tun. Meist sind es natürlich Gründe, die mit ihrem maskulinen Image zu tun haben.

In den folgenden Kapiteln richten wir unser Augenmerk auf die Unterschiede zwischen Männern und Frauen und bringen einfache Vorschläge, wie eine Frau auf die Kontrolle in ihrer Ehe verzichten und so die gleichwertige Partnerin werden kann, als welche Gott sie geplant hat. Dieser Prozeß bietet keinen „Soforterfolg", bringt eine Frau jedoch auf den Weg, sich neue, Gott wohlgefällige Gewohnheiten und Denkweisen anzueignen. Er führt sie in Wirklichkeit näher an das letzte Ziel ihres geistlichen Wachstums heran: Christus immer ähnlicher zu werden.

Männer haben die Sicht, Frauen die Einsicht

Victor Hugo

3. Warum Männer „Hü“ und Frauen „Hott“ sagen

Frank war so vertieft in seine Zeitung, daß er seine Frau Samantha, die eben mit der zweiten Ladung Einkaufstüten an ihm vorbeiging, erst bemerkte, als sie ihn anfauchte: „Siehst du nicht, daß ich beide Arme voll habe? Ich hab' einen harten Arbeitstag hinter mir, hab' die Kinder noch abholen müssen, und du kommst heim und legst dich einfach mit der Zeitung hin. Los, auf geht's, *Mister.*“

Frank senkte die Sportzeitung gerade soweit, daß er die Augen seiner beiden Kinder sah, die alles mitbekamen. Ihre Mutter hatte sie im Supermarkt und im Auto angeschrien – und nun schrie sie ihren Dad an. Er fühlte sich in ihren Augen erniedrigt – nichts weiter als ein großes Kind.

Er hörte sich ihre Tirade an, die bald in eisigem Schweigen endete. Sie wehrte seine Liebkosungen und Versuche, wieder einzurenken, ab, und Frank fragte sich, warum er überhaupt nach Hause gekommen war. Hätte er einfach wie gewöhnlich länger gearbeitet, dann hätte er sich die ganze elende Szene ersparen können. Was war denn schon dabei, ein paar Tüten mit Lebensmitteln hereinzutragen?

Samantha wiederum wütete den ganzen Abend schweigend vor sich hin und fragte sich: Was war denn so schwierig daran, ihr beim Hereintragen einiger Einkaufstüten zu helfen? Warum überließ Frank immer alles ihr – auch die meisten anderen häuslichen Arbeiten?

Als ich mit Frank und Samantha ein Beratungsgespräch führte, wurde eines sehr schnell deutlich: Keiner schien die Bedürfnisse des anderen wirklich zu verstehen. Deshalb hatten sie sich ein Schema zurechtgelegt für bestimmte Dinge, die sie vom anderen erwarteten. Frank erwartete, daß „Sam“, wie er sie nannte, den Haushalt auf dem laufenden hielt, auch wenn sie noch einer anderen Tätigkeit nachging. Schließlich war sie seine Frau. Niemals hätte er sich eine solche „Vorgabe“ über die in seinem Büro tätigen leitenden weiblichen Angestellten erlaubt. Doch es fiel ihm niemals ein, daß seine Ehegattin eine Frau war, die genauso in einem Büro arbeitete.

Frank überlegte sich niemals die folgenden Faktoren: Wenn Samantha nach Hause kam, war sie genauso müde wie er. Sie hatte einen langen Heimweg, auf dem sie sich das Abendessen ausdachte. Sie hielt unterwegs beim Supermarkt an und eilte dann nach Hause in ihre Küche, die sie am Ende eines langen Tages erwartete.

Beide betrachteten ihre Zeit zu Hause von völlig unterschiedlichen Gesichtspunkten aus. Frank sah sie als Zeit, wo er „wieder Luftholen“ konnte; sie sah es als Zeit, in der sie bei gemeinsamer Arbeit und Unterhaltung ihre Beziehung weiter vertiefen konnten. Keiner von beiden hätte vermutet, daß ihre Fähigkeit, einander anzunehmen und zu lieben, zum Teil von ihrer Einsicht in die Unterschiede zwischen Mann und Frau abhing.

Bei einem so geringen Verständnis für die Beweggründe des anderen brauchte es niemand zu verwundern, daß sie frustriert und verwirrt waren. Eine Verbindung, die in einer kirchlichen Jugendgruppe begonnen hatte, als sie beide jung und voller Hoffnungen waren, hatte sich zu einer Ehe der Enttäuschungen entwickelt. Frank sah in ihr eine Frau, die ihm keine Wertschätzung entgegenbrachte, ihm in sexueller Hinsicht nicht entsprach und nicht versuchte, seine Bedürfnisse zu verstehen. Ständig hatte er das Gefühl, daß an ihm herumgenörgelt wurde. Samantha sah in ihm einen abgestumpften Mann, der nur an sich selbst dachte und jeden Tag kälter und distanzierter wurde. „Ich verstehe ihn durchaus“, klagte sie. „Das ist ja mein Problem – was ich verstehe, gefällt mir ganz und gar nicht!“

Dieses Porträt von einem Mann und seiner Ehefrau, die durch Geschlechtsunterschiede entfremdet wurden, ist nicht das Bild, das Gott bei der Schöpfung im Sinne hatte. Die Widersprüchlichkeiten, die uns bei unserem Partner anzogen, wandeln sich nur allzu bald von Faszination in Frustration. Wo wir uns ursprünglich an unseren Ehepartnern erfreuten, verlangen wir nun von ihnen, daß sie so denken, reden und handeln wie wir. Wir vergessen, unseren Blick auf ihre offenkundigen Stärken zu richten und konzentrieren uns stattdessen auf die Irritation über die Unterschiede.

Die Faktoren, die eine Ehe emotional abdriften lassen, sind größtenteils Probleme des Naturells von Mann und Frau. Wir mißverstehen einander und können so im Laufe der Zeit ohne weiteres das Falsche voneinander annehmen. Der erste, grundlegende Schritt, um die gegenseitigen Verletzungen und Mißverständnisse aufzuhalten, die eine Ehe langsam zerstören, besteht darin, unsere Aufmerksamkeit von den negativen auf die positiven Dinge zu lenken.

Außer einer Erneuerung der Einstellung können Männer und Frauen noch weitere Schritte zum Wiederaufbau ihrer Beziehung zu einer starken, gesunden Ehe ergreifen. Diese Schritte müssen in einem klaren Verständnis nicht nur der Geschlechtsunterschiede, sondern auch der Weise, wie die beiden Geschlechter bei der Entwicklung der Selbstachtung, der unterschiedlichen Bedeutung, die wir gleichen Worten zuordnen, und den verschiedenen Zielen, die jedes erreichen möchte, verankert sein.

Unterschiede bei der Entwicklung der Selbstachtung

Der Begriff „Selbstachtung" wird von Christen häufig mißverstanden. Er wird mit dem Pinsel der *Eigenliebe* gezeichnet, und oft wird uns Gläubigen dazu gesagt, es handle sich um einen Wert, „den die Weltmenschen kennen". Doch Eigenliebe (oder Selbstüberschätzung) ist etwas ganz anderes als Selbstachtung. Sie bedeutet nichts anderes, als daß wir von uns selbst eine *zutreffende, ausgewogene* Meinung haben. Die Tatsache, daß wir nach dem Ebenbild Gottes geschaffen sind, ist ein Geschenk, das wir weder verdienen noch zurückweisen können.

Nach dem Willen Gottes dürfen wir wissen, daß wir eine „gute" Schöpfung von hohem Wert sind. In der Art und Weise, wie Männer und Frauen zu dieser ausgewogenen, gesunden Sicht gelangen können, gibt es verschiedene Tendenzen.

In einem seiner Bücher zum Thema Kindererziehung richtet Dr. James Dobson das Augenmerk auf die Aspekte „Schönheit und Intelligenz". Beides sind Geschenke Gottes und keine eigene Errungenschaft. Sie werden, so führt er aus, von Männern und Frauen unterschiedlich bewertet:

> Für Männer schwindet die physische Anziehung während der Jahre des Heranwachsens und des frühen Erwachsenenalters zugunsten der Intelligenz. Für Frauen hingegen behält die Schönheit ihr ganzes Leben lang den ersten Rang,

> selbst nach der Lebensmitte. Der Grund, warum die Durchschnittsfrau der Schönheit vor dem Verstand den Vorzug gibt, beruht auf ihrem Wissen, daß der Durchschnittsmann besser sehen als denken kann. Ihr Wertsystem basiert auf seinem, und so wird es wahrscheinlich auch bleiben.

Selbst auf dieser grundsätzlichen Ebene werden Männer und Frauen also durch die Verfolgung unterschiedlicher Ziele zugleich bestraft und belohnt.

Wo wir unsere Selbstachtung entwickeln

Eines Tages erschrak ich, als Monica herausplatzte: „Ich hab' ein Problem. Mein Mann geht mit seinem Chef ins Bett." Der entsetzte Ausdruck auf meinem Gesicht muß ihr meine höchste Aufmerksamkeit verraten haben. „Oh, ich meine das nicht wörtlich", fuhr sie fort. „Aber so hat es den Anschein. Er macht sich viel mehr Gedanken darüber, wie er ihm gefallen kann, als bei mir. Richard kann einfach keinen Auftrag ablehnen. Er ist sogar freiwillig zu Überstunden bereit, auch wenn er weiß, daß er mit unserem Familienleben in Konflikt gerät. Was soll ich nur tun?"

Richard hatte, wie ich später erfuhr, eine Reihe von Gründen, warum er seiner Arbeit zusätzliche Aufmerksamkeit widmete. Er sah eine Chance für eine Beförderung. In seinem Geschäft herrschte Hochkonjunktur, die dazu führte, daß alle Überstunden einlegten. Er empfand den Druck nur als vorübergehende Krümmungen im stetigen Fluß der Routine. Monica hingegen richtete ihre Anstrengungen auf ihr Heim und ihre Familie. Keiner von beiden erkannte, daß ihr Leben an zwei verschiedenen Orten errichtet war – Orte, von denen jeder glaubte, der andere habe dafür wenig Verständnis oder Sympathie.

Nun trifft es zwar zu, daß viele Männer sich gerne zu Hause betätigen. Viele kochen mit Begeisterung. Meine eigene Mutter hatte kaum je das Gefühl, am Kochherd unserem Vater das Wasser reichen zu können. Die meisten Männer würden auch ein Essen mit ihrer Frau einem Essen mit ihrem Chef vorziehen. Aber es dürfte höchst selten vorkommen, daß ein Mann eine Beförderung für sein Engagement in der Kindergruppe oder für die Zubereitung eines delikaten Spaghettigerichtes erhält. Daher schließt der Durchschnittsmann nicht frühzeitig seinen Schreibtisch ab, um mit seiner Frau zum Einkaufen gehen zu können. Seine Arbeit, der Ort, an dem er seine Selbstachtung aufbaut, befindet sich meistens außerhalb seines Heims.

Nehmen wir die Optionen Erfolg oder Fehlschlag, dann wird ein Mann, der in seiner Arbeit Erfolg hat – dessen Ehe sich jedoch als Fehlschlag erweist und dessen Kinder mißraten sind – sich selbst trotzdem als erfolgreich betrachten. Umgekehrt wird eine Frau unter ähnlichen Umständen sich selbst als Versagerin werten. Der Grund liegt darin, daß sie verschiedene Welten haben und ihre Selbstachtung an unterschiedlichen Orten entwickeln. Ein Mann stützt sich auf seine *Taten* im Leben. Seine Frau sorgt sich weit mehr um die *Beziehungen*, die das Leben lebenswert machen.

Wenn man einer Gruppe von Männern und Frauen zuhört, die sich gerade erst getroffen haben, wird schlagartig klar, was ich sagen will. Selbst eine berufstätige Frau wird über ihre Familie sprechen. Für sie ist Arbeit ein Mittel zum Zweck – und nicht der Zweck selbst.

Ein Mann hingegen stellt sich kaum mit den Worten vor: „Gestatten, ich bin Vater von zwei Töchtern." Wie er sich selbst sieht, wird bestimmt von dem, was er tut oder was er hat, Hobbies, Titel, Clubs, Gemeinde und Auto. Kurzum, *die Bedeutung eines Mannes liegt in dem, worüber er Autorität ausübt.* Seine Arbeit ist die einzige Möglichkeit für ihn, zu wissen, daß er alle diese Dinge fest in der Hand hat.

Arbeit vermittelt ihm auch das Wissen, wie er mit der Welt in Verbindung steht. Arbeit gibt ihm das Gefühl, mit etwas Größerem als seinem eigenen Leben verbunden zu sein. Das Gefühl, für eine Tätigkeit unbedingt gebraucht zu werden, löst bei einem Mann einen Adrenalinstoß aus. Er mag diese Gefühle hinter der stöhnenden Bemerkung verstecken, was er alles mit seiner Familie nicht unternehmen könne, weil er arbeiten müsse, aber nie und nimmer würde er diese aufgeschobenen Aktivitäten gegen Arbeitslosigkeit eintauschen.

Aber dieses „Größere" der Arbeit fordert von einem Mann auch seinen Tribut. Eine Frau muß deshalb unbedingt wissen, daß die konfliktreiche Welt ihres Mannes jeden Abend ein ausgepumptes Geschöpf an ihrer Türschwelle ablädt. Er braucht jemanden, der sich um ihn kümmert. Seine Unzulänglichkeit läßt sich mit Kindergruppen oder einem kleinen Schwätzchen nicht zufriedenstellen.

Als Monica und Richard sprachen, wurde deutlich, daß sie überzeugt war, Richard halte seinen Job für wichtiger als ihr gemeinsames

Leben, und daß er glaubte, Monica habe die Achtung vor ihm verloren. „Sie weiß nicht oder kümmert sich nicht darum, was ich den ganzen Tag mache", antwortete er. „Mein Chef zeigt mehr Interesse für sie als sie für ihn, und dabei sind wir doch Christen!"

Wenn Richard nach Hause kam, war das für ihn der Eintritt in Monicas Welt. Es war auch sein Heim, aber er meinte, die Tätigkeiten, die sich dort abspielten, seien in erster Linie ihre Angelegenheit und lägen in ihren Händen. Dieses Ehepaar stand vor der Aufgabe zu lernen, wie man das Leben des anderen von den einander widersprechenden Standpunkten aus betrachten kann.

Einer Frau, die in die Welt ihres Mannes „einblicken" möchte, bietet sich ein guter Ausgangspunkt in der Frage: „Wo *kann ich in seiner Welt* etwas bewirken?" Richard war verblüfft, als Monica ihn fragte: „Was gibt's bei deiner Arbeit, wofür ich heute beten kann?" Das nächste war die Frage, ob Gebete für seine Arbeit erhört wurden, dann kam ein gelegentlicher kurzer Telefonanruf zur Mittagszeit, und schließlich beteten sie gemeinsam morgens, bevor er sich ans Steuer setzte. Daraus ergab sich ganz natürlich, daß auch Richard sich schon bald um Monicas tägliche Unternehmungen kümmerte.

Die Ehe sollte ein geistliches Erlebnis sein, bei dem jeder Partner die Gelegenheit erkennt, durch den anderen auf Bedürfnisse im eigenen Heim *und in der Welt* einzugehen. Wenn ein Ehemann, der seiner Funktion nach die Initiative ergreifen sollte, es stattdessen vorzieht, seine eigenen Ziele zu verfolgen, dann erreicht eine Frau am allerwenigsten etwas, indem sie „an die Decke geht".

Die Unterschiede der Sprache

Vor kurzem bat ich eine Gruppe von dreißig christlichen Ehepaaren, die Unterschiede zwischen Männern und Frauen zu beschreiben. Die meisten Antworten drehten sich um die Kommunikation:

- Er schenkt den Details des täglichen Lebens keine Beachtung – die Dinge sorgen für sich selbst, finden sich selbst wieder, reinigen sich selbst etc.
- Frauen neigen dazu, bei allen Entscheidungen emotionale Faktoren mit einfließen zu lassen, ob das Thema nun eine große emotionale Tragweite hat oder nicht. Männer sprechen davon, was sie tun wollen, und glauben, das Thema damit erschöpft zu haben.

- Männer brauchen mehr Zeit, um Entscheidungen zu treffen, weil manche Männer nicht so intelligent sind wie Frauen (Frauen verbergen ihre Intelligenz).
- Frauen kommen einfach nicht zum springenden Punkt!
- Frauen sind so empfindlich – sie reagieren, ehe sie den wirklichen Hintergrund oder die Bedeutung der Worte kennen.
- Er scheint nicht viele Gefühle zu haben.
- Männer scheinen Probleme erst zu bemerken, wenn sie davon betroffen sind, *selbst wenn ihre Partnerin versucht, sie darauf hinzuweisen.*

Die bezeichnende Antwort eines Mannes erhellt das Hauptproblem: *„Darüber hab' ich nie besonders nachgedacht."*

Der 1. Petrusbrief enthält in Kapitel 3 eine großartige Reihe von Anweisungen für Männer und Frauen, wie sie ihre Beziehungen zueinander gestalten sollen. Es ist kein Zufall, daß der Apostel Petrus seine Anweisungen für eine glückliche Ehe mit folgenden Worten zusammenfaßt:

> Denn wer sein Leben lieben und gute Tage sehen will, der hüte sich davor, daß seine Zunge Böses redet und seine Lippen betrügen. (1.Petr.3, 10)

Die Notizbücher von Eheberatern quellen über von Worten, die besser niemals gesprochen worden wären.

Das wahre Maß für unsere Kommunikation in der Ehe besteht nicht in dem, was wir sagen, sondern was wir hören. An dieser Elle gemessen fallen alle Ehepaare irgendwo in den Bereich zwischen „bezaubert" und „beunruhigt".

Wir wollen nun die Hauptunterschiede in der Art, wie Frauen Worte benutzen, betrachten.

Frauen geben mehr Rückhalt im Gespräch.

Wenn man sich Gespräche zwischen Ehepartnern anhört, fallen mehrere verblüffende Unterschiede auf. Eine Frau schenkt im Gespräch mehr verbalen und nichtverbalen Rückhalt, wenn der Mann über sich selbst spricht. Ein Mann scheint weniger zuzuhören und fordert seine Frau nur selten auf, über Erfahrungen zu sprechen.

Ein Mann unterbricht häufig ein Gespräch, an dem Frauen beteiligt sind.

In einer Gruppe von Männern *oder* Frauen ist das Gespräch harmonisch und fließt gut, Unterbrechungen bleiben auf ein Minimum beschränkt. In einer gemischten Gruppe gibt es häufige Unterbrechungen durch Männer.

Eine Frau belebt ihre Feststellungen oft mit einer Suggestivfrage wie: „Haben Sie sich je gefragt, warum. . .etc."

Viele Aussagen werden in steigendem Tonfall vorgebracht, der eine Frage nahelegt oder Raum für eine weitere Entgegnung läßt. Im Gespräch beherrscht sie hervorragend den Gebrauch von Fragen, durch die die Gesprächspartner „aus der Reserve" gelockt werden. Fragestellungen sind ein spezifischer Bestandteil weiblicher Rede.

Am häufigsten ergibt sich aus dieser weiblichen Sprechgewohnheit eine Auseinandersetzung, wenn ein Mann nach einem besonders aufreibenden Arbeitstag nach Hause kommt. Sein Tagesablauf war vielleicht angefüllt mit der Notwendigkeit sofortiger Antworten und Reaktionen auf Menschen und Situationen. Nun kommt er heim in Erwartung eines ruhigen Abends. Er möchte von seiner Frau gerne Neuigkeiten hören, aber keine Fragen oder Aufforderungen. Seine Frau muß vielleicht einige Fragen an ihn richten, doch wenn dies mit ihrem normalen Gesprächsstil gekoppelt ist, dann verkraftet er es einfach nicht.

Frauen hören emotional; Männer hören meist nur Fakten.

Die Art, wie die meisten Männer zuhören, gleicht der des Krimikommissars Friday. Er pflegte mit seinem schweigenden Partner an der Tür zu stehen und einer Frau Fragen zu stellen. Beide Detektive waren mit einem Notizbuch und einem kühlen, emotionslosen Blick bewaffnet.

Friday hörte sich den Bericht der Dame über das Verbrechen an, der vielleicht noch mit Annahmen, Eindrücken und Überlegungen gespickt war. Schließlich unterbrach er kurz und bündig: „Die Fakten, Madam, nur die Fakten!"

Weil der Aspekt menschlicher Beziehungen für Männer oft nur ein Nachgedanke ist, haben sie Schwierigkeiten, Fakten mit Gefühlen zu vermischen oder die emotionalen Folgen dessen zu erkennen, was sie tun. Ein Mann weiß etwa, daß seine Nebenbeschäftigung ihm soundsoviel Dollar einbringt; er kann auch veranschlagen, daß sie – zusammen mit dem Einkommen seiner Frau – genug verdienen, um in nur zwei Jahren eine Anzahlung auf ihr Traumhaus leisten zu können. Doch er übersieht dabei die Spannung, die seine Frau in ihrer Beziehung empfindet. Sie erkennt die nahende Katastrophe, weil ihm dann die Zeit fehlt, die er mit seinem halbwüchsigen Sohn verbringen sollte. Während sie über ihre Pläne nachdenkt, wägt sie eifrig ein neues Haus gegen die potentiell verkrüppelte Familie ab, die dann dort einzieht.

Romantik und sexuelle Befriedigung

Sex selbst und der Umgang mit der Sexualität stellen große Differenzen zwischen Männern und Frauen dar.

Nur selten trennt eine Frau Romantik und Sex. Für sie ist Sex ein Spiegelbild ihres Lebens als Ganzes. Nagende Probleme mit Rechnungen, fehlendes romantisches Interesse ihres Mannes und die Gesamtheit der Tagesereignisse bestimmen ihre sexuellen Wünsche.

„Peter hat das niemals begriffen", erzählte die achtunddreißigjährige Janine, die seit zwölf Jahren verheiratet war. „Er kam nach Hause, sah sich umgehend die Post an und ließ sich dann für den Rest des Abends vor dem Fernseher nieder. Wenn um halb zwölf die Nachrichten zu Ende waren, dann wurde er munter, aber mir war inzwischen die Lust vergangen. Selbst wenn mir noch danach gewesen wäre, hätte ich vorher gerne ein bißchen nette Unterhaltung gehabt. Peter sagte dann höchstens: 'Wir können später reden.' Aber dadurch wurde der Sex nicht gerade angenehmer. Ich fühlte mich geradezu billig!"

Für Frauen ist Sex kein Ereignis, sondern eine lebenslange Orientierung.

Wie bei den meisten Männern war Peters Vorstellung von Sex zielorientiert. Für ihn war Sex ein Ereignis. „Warum kann eine Frau den Sex nicht einfach um des Augenblicks willen genießen?", beklagte er sich. „Kann sie nicht einfach für eine kleine Weile den Rest des Tages vergessen?"

Für Janine spiegelte Sex ihr gemeinsames Leben als Ganzes wider. Wenn sie müde war oder seit Tagen kein ordentliches Gespräch mit Peter mehr geführt hatte, dann waren ihre sexuellen Wünsche auf

Sparflamme. Wenn Peter durch seine Art oder seine Haltung zum Ausdruck brachte: „Ich will mit dir ins Bett gehen, aber ich will nicht mit dir reden und dir keine Zeit widmen“, dann sah Janine sich als Gebrauchsartikel und nicht als seine Frau. Diese Vorstellung brachte sie in Rage und stimulierte sie keineswegs.

Bei der sexuellen Vereinigung haben Männer und Frauen unterschiedliche Ziele.

Für einen Mann scheint das Ziel bei der sexuellen Vereinigung oftmals auf den Orgasmus beschränkt zu sein. Es gibt jedoch noch eine Reihe weiterer „versteckter Tagesordnungspunkte“.

An erster Stelle steht die *Bestätigung seiner Männlichkeit.* Die schwierigste Hürde, die es für einen Mann zu überwinden gilt, besteht darin, seine Männlichkeit mit seiner sexuellen Leistungsfähigkeit in Einklang zu bringen.

Zweitens bewirkt der Sex *die Bestätigung seines Ego.* Wenn eine Ehefrau auf die Werbung des Mannes reagiert, fühlt sich sein Ego gestreichelt. Für einen Mann, der die Lebensmitte erreicht oder überschritten hat, ist das von entscheidender Bedeutung. Er braucht die Versicherung, daß das Leben nicht in der Vergangenheit abläuft, sondern hier und jetzt. Sein Sexualleben liefert ihm auf der Stelle den Beweis dafür.

Für Frauen sieht dieser Katalog ähnlich aus. Auch eine Frau möchte, daß ihr Ego aufgebaut und ihre Weiblichkeit bestätigt wird. Ihre Methode hat jedoch enge Vertrautheit und Liebe zum Ziel. Der sexuelle Orgasmus ist nur einer der vielen Bausteine zur Erreichung dieses Ziels. Der unaufhörliche Rhythmus ihres Lebens und ihrer Beziehungen sind für sie ein größeres Maß an Liebe und Nähe.

Peter und Janine sprachen jedoch nur selten über das Thema Sex, und wenn es der Fall war, wurde nie rational darüber diskutiert. Wenn Peters Verlangen abgewiesen wurde, reagierte er zornig oder schmollte. Janine gab dann oft aus Mitleid nach, und am Ende des Liebesaktes fühlten sich beide um das betrogen, was sie in ihrer Beziehung am meisten wünschten: Fürsorge füreinander und Achtung.

Kommunikation über das Thema Sex kann äußerst heikel sein. Eine Frau fühlt sich gehemmt, über ihre Bedürfnisse in sexuellen Dingen zu sprechen, weil jede Anregung wie Kritik wirkt. Schließlich ist für einen Mann Sex nicht nur ein biologisches und emotionales Bedürfnis, sondern auch ein Bedürfnis seines Ego. Kritik kann hier eine verheerende Wirkung haben, also ist der richtige Zeitpunkt von ausschlaggebender Bedeutung. Hilfreich für eine Diskussion über diese Probleme ist die Zeit, wenn eine Frau das Thema zur Sprache bringen kann. Auf diese Weise lernten Peter und Janine, wie sie ihr Problem lösen konnten.

„Liebling, ich möchte mit dir wirklich eine beglückende sexuelle Beziehung aufbauen“, begann sie ihr Gespräch. „Ich weiß, daß du nicht Gedanken lesen kannst, deshalb möchte ich, daß du mir dabei hilfst, mich freier und entspannter daran zu erfreuen.“ Die Bitte, ihr zu helfen (wobei das Gespräch sich nicht darum drehte, was er gegenwärtig falsch machte) war der beste Ausgangspunkt, der ihr einfiel. Diese einfache Veränderung in der Wortwahl mit besonderer Beachtung des richtigen Zeitpunktes half diesem Paar zum gegenseitigen Verständnis ohne Drohungen und damit zu einem erfüllteren Liebesleben.

Wettstreit: Das nie endende männliche Turnier

Keine Diskussion über die Männlichkeit darf die auf Konkurrenz gerichtete Natur des Mannes und den Ursprung dieser Natur außer acht lassen.

Männer brauchen den Wettstreit. Ein Teil dieser Eigenschaft ist gottgegeben und gehört mit zur seelischen Ausstattung, die der Mann einsetzt, um seine Familie in einer feindlichen Welt zu beschützen. Beim Studium dieses Themas sollten wir erkennen, daß Unterschiede zwischen Männern und Frauen Elemente der Schöpfung sind, die zu einem bestimmten Zweck bestehen.

Die Art des Wettbewerbs ist bei Männern und Frauen ein Nebenprodukt der Erziehung.

Kleinen Mädchen wird oft beigebracht, gegen Jungen zu verlieren. Der aggressive Geist von Jungen, dem lächelnd und voller Lob begegnet wird, ruft meist Mißbilligung hervor, wenn er bei ihren Schwestern in Erscheinung tritt. Jungen Frauen wird bei der Erziehung gesagt: „Männer mögen eine Frau lieber, die nicht selbst ihre Schlange erschlägt.“ So wird der Wettbewerb bei Frauen eingeengt; der Drang, sich hervorzuheben, ist wohl noch da, doch die meisten Frauen meinen, sich dafür entschuldigen zu müssen.

Meine Frau beispielsweise wurde dazu ermuntert, beim Schachspiel gegen männliche Besucher meistens zu verlieren. Sie überlegte sich die Sache und bemerkte dann: „Wenn diese Burschen heimgegangen sind, muß ich immer noch mit mir selbst leben. Deshalb – nein danke!“ (Ich vermeide es nach wie vor, mit ihr Schach zu spielen!)

Wettbewerb zeigt in seiner Schattenseite ein Element unserer gefallenen Natur.

Ein ausgeprägtes Element des Stolzes verleiht diesem Konkurrenzaspekt des gefallenen Menschseins einen eindeutig männlichen Charakter. Er stellt auf allen Ebenen, selbst unter Mitarbeitern im geistlichen Dienst, eine große Versuchung dar. Auf Konferenzen können sie das Wirken der einzelnen miteinander vergleichen und tun dies auch.

Der Apostel Paulus vermied es geschickt, in diese Falle zu laufen. In 2. Kor.10, 12 zielt er bei jedem Mann ins Zentrum des Stolzes:

> Denn wir wagen nicht, uns denen zuzurechnen, die sich selbst empfehlen, oder uns mit ihnen zu vergleichen; aber weil sie sich nur an sich *selbst messen und mit sich selbst vergleichen, sind sie unverständig.*

Konkurrenz ist ein Faktor unserer Kultur.

Der männliche Wettbewerb hat in unserer individualistisch geprägten westlichen Gesellschaft einen deutlichen kulturellen Aspekt. Wir leben in einer Zivilisation, die von „rauhen Individualisten“ geschaffen und erweitert wurde. Der Held jedes kleinen Buben war in früheren Jahren der „Selfmademan“, der alles erreichte, was er sich vorgenommen hatte. Doch die Segnungen der herausragenden Leistung fordern auch ihren emotionalen Preis.

Nicht alle Kulturen weisen diese Faszination dafür auf, ständig „an der Spitze“ zu sein. Vor einigen Jahren sprach ich auf einer Konferenz vor alleinstehenden jungen Asiaten in Hawaii. Sie repräsentierten verschiedene Altersgruppen: einige standen schon im Beruf, ein Teil waren College-Studenten, einige wenige noch in der Schule. Als ich diese jungen Leute beobachtete, konnte ich aus der Art, wie sie miteinander umgingen, keine Trennung der Altersgruppen feststellen.

Sie wurden auch in miteinander konkurrierende Teams eingeteilt. Sie konnten Punkte sammeln – vom Sauberhalten ihrer Unterkünfte bis hin zu Mannschaftsspielen. Ich war verblüfft, als sie einander während der Darbietungen und bei der abschließenden Beurteilung begeistert Beifall spendeten. Aus der Beobachtung der Zuhörer konnte ich nicht erkennen, wer zu welchem Team gehörte. Ihr Verhalten unterschied sich völlig von meinen Erfahrungen mit Gruppen in den Vereinigten Staaten. Sie gaben mir folgende Erklärung: „In unserer Kultur ist die Familie wichtig. Wenn einer eine gute Leistung vollbringt, haben wir alle Erfolg."

Im Westen hingegen werden viele Männer von einem Schwall von Konkurrenzgefühl erfaßt, wenn sie in die Arbeitswelt eintreten, und manche liefern sich sogar auf gesellschaftlicher und geistlicher Ebene einen Wettkampf. Damit aber sind sie in einem Maße einsam und oftmals erschöpft, das weit über das hinausgeht, was auf Grund ihrer Anstrengungen zu erwarten wäre. Es hemmt auch in starkem Maße ihre Bereitschaft, Gefühle, Unsicherheiten und Fehlschläge preiszugeben – nicht einmal ihrer Frau gegenüber.

Für Frauen ist dieses Symptom äußerst frustrierend. „Warum kann er mir nicht *sagen,* wie ihm zumute ist? Ich wußte nicht, daß er in seiner Arbeit frustriert war. Vertraut er mir nicht, oder spiele ich in seinem Leben nur eine untergeordnete Rolle?" Die Antwort auf solche Fragen liegt in seinem Mangel an kommunikativen Fähigkeiten und fehlender Übung, wenn es darum geht, über Gefühle zu sprechen.

Abhängigkeit: Der wunde Punkt der Männer

Ein Mann mag nach außen als Beispiel für einen Draufgänger und einen Fels der Sicherheit erscheinen. Selbst seine Phantasien können erfüllt sein von Illusionen über das sorgenfreie Junggesellendasein. Doch das sorgenfreie Junggesellenleben ist für einen Mann eben wirklich nur Illusion, eine Fata Morgana mitten in der Wüste. Gott wußte, was er tat, als Adam allein im Garten war und Gott sprach: „Es ist *nicht gut* für den Menschen, daß er allein sei."

Meine eigenen Erfahrungen als Witwer in den frühen siebziger Jahren zeigten mir, in welchem Maße ein alleinstehender Mann unter einer „Schützengraben-Neurose“ leiden kann. Kurz nach dem Tod meiner ersten Frau gab ich meine Laufbahn bei der Air Force auf und kehrte ans College zurück. Ich war damals Mitte zwanzig, mitten in einem neuen gesellschaftlichen Leben; ich verabredete mich nicht ein einziges Mal mit Frauen, sondern verbiß mich stattdessen in meine Studien. Ich unternahm ziellose Wanderungen und wünschte mir, ich könnte die schönen Aussichten mit meiner Frau teilen. Jeder Tag schien ohne Sinn zu sein.

Meine Freunde, die meine erste Frau gekannt hatten, waren dem irrigen Eindruck erlegen, sie sei von mir abhängig gewesen, da sie viel Zeit im Krankenhaus hatte zubringen müssen. In Wahrheit jedoch war ich seelisch von ihr abhängig. Als Mann war ich nicht darauf vorbereitet, mit einer Trennung fertig zu werden. Diese von Wettbewerb geprägte Welt, die ständig von einem Manne verlangt, sich selbst zu beweisen, hatte mich allein und abhängig gelassen.

Dieser Wesenszug der seelischen Abhängigkeit kann einen Ehemann in die Passivität treiben. Das Bedürfnis, „bemuttert“ zu werden, und das Verlangen seines Ego, im Leben eines anderen die erste Rolle zu spielen, läßt einen emotionalen Strudel der Abhängigkeit entstehen. Für eine Frau ist es nicht einfach, das Gleichgewicht in der Rolle der Helfenden zu halten, ohne eine „zweite Mutter“ zu werden. Sie sollte sich folgende Fragen stellen, um die zerstörende Gefahr der allzu starken Bemutterung zu vermeiden:

- Löse ich Probleme, die seine Probleme sind?
- Lasse ich es zur Gewohnheit werden, daß er mich stets nach einer Lösung fragt?
- Versuche ich, ihn um meines Egos willen abhängig zu machen?
- Sehe ich ihn als einen Mann, den ich respektieren und dem ich vertrauen kann?
- Sehe ich meinen Mann als jemand, der älter oder als jemand, der erwachsen wird?

In den beiden nächsten Kapiteln soll gezeigt werden, warum diese Fragen für eine Ehe wichtig sind und was zu tun ist, wenn Sie feststellen, daß Sie über die Antworten nicht glücklich sind.

Sieben Wächter in einem Turme,
bewachend der Menschheit Geschick,
wiesen Ruhm und Macht dem Menschen,
geboten ihm zu gestalten
seines Geistes Reich.

Kipling

4. Bausteine des passiven Widerstands

Tom und Cindy heirateten, ehe sie Freunde geworden waren. Sie lernten sich in einer kirchlichen Gruppe für Alleinstehende kennen. Cindy erzählte, sie habe gleich gewußt: „Das ist er. Ich hatte mich schon mit vielen Männern getroffen und wußte genau, wonach ich Ausschau hielt."

Vielleicht war es dieses übergroße Vertrauen, den Richtigen gefunden zu haben (noch dazu in einer Kirchengemeinde!), das Cindy dazu verführte, Tom nicht genügend kennenzulernen. Beide bedauerten zwar nicht, geheiratet zu haben, aber nun steckten sie in Schwierigkeiten. Beide befanden sich mitten in einer seelischen Krise, und ihre Ehe war an einem kritischen Punkt angelangt. Es sah beinahe so aus, als hätten sie diese Krise sorgfältig nach einem ungeschriebenen Plan aufgebaut.

Tom sagte zu mir: „Ich wußte, daß ich eine Frau brauchte. Ich hatte meinen Collegeabschluß gemacht, arbeitete daran, meinen Magister zu erlangen, und hatte eine gute Stellung in einem wachsenden Unternehmen. Ich war schon früher verliebt gewesen, doch nun war der richtige Zeitpunkt. Cindy war attraktiv, eine Frau, von der ich wußte, daß ich sie lieben konnte. Ich glaube, das Problem bin einfach ich. Je härter ich arbeite und je mehr ich zu tun versuche, desto unglücklicher wird sie."

Während unseres Gespräches schälte sich das Muster des täglichen Lebens von Tom und Cindy heraus. Tom arbeitete als Chemieingenieur und bereitete sich an zwei Abenden in der Woche auf den Magister vor. Er und Cindy halfen aktiv in ihrer Kirchengemeinde mit. Cindy arbeitete, doch beim Nachhausekommen hatte sie das Gefühl, als harre ihrer ein weiterer Ganztagsposten: die Versorgung von Tom und dem Haus. Selten sprachen sie miteinander. Tom studierte und saß vor dem Fernseher. Je mehr Cindy seine Aufmerksamkeit erbat, desto mehr studierte Tom und blieb bis spät bei der Arbeit. Auf ihre Klagen hatte er eine Standarderwiderung: „Warum kann sie mich nicht so akzeptieren, wie ich bin? Ich weiß nicht, warum ich nicht alles sein kann, was sie will. Alles, was ich sein kann, bin *ich selbst.*“

Toms Grundprinzip, das ich ihm aufzeigte, lautete: „Ich bin, was ich bin. Ich habe mich nicht selbst so gemacht. Ich kann nicht all das werden, was sie sich von mir wünscht. Wenn ich mich also nicht ändern kann, dann muß sie sich ändern.“ Dies ist unter Ehepaaren eine recht häufige Verteidigung: Wenn ein Ehepartner mit dem Finger auf den anderen zeigen und aufrechnen kann, dann läßt sich mit dem Schuldgefühl leichter auskommen.

Oft kann man hören: „Übung macht den Meister.“ In Wirklichkeit macht Übung nicht den Meister, sie führt höchstens zur *Dauerhaftigkeit!* Falsche Verhaltensmuster wurzeln in lebenslangem verkehrtem Denken. Ein Mann ändert seine Reaktionen nicht damit, daß er seine Postanschrift ändert und aus dem Elternhaus auszieht. Alte Denkschemata und die daraus resultierenden Gewohnheiten halten sich noch lange nach der Hochzeit. Oft kompliziert die Reaktion einer Frau hierauf – Nörgelei, Wut, Manipulation und Schuldzuweisung – nur das Problem und vertieft die unausgesprochene Schlußfolgerung des Ehemannes: „Zu Hause gefällt‘s mir einfach nicht.“

Wie gut, daß wir um Gottes Verpflichtung, unsere Denkprozesse zu verändern, wissen dürfen. Im 2. Korintherbrief wird in Kapitel 10, 4-5 die Macht der Veränderung behandelt, die im Leben jedes Gläubigen am Werk ist:

> Denn die Waffen, mit denen wir kämpfen, sind nicht schwach wie Menschenwaffen, sondern mächtig durch die Kraft Gottes, um Befestigungen zu zerstören. Wir zerstören nämlich damit Gedankengebäude und alles Hohe, das sich gegen die Erkenntnis Gottes erhebt, und *nehmen alles Denken gefangen und führen es zum Gehorsam gegen Christus.* (Hervorhebung durch den Verfasser)

Für Tom und Cindy lagen die Bausteine ihres verkehrten Denkens in ihrer frühen Kindheit.

Häuslicher Konflikt

In Toms wie in Cindys Kinderzeit glich das Zuhause einem ständigen Kampfplatz. Ihre frühesten Erinnerungen hörten sich an wie Berichte von einem Kriegsschauplatz. Es gab zwar auch erfreuliche Zeiten daheim, aber die meiste Zeit herrschten Spannungen vor.

Cindys Vater war zusammen mit acht Brüdern, einem hart arbeitenden Vater und einer herrischen Mutter auf einer Farm aufgewachsen. Als Ehemann und Vater liebte er seine Familie, doch war er fest entschlossen, niemals die Herrschaft in seiner eigenen Familie aus der Hand zu verlieren. Cindy erlebte niemals, daß ihr Vater sich entschuldigt oder zugegeben hätte, daß er im Unrecht war. Der Ausdruck „Es tut mir leid" kam in seinem Wörterbuch nicht vor. Wenn ganz offenkundig war, daß er sich irrte, pflegten Cindy, ihre Mutter und ihre beiden Schwestern einander wortlos mit wissendem Blick anzusehen. Später versuchte Cindys Vater dann die Schalen der Gerechtigkeit mit seiner Frau oder seiner Tochter wieder auszugleichen. Er kaufte ihnen dann etwas oder unternahm etwas Nettes mit ihnen. Kein Wort wurde über die ursprüngliche Kränkung verloren, doch jeder kannte den Anlaß für das Geschenk.

Der wichtigste Aspekt war, daß ihr Vater in keiner Situation die Kontrolle an ein weibliches Familienmitglied abgab. Wenn ihr Dad sprach, dann war dies ein endgültiges Dekret – es gab keine Berufung, keine Auseinandersetzung, nur ein Urteil. Cindy bemerkte, daß ihre Mutter ein angenehmes Leben führte – aber niemals als gleichwertige Partnerin in der Ehe.

Als Cindy dann Tom begegnete und sich seine Lebensziele anhörte, war sie – wenigstens teilweise – von seiner starken Motivation und seiner Fähigkeit, Recht von Unrecht zu unterscheiden, angezogen. Die Ähnlichkeiten zwischen Tom und ihrem Vater wurden ihr nicht bewußt, nur daß irgend etwas an Tom ihr „richtig" erschien. Seine Verhaltensmuster und seine Denkweise gaben ihr ein Gefühl des „Daheimseins".

Völlig anders als bei Cindy war bei Tom die Mutter im Hause diejenige gewesen, die Entscheidungen traf. Sie hatte eine bessere Bildung genossen als sein schüchterner, zurückhaltender Vater. Sein Vater besaß kein Highschool-Diplom, wenig soziale Pluspunkte und schien sich bei gesellschaftlichen Anlässen immer gehemmt zu fühlen. Als

Tom heranwuchs und seinen beherrschten und scheinbar hilflosen Vater beobachtete, schwor er sich: „Ich will nie im Leben so werden. Ich will nicht von anderer Leute Barmherzigkeit abhängen – vor allem nicht von der Barmherzigkeit meiner Frau." Doch mit einer Frau zusammenzuleben, die beherrscht sein wollte, gab ihm ein Gefühl der Behaglichkeit.

Für Cindy lagen die Probleme nicht so ohne weiteres auf der Hand. Sie hatte es gelernt, mit einem Mann zu leben, der Distanz wahrte und keine Kommunikation pflegte. Ihr Vater wollte nicht verletzlich sein. Er empfand das Bedürfnis, in jedem Augenblick die Kontrolle auszuüben. So waren ihre Reaktionen auf Tom und sein passives, distanziertes Verhalten bei all ihrer Gereiztheit doch allzu vertraut. Sie wurde immer aggressiver und zum Jammern bereit, obwohl sie das Gefühl, das sie bei diesem Verhalten empfand, verabscheute.

Es kommt gar nicht so selten vor – und ist in der Tat ganz logisch –, daß Männer und Frauen dazu neigen, jemand zu heiraten, bei dem sie sich „zu Hause" fühlen. Untersuchungen haben ergeben, daß Frauen, die aus gestörten Familien stammen, oftmals Männer wie ihren Vater heiraten. Einige Studien ergaben, daß bis zu 60 Prozent der Frauen, die eine Ehe mit einem Alkoholiker eingehen, aus einer Familie mit einem alkoholabhängigen Vater kommen. Irgend etwas zieht sie zu diesen Männern hin und drängt sie, an ihrem Ehemann das zu vollenden, was ihre Mutter beim Vater nicht erreichen konnte. Andererseits kommt es bei einem Mann genauso oft vor, daß er sich von einer Frau angezogen fühlt, die das „Regiment im Haus" führt, weil er nie etwas anderes kennengelernt hat.

Ein abweisendes Weltbild

Unglücklicherweise besteht die Bindung, die vielen Familien Zusammenhalt verleiht – sofern man davon überhaupt sprechen kann –, in einer äußerst negativen Lebensansicht. Die Feindseligkeit, mit der viele Familien belastet sind, entstammt Vorstellungen, die ihren Ausgangspunkt im Wohnzimmer oder um den Eßtisch haben.

In einem seiner Bücher bemerkt Norman Wright:

> Bei vielen Menschen bestimmen nach wie vor ungelöste Beziehungen und Probleme aus der Vergangenheit das Leben

und behindern die Kommunikation. Manche von uns leiden sogar infolge einer unzureichend gelösten und nur halb begrabenen Vergangenheit. Da wir auf andere auf der Grundlage ungelöster Beziehungen der Vergangenheit reagieren, verewigen wir diese Schwierigkeiten. Manche schleppen Wunden der Vergangenheit mit sich herum, andere trugen Narben davon. Manche von uns haben die schmerzlichen Erinnerungen in der Hoffnung begraben, daß sie niemals mehr auferstehen.

Solche vergrabenen Wunden können durch einen nichtsahnenden Ehepartner leicht wieder aufgerissen werden. Für einen Mann, der aus seiner feindseligen Vergangenheit her mit qualvollen Selbstzweifeln belastet ist, besteht der Feind nicht nur in der Person, die ihm die Narben zufügte, sondern in demjenigen, der die Erinnerung in ihm wachruft. Das gleiche kann natürlich auch bei einer Frau zutreffen.

Ungeeignete oder fehlende Rollenmodelle für Männer

Historisch gesehen war, als wir noch ein Agrarvolk waren, für jedes Familienmitglied deutlich erkennbar, was der Vater tat. Es gab nicht den geringsten Zweifel, was es bedeutete, ein Mann zu sein – harte Arbeit, Hingabe und die Fähigkeit, sich auf wechselnde Witterungsbedingungen und Lebensumstände einzustellen. Wenn der Vater heutzutage sein Zuhause verläßt und sich zur Arbeit begibt, dann verbarrikadiert er sich in einem Gebäude, das den kleinen Jungen und Mädchen keine Gelegenheit gibt, Männlichkeit in Aktion zu beobachten. Ihre einzige Gelegenheit, ihn zu betrachten, besteht dann, wenn er zehn Stunden später erschöpft und hungrig heimkommt und viel zu müde zu irgendeiner Kommunikation ist. Er hat dann nur noch den einen Wunsch, sich vor dem Fernseher in seinen Sessel fallen zu lassen.

Eine gängige Phrase, die in christlichen Kreisen ständig die Runde macht – allzu oft im Versuch, die Zeit zu rechtfertigen, die wir *nicht* mit unseren Kindern verbringen – lautet „besondere Zeit“. Sie wird benutzt, um ausgedehnte Reisepläne und lange Bürostunden zu entschuldigen; das Versprechen einer in der Zukunft liegenden „besonderen Zeit“ soll das alles angeblich aufwiegen. Der Ausdruck wird benutzt, um ein geplantes Ereignis für die Familie zu beschreiben, das als „bedeutungsvoll" bezeichnet wird. In den Gedanken eines Kindes ist jede Zeit eine besondere Zeit. Wenn es zur normalen Zeit, wenn es aus besonderem Anlaß von seinem Vater getröstet werden möchte, auf ihn verzichten muß, dann ist es unzufrieden.

Wenn man ein Kind zu Besorgungen mitnimmt, ihm an einem Samstag das Büro zeigt, am Frühstückstisch miteinander betet und spricht – das ist mindestens so bedeutungsvoll wie die „besondere Zeit" und läßt sich weit häufiger durchführen.

Im Falle von Tom und Cindy lag der Fall so, daß Tom denkbar wenig Zeit mit seinem Vater, der in einer Reparaturwerkstatt arbeitete, verbrachte. Er stand bei seinen Mitarbeitern wegen der Qualität seiner Arbeit in hohem Ansehen. Bedauerlicherweise war Tom nur ein einziges Mal bei seinem Vater in der Werkstatt gewesen und hatte nie die Gelegenheit gehabt, mit den Kollegen seines Vaters zu sprechen und zu hören, wie sie ihn lobten. Dieser gesamte Lebensbereich seines Vaters war für Tom verschlossen. Der einzige Vater, den er erlebte, war der in sozialer Hinsicht gehemmte Mann, der nach Hause kam, um von Toms Mutter beherrscht zu werden. Dieses Bild des Mannes entsprach nicht der Realität, doch es war das Bild des Mannseins, das in Toms Gedanken haftenblieb. Durch Nachlässigkeit wird Söhnen die Vorstellung beigebracht, daß Mann-Sein heutzutage gleichbedeutend sei mit Abwesenheit von daheim, sich in einer Welt der Unsicherheit aufzuhalten und dann beim Heimkommen viel zu müde zu sein, um noch mit der Familie zu sprechen.

Jungen wie Tom werden von Frauen erzogen, die Tag für Tag viel zu viel Macht auf ihr Leben ausüben. Ohne einen Vater, der mit starker Hand das Leben mit der Mutter ausgleicht, verfällt der heranwachsende Junge in die Überkompensation und baut im Laufe der Zeit starke Abwehrfronten gegen Frauen ganz allgemein auf. Diese Abwehrfronten werden, wenn er heiratet, keineswegs aufgegeben.

Einsamkeit

Toms Vater mutete in seinem Drang nach einem sicheren Arbeitsplatz der Familie zahlreiche Umzüge zu. Tom, sein Bruder und seine Schwestern besuchten acht verschiedene Schulen. Er gewöhnte sich daran, ein Fremder und Außenseiter zu sein. Viel schwerer wog, daß er das finanzielle Dilemma seines Vaters mit ansah und daraus den Schluß zog, das Geheimnis zum wahren Glück liege in einem sicheren Arbeitsplatz und Wohlstand. Dabei begriff er niemals die Notwendigkeit von Freundschaft und Engagement für andere Menschen. Bei der Entstehung immer neuer, vorübergehender Freundschaften bildete sich niemals die Fähigkeit heraus, sich anderen zu öffnen und Vertrauen zu anderen Menschen zu finden. Vor diesem Hintergrund war es kein Geheimnis, warum es ihm weit schwerer fiel, Cindy seine Gefühle preiszugeben, als es angebracht war, und warum das – wenn überhaupt – nur in oberflächlicher Form geschah.

Der fehlende Faktor männlicher Freundschaft

In Amerika wird durch den mobilen Lebensstil die Entstehung von Freundschaften erschwert; zumindest gilt das für Männer. Sie verfallen der Vorstellung, ein befriedigender Job und Beförderung bringe ihnen Geld ein, und aus diesem Grund könne man auf Freundschaften verzichten.

Frauen scheinen von der besonderen Welt eines Mannes fasziniert zu sein. Vor allem einer Hausfrau mag die Arbeit ihres Mannes als glanzvolle Begegnung mit der emsigen Geschäftswelt erscheinen. Doch eine Frau, die selbst einem Beruf nachgeht, weiß, daß das keineswegs der Fall ist. Manchmal haben diese Frauen auch den Wunsch, den gleichen Clubs und Gesellschaftszirkeln anzugehören wie ihre männlichen Gegenstücke. Oberflächlich gesehen wirken die Männer freundlich und ihre Gespräche anregend. Dieser Eindruck wird vielleicht durch Bierreklamen im Fernsehen geweckt – sie suggerieren Freundschaft und fröhliche Männer-Kumpanei. In Wirklichkeit ist diese Art der Kameradschaft jedoch alles andere als die Norm.

Die Fähigkeit zur Freundschaft ist bei Männern ein Problem. In einer Gruppe von sechzig christlichen Paaren stellte ich den Männern folgende Fragen: „Wer ist Ihr bester Freund? Wie lange ist es her, seit Sie ihn das letzte Mal sahen?“ Über 90 Prozent der Antworten führten eine Beziehung aus der Vergangenheit auf – einen Kumpel vom College, einen Freund aus der Militärzeit oder „Klaus, meinen besten Freund in der siebten Klasse“. Diese „historischen Freundschaften“ bilden das Gros dessen, was Männer unter engen Beziehungen verstehen.

Frauen tun sich wesentlich leichter, zu anderen Frauen eine vertrauensvolle Beziehung einzugehen. Sie sprechen miteinander über Spannungen in ihrer Ehe, Probleme und Fragen im Zusammenhang mit der Kindererziehung und der fehlenden Erfüllung in der Arbeit. Für Männer würde jedes einzelne dieser Probleme ein Versagen repräsentieren, das nur die wenigsten zugeben würden. Der vom Konkurrenzdenken geprägte Sinn eines Mannes und der Zwang, erfolgreich zu erscheinen, machen die Preisgabe von Gefühlen zu einer harten Arbeit. Die meisten pflegen daher keine freundschaftliche Beziehung zu einem anderen Mann.

Der beste Freund eines Mannes – seine Frau?

Viele Christen gehen von der Vorstellung aus, der beste Freund eines Mannes sollte seine Frau sein. Das ist zwar Ziel und Grundlage jeder guten Ehe, doch sollte die Bedeutung einer Freundschaft unter Männern nicht unterschätzt werden. Eine Frau mag denken, daß die Zeit, die ein Mann in Gespräch und Erholung mit einem Freund verbringt, ihr abgehe, doch in Wirklichkeit wird ihre Beziehung dadurch bereichert und geschützt. Für ihren Mann bietet sich so die Gelegenheit, seine Gefühle mit denen anderer Männer zu vergleichen und zu bewerten.

Die Gefühle eines Mannes sind sein verletzlichster Bereich, und wenn er mit jemandem darüber spricht, dann sucht er sich gewöhnlich jemand aus, der ihm die Sympathie schenken kann, die er ersehnt. Wenn sein Kummer jedoch aus Tun oder Lassen seiner Frau resultiert, dann wäre es für ihn am einfachsten, sich einer anderen Frau anzuvertrauen. *Das wäre allerdings ein gefährliches Unterfangen.* Wenn er einen Freund hat, mit dem er im Vertrauen über seine Probleme sprechen kann, bietet sich ihm ein vernünftiger Weg für Wachstum und Schutz.

Ein Freund kann ihm auch helfen, die Fähigkeit, über seine Gefühle zu sprechen, zu entwickeln. Ein Mann kann mit seiner Frau über seine Empfindungen reden, doch wenn er über sich selbst, sein Denken und Fühlen unsicher ist, braucht er einen männlichen Resonanzboden für seine Gefühle. Er mag das aufmerksame Ohr und das Mitgefühl seiner Frau schätzen und brauchen, aber zugleich denkt er: „Sie ist eine Frau – wie kann sie wissen, wie mir zumute ist?“ Wenn er seiner Frau enthüllt hat, wie es in ihm aussieht, bleiben doch die Fragen: „Ist mit mir alles in Ordnung? Habe ich das Richtige getan?“ Dr. Ken Druck schreibt:

> Wenn wir erst einmal einem anderen Manne gegenüber unsere Welt geöffnet haben, erkennen wir, daß wir mit unseren Ängsten, Unsicherheiten und Wünschen nicht allein dastehen. Nichts ist bei uns *verkehrt*, wie wir es im Stillen vielleicht befürchtet haben. Durch eine Freundschaft mit einem anderen Mann finden wir für vieles von dem, was in uns Männern stark und gut ist, eine Bestätigung. Offener und ehrlicher Erfahrungsaustausch erlaubt uns eine frische und klare Vorstellung von uns selbst.

Der einzige Ort, an dem ein Mann es sich wirklich leisten kann, anderen gegenüber aufrichtig zu sein, ist die christliche Gemeinde. Trotz aller Horrorgeschichten von Leuten, die das taten und es bitter bereuen mußten, gibt es einfach keinen anderen Platz, wo Bekenntnis und Vergebung als Tugenden erachtet werden. Die christliche Gemeinde ist auch einer der wenigen Orte, wo ein Mann auf Hilfe von Seinesgleichen hoffen darf. In der Welt „draußen“ reden Männer meist nur über ihre Erfolge, um des Beifalls sicher sein zu können. Doch die christliche Gemeinde – die zwar nicht immer das ist, was sie sein sollte – hilft Männern und Frauen oft, schwere Zeiten durchzustehen. In Sprüche 17, 17 bekräftigt Salomo: „Ein Freund liebt allezeit, und ein Bruder wird für die Not geboren.“

Je stärker ein Mann von einem anderen in seinen Gefühlen bestätigt wird, desto eher wird er es riskieren, auch mit seiner Frau über seine Gefühle zu sprechen. Sie hat damit den hauptsächlichen Nutzen von der Zeit, die ihr Mann mit anderen Männern verbringt.

Falsche Werte

Ein weiteres Charakteristikum, das uns beim passiven Ehemann begegnet, ist die Tatsache, daß sein Denken oftmals auf falschen Werten beruht. Er ist nicht unbedingt dem Leben gegenüber passiv, nur scheint er von „anderen Dingen“ in Anspruch genommen und zeigt in seinem *häuslichen Leben* Passivität. Er ist fleißig damit beschäftigt, sich ein eigenes seelisches Nest aus den Ästen und Zweigen falscher Wertvorstellungen zu bauen. Wer ein Leben lang die Beziehungen zu Hause als unbefriedigend ansieht, daheim keine männliche Erfolgsstory aufzuweisen hat und sich außerdem einsam fühlt, dem bleibt nur eine Errungenschaft, an der er sich mißt: Er klammert sich an die Vorstellung, wenn er nach außen Erfolg hat und im Inneren versagt, bleibe „unterm Strich" doch ein Erfolg übrig.

Toms Eltern hatten ihm immer und immer wieder gesagt: „Wenn du in dieser Welt vorankommen willst, dann brauchst du eine gute Bildung." Toms Vater machte den Mangel an Bildung für sein eigenes Unglück verantwortlich. Tom gewann nach und nach die Überzeugung, daß das wichtigste Ziel eines Mannes darin bestand, sich eine gute Bildung und Erziehung zuzulegen. Für Tom hatte der Erfolg im College noch eine andere, unterschwellige Bedeutung: Wenn er Erfolg hatte, bedeutete dies, daß er ein „besserer" Mann war als sein Vater. Das Resultat eines solchen Denkens zeigte sich in seinem Studienplan und in der Art und Weise, wie er sich selbst ständig zu Höchstleistungen antrieb.

Nicht zufrieden mit dem normalen Studientempo in seiner Collegezeit beschleunigte Tom den Prozeß und belegte die doppelte Anzahl von Vorlesungen, die sein Studienberater ihm vorschlug. Jeden Dienstag und Mittwoch ging er bei Tagesanbruch mit einem Lunch- und Dinnerpaket von zu Hause fort, und Cindy bekam ihn zwischen dem späten Montag abend und dem späten Mittwoch abend überhaupt nicht zu Gesicht. Ihre Kommunikation hatte einen Punkt erreicht, der noch über das Leiden hinausging. Cindy sah sich als kaum etwas anderes als eine angestellte Dienerin an der Schreibmaschine, aber nicht als Mensch mit eigenen Bedürfnissen. Für Tom war das Diplom ein Erfolgssymbol. Er war unverrückbar gefangen in dem Prozeß, seine Männlichkeit und seinen Wert auf die einzige Weise unter Beweis zu stellen, die man ihm beigebracht hatte.

Menschen mit verkehrten Wertvorstellungen sind besessen davon, Symbole zusammenzuraffen: ein Luxusauto, einen klingenden Titel im Beruf, Urlaub in exotischen Ländern. Ihr Lebensziel besteht darin, die entsprechenden Statussymbole zu besitzen, an denen sie ihren Wert messen. Diese Dinge repräsentieren für sie ein objektives Maß an Status und Macht. Für einen Mann, der mit dem Gefühl aufwuchs, machtlos zu sein, wird die Versuchung, sich an diesen Dingen festzuklammern, unwiderstehlich.

Wenn Geld, Besitz und Status als zuverlässigstes Maß für Erfolg betrachtet werden, dann wird der von Konkurrenzdenken geprägte Mann sein Bestes versuchen, nach diesen Lorbeeren zu greifen. Unsere gesamte Werbebranche ist auf dem Vorsatz aufgebaut, Unzufriedenheit zu säen. Werbe- und Reklamefachleute wollen Sie und mich glauben machen, daß wir uns nicht mit dem zufriedengeben dürfen, was wir im Augenblick haben. Die von ihnen entworfenen Anzeigen sollen uns davon überzeugen, daß wir *ihren* Wagen fahren und *ihren* Anzug tragen müssen, um zur intellektuellen, finanziellen oder gutaussehenden Elite zu gehören.

Die Infantilität falscher Wertvorstellungen hat lange Wurzeln und trägt bittere Frucht. Nur wenn wir durch das Erlösungswerk Christi von Gott angenommen werden, können wir frei werden, uns anderen Menschen zu erschließen und gemeinsam zu seiner Gemeinschaft zu gehören.

Setzen Sie diese falschen Wertvorstellungen neben die bereits behandelten Bausteine der Passivität, dann ist das unsichere Fundament fertig. Für jeden Mann, der diese labilen Denkgewohnheiten angenommen hat, ergibt sich die Notwendigkeit, absolute Kontrolle über ein Leben zu bewahren, das sich weigert, gut verwaltet zu werden.

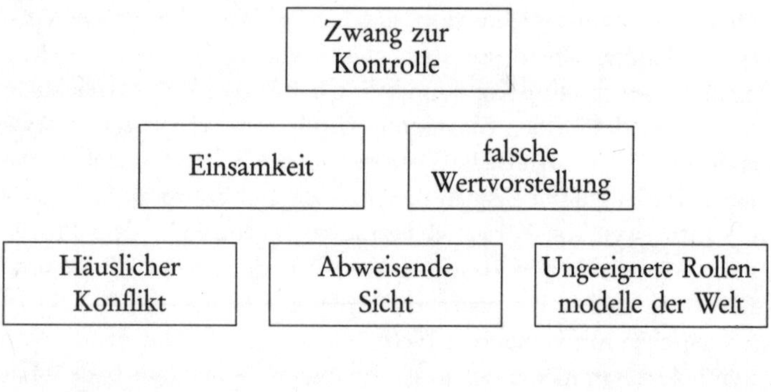

Zwang zur Kontrolle

Für manchen Mann ist es eine verzehrende Leidenschaft, das Heft in der Hand zu haben – vor allem die Kontrolle über die Frau in seinem Leben. Für Tom war die Kontrolle über Cindy mehr als nur eine Leidenschaft: In seinen Augen war sie notwendig zum seelischen Überleben. Verzweifelt wollte er sich von der Angst vor der Macht, die Frauen über ihn hatten, befreien.

Auf einen Mann, der unter dem Zwang zur Kontrolle steht, kommen eine Fülle von Problemen zu. In Kapitel 2, das ganz diesem Problem gewidmet ist, wurde vieles davon behandelt. Wichtig ist jedoch, die Verbindung zwischen diesem Zwang und der Verfassung des passiven Mannes herzustellen.

Ein Mann, der sich vor Frauen fürchtet und sich nur bei denen behaglich fühlt, die er beherrschen kann, ist ein erstklassiger Anwärter als Casanova großen Stils. Jede von ihm eroberte Frau hört auf, seine Männlichkeit zu bedrohen, und „beweist" seine Männlichkeit, an der er soviel Zweifel hegt.

Tom sah sich noch einem weiteren Problem gegenüber: Cindy hatte sich wegen ihrer Erfahrungen daheim als Kind geschworen, sich niemals von einem Mann beherrschen zu lassen. Als sie sich Tom ansah, bemerkte sie nur einen Mann, der seinen eigenen Traum verfolgte – ein Traum, den sie niemals einkalkuliert hatte, als sie mit ihm vor dem Traualtar stand. Sie heiratete *Tom* und nicht seine ungezügelten Vorstellungen davon, ein Mann mit zahlreichen Stufen auf der Leiter zum perfekten Job zu sein.

Tom wiederum hatte, wenn er Cindy ansah und ihre Wünsche nach mehr Aufmerksamkeit hörte, seine Mutter vor Augen. Cindy war nur eine weitere Frau, die ihn beherrschen wollte.

Diese einander widersprechenden Ansichten lösten eine Kettenreaktion aus. Cindy sah in Tom unbewußt das hartnäckige Drängen ihres Vaters, alles im Haus zu dirigieren. Sie reagierte heftig auf den Gedanken an einen Mann, der keine Kommunikation mit ihr führen und sie nicht als gleichwertige Ehepartnerin behandeln wollte. Das Reservoir negativer Gefühle gegen ihren Vater, die sie über die Jahre hinweg sorgfältig gespeichert hatte, entleerte sich nun über jemand, der das nur teilweise verdiente: Tom.

Ein Ehepaar mit einer von solchen Faktoren bestimmten Geschichte wird unter Umständen versuchen, die Ehe weiterzuführen. Sie versuchen, zurechtzukommen und warten auf bessere Zeiten – die niemals kommen. Sie probieren es mit Seminaren, Bibelstudien und vielen ähnlichen Dingen. Sie ringen wohl auch darum, nach außen hin den Schein zu wahren. Manchmal funktioniert das auch – für eine Weile. Doch nur allzu sicher läßt sich voraussagen, daß eine

Krise das Kartenhaus zum Einsturz bringt und sie barmherzigerweise dazu zwingt, sich mit ihrem Problem auseinanderzusetzen.

Eine Vertrauenskrise

Eine Krise war der Anlaß, der Tom und Cindy zu mir führte.

In Toms Firma war man höchst erfreut, als er seinen akademischen Grad erlangt hatte. Seine Kollegen „schmissen" eine Party für ihn. Cindy nahm daran teil. Weder Tom noch sein Chef konnten an jenem Tage wissen, daß sich Umstände anbahnten, die bald den ganzen Industriezweig lähmen würden. Sechs Monate später hagelte es Entlassungen ...

Als die Entlassungen angekündigt wurden, setzte sich Tom mit seinem Chef zusammen, um zu erfahren, wie lange er wohl warten mußte, um wieder eingestellt zu werden. Erst da wurde ihm das volle Ausmaß der Krise vor Augen geführt.

Zu seiner Überraschung erfuhr Tom, daß er nicht nur seine Stellung verlieren würde, sondern daß es in den zurückliegenden Jahren eine Reihe von Klagen seiner Mitarbeiter über ihn gegeben hatte. Seine Kollegen „nervte" nicht nur sein starkes Konkurrenzdenken, sondern sie hielten ihm auch vor, daß er ständig versuchte, sie bloßzustellen.

Bei ihnen hatte sich eine Menge Wut und Feindseligkeit aufgebaut; dazu kam Toms Unfähigkeit, auch mit dem kleinsten Problem fertigzuwerden, ohne sich bedroht zu fühlen. Bei der Zusammenarbeit mit ihm merkten sie, daß es für ihn einzig und allein darauf ankam, alles in der Hand zu haben und selbst das Lob einzustreichen.

Die Liste der Beschwerden warf Tom beinahe um, doch während unseres Gesprächs wurde für ihn das Schema sichtbar. Was Tom bei der Arbeit zugestoßen war, hatte sich für seine Beschäftigung verheerend ausgewirkt, doch sollte es sich für seine Ehe als lebensrettend erweisen. Er und Cindy stießen endlich zum Kern ihrer Unfähigkeit vor, miteinander zu kommunizieren. Von da an gelang es ihnen, ihr Eheleben ehrlich und offen zu gestalten.

Solange wir uns selbst ungestraft anlügen können und glauben, daß unsere verkehrten Wertvorstellungen funktionieren, scheint es, als könnten wir damit davonkommen. Doch auf lange Sicht erlaubt uns Gott in seiner Barmherzigkeit nicht, in falsche Bahnen zu flüchten. Es gilt das Gesetz von der Ernte, das Senator Sam Erwin zitierte, als er die Watergate-Anhörung schloß und mit einem Hammerschlag die Präsidentschaft von Richard Nixon beendete:

> Irret euch nicht; Gott läßt sich nicht spotten, denn was der Mensch sät, das wird er ernten. (Gal.6, 7)

Das gleiche Prinzip gilt für jeden, vom Generaldirektor bis zum kleinsten Lehrling. Wenn die Krise hereinbricht, legt sie ein ganzes Netz an falschen Denkweisen bloß. Am Ende kann eine Krise sogar dazu beitragen, daß ein Mann die Mauern um sich einreißt und sich selbst gestattet, nach der lange benötigten Hilfe zu greifen. Viele Ehepaare stellen dann fest, daß ihr Leben miteinander von neuem beginnen kann.

Der Mensch erzeugt sich selbst das Unheil,
wie Funken hoch emporfliegen.

Hiob 5, 7

5. Der introvertierte Mann

Es liegt in der Natur des Mannes, die Führung zu übernehmen, ein *Macher* zu sein. Auf Anhieb fallen Ihnen wahrscheinlich viele eher passive Männer ein. Für sie kann die Passivität ein Mittel sein, nicht zu führen, sondern Kontrolle oder Manipulation auszuüben – ein Verhalten, das als *passiv-aggressiv* bezeichnet wird. Dieser Wesenszug tritt oft bei Männern zutage, deren Selbstvertrauen tief erschüttert oder deren Bild von sich selbst schon in frühem Kindesalter geschädigt wurde. Erkennen und Verständnis passiv-aggressiver Reaktionen hilft einer Frau, sich wirksamer um ihren Mann kümmern und die starke Frustration des Lebens mit einem Mann ertragen zu können, der sich abkapselt, weil er seiner selbst unsicher ist.

Für das Problem des Umgangs mit einem introvertierten Mann gibt es zwei Ansätze. Der erste besteht darin, daß Sie als Frau sich darauf einstellen, ihm bei der Annahme seiner gottgegebenen Rolle zu helfen. Der zweite besteht im Aufbau einer intensiven Beziehung zu Gott von Ihrer Seite aus, die Ihnen für diese Aufgabe Stärke zufließen läßt.

Wie stellt eine Frau es nun an, ihrem „introvertierten Mann" dabei zu helfen, aus sich herauszufinden? Die erste Aufgabe ist, sich die Fähigkeit zum „aktiven Zuhören" anzueignen.

Die meisten Menschen gehen davon aus, daß Kommunikation Gespräch bedeutet, aber sie verlangt auch Zuhören und Zuschauen. Frauen sind als gute Zuhörerinnen bekannt – wenigstens in der Zeit des ersten Verliebtseins. Doch gerät diese entscheidende Fähigkeit nach der Heirat oft in Vergessenheit.

Echtes Zuhören umfaßt weit mehr als das Warten, während der andere spricht. Dazu gehört auch das Aufnehmen von Hinweisen, wenn man versuchen will, die Gründe hinter dem, was gesagt und was nicht ausgesprochen wurde, zu erkennen. Eine Frau weiß oft nicht, was sie zu einem Mann sagen soll, der in Schweigen verharrt. Viele stellen die frustrierte Frage: „Wie kann man einem Stein zuhören?" Man kann es nicht. Aber Sie versuchen auch nicht, durch Reden in einen Stein einzudringen. Eine Frau kann ihrem Mann jedoch zeigen, daß ihr am Herzen liegt, was er durchzumachen hat. Dies kann ohne Worte auf vielerlei schöpferische Weisen geschehen.

Sie kann ihrem Mann, der sich erschöpft im Sessel ausruht, einen kleinen Imbiß bereiten und ihn mit der Abendzeitung „servieren". Sie kann sich ruhig neben ihn stellen, seinen Nacken reiben und ihm ohne Worte die Mitteilung zukommen lassen: „Ich liebe dich. Du bist nach einem harten Tag an den richtigen Ort gekommen." Das kann auch umgekehrt geschehen. Statt ihrem völlig verstummten Mann von all dem Druck zu *erzählen,* dem sie den ganzen Tag ausgesetzt war – was ihn wahrscheinlich in noch tieferes Schweigen und die Frau in noch tiefere Frustration treibt –, kann sie es auf folgende Weise versuchen: „Liebling, ich hab' heute einen schweren Tag gehabt. Würdest du mir bitte die Schultern massieren und mir helfen, mich ein bißchen zu entspannen?" Auch wenn er nichts sagt, können Sie den Trost seiner warmen, lockernden Berührung empfinden.

Viele Frauen erliegen dem Irrtum, ihr introvertierter Mann habe ein solches Selbstvertrauen, daß er sich einfach deshalb wie eine Auster verschließt, weil er sie nicht braucht. Diese Annahme ist häufig grundverkehrt. Tatsächlich verschließt er sich vielleicht gerade deshalb, weil sein Vertrauen erschüttert wurde, weil er seine Träume zerstieben sieht oder weil er diesen Tag als Niederlage empfindet. Daher braucht er ein sicheres Refugium, wohin er sich flüchten kann, und das sollte sein Heim sein.

Das Zuhause wurde als „der Ort, wo man hingehen kann und eingelassen werden muß" bezeichnet. Oftmals sieht ein Mann das Zuhause nur als Ort an, wo noch weiterer Druck auf ihn wartet. Wenn er sich niedergeschlagen fühlt, dann denkt er nicht an das, was seine Frau den ganzen Tag über durchzumachen hatte und er sieht auch nicht, wieviele Rollen sie ausfüllen muß. Sein Gesichtsfeld begrenzt sich auf das winzige Ausmaß seines eigenen Lebens. Er starrt auf die Trümmer seiner zerstörten Träume. Er sieht, wie seine Ziele und sein Glück ihm entgleiten.

Gewiß, auch Sie mögen heute Ihre Herausforderungen und Niederlagen erlebt haben, aber das ändert nichts an der Tatsache, daß Ihr Mann Ihnen gewiß keine besondere Aufmerksamkeit schenkt, wenn

Sie ihn gleich am Abend mit Ihren Sorgen überfallen. Wenn Sie aber den Weg des aktiven Zuhörens lernen, dann finden Sie ein wenig später sicherlich die Aufmerksamkeit, die Sie sich wünschen.

Warum hören Sie ihm zu?

Vor was läuft er weg?

Der Wunsch, vor Schmerz wegzulaufen, ist für viele Männer eine starke Motivation. Für einen Mann ist eine der größten Quellen inneren Schmerzes das Fehlen von Erfolg oder ein glattes Versagen.

In einem Interview wurde der Rennfahrer Danny Sullivan vor kurzem gefragt: „Wovor haben Sie am meisten Angst, wenn Sie in diesem Wagen sitzen?" Vernünftigerweise würde man die Antwort erwarten: „Vor einer Karambolage" oder „... einem Brand". Aber nein. Genau wie viele andere Männer gab er zur Antwort: „Versagen. Ich kann's nicht ertragen, wenn ich verliere!"

Selbst Männer mit einem starken Glauben an Gott sind gegen diesen männlichen Zug nicht gefeit.

Der Prophet Elia mag als Beispiel für einen Mann dienen, der wegen eines Fehlschlags an Depressionen litt und dessen Willen wie gelähmt war. In 1. Könige 18 lesen wir, daß Elia die Propheten des Baal besiegte. Doch in einem Augenblick, wo man annehmen sollte, daß dieser große Mann Gottes ganz obenauf sein würde, machte er einen Fehler: Er lief davon, als sein Leben bedroht war.

Wir lesen: „Er aber ging hin in die Wüste eine Tagereise weit und kam und setzte sich unter einen Wacholder und wünschte sich zu sterben und sprach: 'Es ist genug, so nimm nun, Herr, meine Seele; ich bin nicht besser als meine Väter'." (1.Kön.19, 4).

Elias Normen waren hoch, und da er vielleicht seine eigenen Ziele verraten hatte, war er in seinen eigenen Augen nicht besser als gewöhnliche Menschen. Jak.5, 17 bestätigt diese Meinung und führt aus, daß Elia „ein schwacher Mensch wie wir" gewesen sei – und dazu gehörte auch eine überstürzte Reaktion, vor der Qual des Versagens davonzulaufen. Eine christliche Frau mag vielleicht der Ansicht sein, daß der Glaube ihres Mannes seine menschlichen, männlichen Schwächen im Zaum halten sollte. Doch im Falle eines Ereignisses, das sein Vertrauen erschüttert, wird die erste Reaktion darin bestehen, genau wie Elia vor dem Schmerz fortzurennen.

Anders als der Prophet des Alten Testamentes besitzt der christliche Ehemann Frau und Familie, von denen er hoffen darf, daß sie ihm bei der Überwindung menschlicher Schwächen helfen werden.

Wie dankbar bin ich dafür, daß ich die Liebe, Zärtlichkeit, Unterstützung und den Glauben meiner Familie hatte, als ich selbst mitten in einer solchen persönlichen Krise steckte.

Als ich meinen Abschluß am Seminar machte, war ich ein Mann, dem der Erfolg scheinbar vorherbestimmt war. Ich hatte einige Jahre erfolgreicher Arbeit bei einer christlichen Organisation, den Navigatoren, hinter mir. In meiner Seminarzeit war ich zum Vorsitzenden der Studentenvertretung gewählt worden und hatte mir Wertschätzung und Anerkennung von Studenten wie Professoren errungen. Mein Traum war, Pastor an einer großen, einflußreichen Gemeinde zu werden. Ich war in keiner Weise darauf vorbereitet, mit einem Fehlschlag fertigzuwerden.

Meine erste Pfarrstelle war bei einer kleinen Gemeinde, die sich mit finanziellen Problemen herumzuschlagen hatte. Rasch kam ich zu dem Schluß, daß eine bestimmte Gruppe von Leuten für diese Probleme verantwortlich war, und in meinem Wunsch nach Erfolg sah ich diese Leute als Hindernis an. Ich war völlig verblendet gegenüber der Tatsache, daß diese „Hindernisse" in Wirklichkeit der Mittelpunkt meines Wirkens waren. So trat ich diesen Menschen dauernd auf die Zehen und war schnell unbeliebt bei ihnen. Damit zerstörte ich meinen Traum, der „dynamische Gemeindeleiter" zu sein. Zum erstenmal sah ich meine Hoffnungen für die Zukunft und die Ziele, denen ich mein Leben gewidmet hatte, dahinschwinden. Ich fühlte mich selbst als kolossaler Flop.

Meine Reaktion war, mich zurückzuziehen und mich an die Regel zu halten: *Vermeide Schmerz, wo immer es möglich ist.* Die Veränderung in mir war so markant, daß selbst meine Kinder sie bemerkten.

Nach einigen besonders deprimierenden Sitzungen des Kirchenvorstands ging ich jeden Abend heim und verlor mich in der Phantasiewelt des Fernsehens. In derselben Woche hatte ich versprochen, mit meinem damals sechsjährigen Sohn Joel an einem Modellflugzeug zu basteln. Während wir eines Abends am Küchentisch saßen und arbeiteten, schaltete ich den Fernseher ein. Wir werkelten zwar vor uns hin, aber ich schenkte Joel wenig Beachtung. Nachdem er eine Weile auf seine zahlreichen Fragen nur Brummen und Murren als

Antwort erhalten hatte, fragte er schließlich: „Dad, ist das Fernsehen dein bester Freund?" Und um diese Kränkung noch zu steigern, fuhr er fort: „Weißt du, Dad, mein bester Freund ist Jesus."

Ich saß da wie vom Donner gerührt. Die Einsicht meines Sohnes reichte weit tiefer, als er sich vorstellen konnte. Er erkannte, wie nötig ich einen Freund brauchte, um mich abzulenken, jemand, dem ich viel Zeit und Aufmerksamkeit schenken konnte – und dieser jemand war im Augenblick ein elektronischer Kasten.

Im Endeffekt war es die Liebe und Aufmerksamkeit meiner Familie, die mich auf der anderen Seite des Grabens wieder herauszog.

Ausbruch

Auch für den introvertierten Mann kann es die andere Seite geben. Wenn er sich nicht in Schweigen hüllt, kann er anspruchsvoll und kritisch sein. Nachdem er den Kampf in seiner Berufswelt verloren hat, wendet er unter Umständen seine Aufmerksamkeit dem einzigen Ort zu, wo er seine Herrschaft noch zu beweisen sucht – seinem eigenen Heim.

Eines der ersten Anzeichen, das in diese Richtung weist, ist seine immer mehr schwindende Rücksichtnahme. Er unternimmt kaum noch Anstrengungen, bei den häuslichen Arbeiten mit Hand anzulegen. Wenn seine Frau ihn auf seine Mängel als Gatte, Vater und Christ hinweist und immer weniger Achtung vor ihm erkennen läßt, wird er umso schneller zu dem Schluß kommen, daß die Familie nur ein weiterer Ort ist, an dem man ständig harte Schläge einstecken muß. Damit wird eine Spirale nach unten in Gang gesetzt, deren Auswirkungen verheerend sein können.

Ein weiteres Anzeichen dafür, daß ein Mann das Gefühl hat, sein Leben sei durch sein Versagen „außer Kontrolle" geraten, besteht darin, daß er nur noch „sichere" Aufgaben übernimmt. Warum sollte er etwas probieren, was die Ungewißheit des Risikos in sich birgt? Deshalb halten sich manche Männer von Tätigkeiten fern, bei denen sie nicht ein hohes Maß an Kontrolle bewahren oder sich des Erfolgs nicht ganz sicher sind.

Ich konnte das bei Tom beobachten, als er seine Stellung verlor. Obwohl er das anfangs nicht zugab, war es für ihn eine furchtbare Niederlage.

Tom war allerdings auch ein guter Automechaniker. Er besaß einen alten Wagen, an dem er als Hobby herumbastelte. Mit hochtrabender Geste erklärte er seiner Frau Cindy: „Nun hab' ich endlich Gelegenheit, das alte Cabrio wieder zum Laufen zu bringen. Wenn ich damit fertig bin, suche ich mir einen neuen Job. Also drängle mich nicht länger."

Seinen Freunden erzählte Tom, er habe genug Geld gespart und könne sich in Ruhe eine ihm genehme Stellung aussuchen. Er prahlte sogar damit, er könne womöglich mit dem Verkauf des Oldies soviel verdienen, daß er sich auf eigene Beine stellen könne. In Wirklichkeit gab er jedoch für Ersatzteile mehr Geld aus, als er sich in der gegebenen Situation leisten konnte.

Erst später gestand Tom ein, daß er wirklich Angst davor hatte, bei der Bewerbung um eine neue Stelle abgewiesen zu werden. Tief drinnen fürchtete er, daß seine eigene Inkompetenz oder Persönlichkeit ihn seine frühere Stellung gekostet hatte, und er hegte nicht den Wunsch, sich einer Serie von Bewerbungsgesprächen und Ablehnungen auszusetzen.

Je mehr Cindy Befürchtungen um die Zukunft äußerte, desto mehr hörte Tom laut und deutlich heraus: „Du sorgst nicht für uns, du bist ein Versager." Cindy sprach das nie aus, doch Tom entnahm es ihren Äußerungen. Als Cindy zu beten begann und Tom zum Bibellesen oder zu irgendeiner Art von geistlicher Führung drängte, sah er nur, daß sie mit ihm unzufrieden war. Sooft er das Haus betrat und Cindy am Telefon mit einer Freundin aus der Gemeinde reden hörte, konnte er an dem gedämpften Ton ihrer Stimme erkennen, daß er der Gegenstand des Gespräches war. Er fürchtete die Blicke ihrer Freundinnen in der Kirche und war peinlich berührt, wenn der Pastor sich erkundigte, ob sie Hilfe brauchten. Deshalb fuhr er fort, sich in Schmierfett, Vormittagsfilmen und Football-Spätprogrammen zu verlieren.

Um seine inneren Zweifel noch zu verschärfen, erkannte Tom allmählich, daß ihn die Umstände an die gleiche Stelle versetzten wie seinen eigenen Vater – ein Mann, der einen festen Arbeitsplatz nie lange innehatte. Diese Vorstellung jagte ihm Angst und Wut ein. Er wünschte sich nicht, ein Leben zu führen, bei dem ihm die Achtung fehlte. Tom geriet in das Spannungsverhältnis zwischen der Angst, im eigenen Heim ein Bürger zweiter Klasse zu werden, und seinem Drang, das Risiko weiterer Fehlschläge zu umgehen.

Erst nachdem Cindy allmählich damit begann, ihr Vertrauen in Tom auszudrücken und ihm klarzumachen, daß sie daran glaubte, er werde das Richtige unternehmen, betrachtete er sein Heim nach und nach wieder als Ort, wo er sich sicher fühlen konnte. Die Familie wurde für Tom ein Ort, wo er Verständnis finden, und ein Weg, von dem aus er Fehlschläge riskieren konnte, ohne sich vernichtet zu fühlen.

Jeden Tag verriet ihm Cindy mit ihrem Lächeln, daß sie an ihn glaubte und sich entschlossen hatte, seine Fehlschläge einfach nicht zur Kenntnis zu nehmen. Mit dieser Ermutigung wuchs auch seine innere Motivation. Cindys Haltung ihrem Mann gegenüber entstammte nicht einem niedergetrampelten Selbstbewußtsein, sondern einer bewußten Entscheidung von ihrer Seite. Ihr Lieblingsausspruch und der Gegenstand ihres täglichen Gebets wurde: „Gottes Aufgabe ist es, meinen Mann zu verändern, und meine Aufgabe ist es, ihn zu lieben."

Die Vielschichtigkeit der heutigen Welt läßt Menschen wie Tom oftmals zwischen mehreren Möglichkeiten erstarren. Wenn ein Mann an einen Kreuzweg seines Lebens gelangt, glaubt er vielleicht, daß es wirklich *klug* sei, nicht zu handeln. Er verfängt sich in den Gleisen, die zur Unentschlossenheit führen. In seinem Wunsch, das Beste für sich und seine Träume zu unternehmen, tut er am Ende gar nichts. Er geht immer noch einer Arbeit nach, die ihn nicht befriedigt, und dabei beharrt er in dem Wunsch, den perfekten Augenblick zum Absprung abzuwarten. Inzwischen geht die Unzufriedenheit und der seelische Rückzug von seiner Familie weiter.

Die Aktionen – noch mehr jedoch die *Reaktionen* – einer Frau, deren Mann eine Krise durchmacht, sind von entscheidender Bedeutung. Es nützt nichts zu sagen: „Mein Mann kennt den Herrn. Warum betet er nicht einfach?" Es ist nun einmal so, daß Christus jedem von uns ein Amt gibt, und die eigene Frau ist vielleicht der einzige Ausdruck von Gottes Liebe, die ihr Mann in seinen kritischsten Augenblicken erkennen kann![2]

Ich will nun keineswegs anraten, eine Frau solle ihre eigenen Bedürfnisse übersehen oder nicht zur Kenntnis nehmen, wenn sie ihrem Mann aus einer Zeit der inneren Abkapselung herauszuhelfen versucht. Während sie lernt, zuzuhören und ihre Liebe in kluger Weise praktisch zu vermitteln, braucht sie ihre seelischen und geistlichen Bedürfnisse nicht zu vernachlässigen. Nur wenn eine Frau lernt, ihre Beziehung zum Herrn zu festigen, wird sie in der Lage sein, mit ihrer eigenen Pein fertigzuwerden. Läßt sie es jedoch zu, daß dieser Kummer sich in negativen Worten und Reaktionen äußert, dann wird die Belastung der Ehe nur noch größer. Der Weg, den sie einschlägt, um ihrem Mann zu helfen und der *letzten Endes ihr selbst hilft,* beginnt bei ihrem eigenen Wandel mit Gott.

Der Weg zum Frieden

Oft glaubt eine Frau bei der Heirat, daß in ihrer Beziehung zu ihrem Mann und der Familie, die einmal die ihre sein soll, ihre tiefsten Bedürfnisse erfüllt werden. In jedem von uns, Männern wie Frauen, steckt die Tendenz, den Ehepartner als den Menschen zu betrachten, der zur Erfüllung unserer Sehnsüchte vorherbestimmt ist. Doch nur Gott allein kann die Sehnsucht unseres Herzens stillen.

In seinem bemerkenswerten Buch „Männer in der Midlife-Krise" betont Jim Conway: „Das Gefühl für den eigenen Wert muß *aus der Frau selbst* kommen ... Sie muß sich sagen: 'Ich bin etwas wert; ich bin wertvoll, nicht auf Grund dessen, was ich tue (und nicht, weil mir jemand Aufmerksamkeit widmet), sondern weil ich Gottes Geschöpf bin – weil ich Ich bin'."

Der Wandel mit Gott kann für eine Frau mit einer einfachen Morgenandacht beginnen, eine Zeit, in der sie einige stille Minuten damit zubringt, in der Bibel zu lesen und Gott zu bitten, zu ihrem Geist zu sprechen.

Wenn sie das regelmäßig tut, bekommt die Stimme Gottes nach und nach mehr Einfluß auf sie als die fehlende Stimme ihres Mannes. Wenn die Liebe Christi täglich aus der Schrift zu ihr spricht, wird die mangelnde Liebe ihres Mannes nicht länger ihre Reaktionen beherrschen.

Ein weiterer Schritt für die Frau besteht darin, daß sie lernt, eine andere Einstellung zu ihrem Mann zu finden.

Damit will ich sagen, daß Kraft und Frieden in Ihnen Einzug halten, wenn Sie Ihren Mann nicht als das sehen, was er im Augenblick ist, sondern was er werden soll. Gebet und Denken einer Frau müssen von dieser langfristigen Lebensbetrachtung geprägt werden. Diese Perspektive ähnelt dem Vertrauen, das Christus in jeden von uns setzt. Er sieht, was wir sind, aber er weiß auch um unsere Bestimmung.

Für mich ist der Vorfall, bei dem Jesus dem Petrus seinen bevorstehenden Verrat offenbart, immer wieder eine Quelle der Ermutigung. In Lukas 22, 31-32 sagt Jesus: „Simon, Simon, siehe, der Satan hat erlangt, daß er euch sieben darf wie den Weizen. *Ich aber habe für dich gebeten, daß dein Glaube nicht aufhört.* Und *wenn du dich dann bekehrst, so stärke deine Brüder.*" Jesus richtete sein Augenmerk nicht auf das, was Petrus war – nämlich schon in Kürze ein Feigling –, sondern auf das, was er werden sollte.

In 1. Thessalonicher 5, 14-15 führt Paulus im einzelnen auf, wie wir miteinander umgehen sollen: „... weist die Unordentlichen zurecht, tröstet die Kleinmütigen, tragt die Schwachen, *seid geduldig gegen jedermann.* Seht zu, daß keiner dem anderen Böses mit Bösem vergilt, sondern jagt immer dem Guten nach untereinander und gegen jedermann."

Wenn wir nur auf das reagieren, was uns am Verhalten unseres Ehepartners reizt, dann werden wir feststellen, daß wir das Gegenteil von dem tun, was wir tun sollen – die Unordentlichen *ermahnen* und die Kleinmütigen *trösten.* Das natürliche Verhalten einer Frau, deren Mann sie beherrschen will oder der sich kindisch benimmt, ist nur allzu oft, wortlos auf sein „unordentliches" Benehmen einzugehen. Sie hat auch die Neigung bei einem niedergeschlagenen, entmutigten Mann, ihm Trost zu spenden. Diese beiden überstürzten Reaktionen stellen das genaue Gegenteil dessen dar, was er wirklich braucht. Im einen Fall fordern wir geradezu dazu auf, getreten zu werden, und im anderen bringen wir den Patienten um. Im Falle des Mannes, der sich passiv abgekapselt hat, braucht die Frau die Weisheit Christi, um ihren Mann zu verstehen.

Ich muß zugeben, daß es menschlich unmöglich ist, jemandem mit Liebe entgegenzutreten, der in egozentrischer, liebloser Weise handelt. Genau aus diesem Grunde muß eine Frau täglich ihr Vertrauen auf Christus setzen und sich auf seine Kraft verlassen.

Förderung seiner Hoffnung

Jeder Spielautomat in Las Vegas macht mit einem einfachen Prinzip seinen Umsatz: Die Leute spielen daran und verlieren am Ende vielleicht alles, weil sie die Hoffnung haben, vielleicht doch noch zu gewinnen. Die Spielcasinos sorgen für regelmäßige „Ausschüttungen", damit die Kunden auch weiterhin ihre Münzen einwerfen. Im Gegensatz zum Spieler lebt der introvertierte Mann sein Leben in der Erwartung einer negativen Auszahlung. Er ist überzeugt, daß er unter allen der Versager ist. Jede einzelne Enttäuschung erinnert ihn in regelmäßigen Abständen an seine negative Grundeinstellung. Das Sicherste ist für ihn deshalb, einfach keinen Versuch mehr zu unternehmen. Er weigert sich entschieden, sich zu bemühen. Der Mann, der sich seelisch abgekapselt hat, versucht nun mit allen Mitteln, die Hoffnung, die vor Jahren in ihm brannte und nun vielleicht nur noch ein Fünkchen ist, zu schützen. Er will den Rest seines Lebens mit möglichst wenig Qualen verbringen. Doch nun sind der Freude Grenzen gesetzt, und die Aussichten für die Zukunft sind spärlich. Er hat sich vielleicht in die Vorstellung verbissen, er habe die eine große Chance in seinem Leben vertan und eine neue werde sich niemals mehr bieten. Wenn eine Frau hier nachdrücklich aktiv werden will, muß sie Gott um die Weisheit und Hilfe bitten, den Blick ihres Mannes wieder auf die *Hoffnung* zu lenken.

Es gibt mehrere schöpferische Methoden, mit denen sie diese Aufgabe in Angriff nehmen kann.

1. Beginnen sollte sie damit, ein Tagebuch ihrer Gebete anzulegen, in denen sie die kleinen Dinge aufzeichnet, für die sie bei ihrer Andacht betet.
2. Sie sollte anerkennen, daß sogar die Dinge, die ihr Mann jetzt unternimmt, um aller Verantwortung aus dem Wege zu gehen, einen potentiellen Wert für die Zukunft haben. (So könnte Cindy beispielsweise zu Tom sagen: „Du bist so ein geschickter Mechaniker. Ich fühle mich einfach sicher, wenn ich mit einem Auto herumfahre, das von dir instandgehalten wird.")
3. Finden Sie irgend etwas, was er früher einmal getan hat und was sich jetzt als nützlich erweist. („Ich bin so dankbar, daß du den Gartengrill gebaut hast. Wir können ihn in diesem Sommer sehr gut brauchen.")

Wenn diese einfachen Schritte ergriffen und geduldig als Dienst am anderen weitergeführt werden, kann eine Frau ihrem Mann beweisen, daß sie an seine Zukunft und an seinen Wert glaubt, auch wenn ihm selbst dieser Glaube abhanden kam. Das kann geschehen, ohne gleich ins „Predigen" zu verfallen. Noch wichtiger ist, daß die Aufmunterung ihres Mannes auf eine Weise geschieht, die auch ihr selbst Hoffnung gibt.

Förderung seines Vertrauens

Ein im Sumpf seiner eigenen Kümmernisse verstrickter Mensch ist immer noch imstande, etwas gut zu erledigen, und wenn es nur das Abspülen seines Tellers ist! Wenn man das Pendel von dem, was er *nicht* tut, wegschwingen läßt zu dem, was er zustande bringt, erfrischt das die Atmosphäre seines Lebens mit neu entdecktem Vertrauen.

Beginnen Sie damit, daß Sie ihn dabei beobachten, wie er etwas wirklich gut macht. Kaum etwas ist so irritierend für eine Frau, als um einen Ehemann herumzulaufen, der „auf der Couch Wurzeln geschlagen hat". Fast alles, was er überhaupt tut – und das ist meist wenig genug –, strapaziert die Nerven. Da geschieht es leicht, daß positive Kleinigkeiten mit dem Gedanken abgetan werden: „Das hätte er schon längst machen sollen."

Nehmen Sie in Ihre tägliche Gebetsliste noch den Satz auf: „Herr, laß mich ihn gleich heute bei etwas überraschen, was er *richtig* macht – gleichgültig, was es ist!" Wenn man ihm für die kleinste Kleinigkeit dankt, kann ihn das kräftig aufmuntern.

Wenn sich neugefaßtes Selbstvertrauen entwickelt, dann werden Sie mit einem glücklicheren Manne leben.

Vergessen Sie die erste Begegnung nicht

Wenn in einer Ehe „die Abhebungen die Einlagen übertreffen", dann vergißt man leicht, warum man einmal geheiratet hat. Wie viele Frauen quälen sich mit der Frage herum: „Was hab' ich nur an ihm gesehen?"

Vor einiger Zeit sprach mich ein Nachbar, der nicht gläubig ist, in einer heiklen Sache an. Er sagte mir, daß er eine Affäre habe. Er sei zu dem Schluß gekommen, daß seine Frau nicht länger seinen Bedürfnissen entspreche und daß ihre Beziehung total unbefriedigend sei.

Nachdem ich ihm zugehört hatte, fragte ich: „Was hat Sie denn an Ihrer Frau ursprünglich angezogen?"

Er ließ sich die einzelnen Punkte durch den Kopf gehen und präsentierte dann eine ganze Liste. „Sie war attraktiv! Intelligent. Ich unterhielt mich gerne mit ihr. Sie kann gut organisieren – eine tolle Managerin. Und sie ist eine feine Frau."

Ich fragte ihn: „Hat sich an diesen Eigenschaften etwas geändert?"

Er dachte eine Weile schweigend nach und erwiderte dann: „Nein, ich glaube nicht." Ich blickte ihn nachdrücklich an und sagte: *„Halten Sie diesen Gedanken fest."*

Einige Zeit später, als ich meinen Wagen wusch, blieb er bei mir stehen und berichtete mir, er habe seine Affäre beendet und neues Interesse an seiner Ehe gefunden. Beim Weggehen drehte er sich zu mir um und bemerkte: „Wissen Sie, das war das beste, was Sie je für mich taten – daß Sie mir sagten, ich solle mich auf ihre guten Seiten konzentrieren. Wo haben Sie diese Idee her?"

Sie und ich wissen, woher diese Idee stammt – aus 1. Korinther 13, 8: „Die Liebe höret nimmer auf ..." Dieselbe Liebe, die uns zu unserem Partner hinzog, so daß wir unser Leben mit ihm gemeinsam verbringen wollten, ist immer noch vorhanden. Sie mag vom Trauma der Irritationen, vom Verlust der Romantik verdeckt sein, aber sie ist immer noch da.

Natürlich gibt es auch andere Anlässe, warum ein Ehemann sich von seiner Frau und seiner Familie zurückzieht. Er braucht nicht den harten Schlag von Versagen oder Hoffnungslosigkeit erlebt zu haben. Vielleicht lenkt er seine seelische Energie auf Bahnen außerhalb der Ehe wie Sport, Hobbies oder eine Gruppe von „Kumpeln".

Eines der am weitesten verbreiteten Probleme in unserer so stark erfolgsorientierten Zivilisation ist die „Arbeitssucht". Gewöhnlich stellen wir uns den „Workaholic", den Arbeitssüchtigen, als einen Mann vor, der von frühmorgens bis spätabends einschließlich der Wochenenden und Feiertage mit seiner Arbeit verbringt. Wir halten ihn für relativ erfolgreich, obwohl er selbst von sich vielleicht eine andere Meinung hat. Doch ein Mann kann noch andere aus seiner Arbeit herrührende Zwänge mit sich herumschleppen, die nicht so ohne weiteres erkennbar sind.

Im folgenden Kapitel wollen wir uns mit den Herausforderungen auseinandersetzen, die das Leben mit einem Mann, der mit seiner Arbeit verheiratet ist, mit sich bringt.

Mein Ratschlag für die Jugend umfaßt nur drei Worte – arbeiten, arbeiten, arbeiten.

Bismarck

6. Der Arbeitssüchtige

Die Einordnung des Mannes, der von Arbeitssucht besessen ist, in die Kategorie des passiven Ehemannes verlangt einige Erklärungen. Ein Mann, der zu Hause passiv ist, muß das nicht unbedingt auch in anderen Bereichen seines Lebens sein. Die Frau, die mit einem vielbeschäftigten Mann zusammenlebt, der niemals Aufmerksamkeit für *sie* aufbringt, ist zutiefst verwirrt wegen der Stelle, die sie in seinem Leben einnimmt. Vielleicht denkt sie, daß sie in seinem Leben keine Bedeutung hat oder daß er sie nicht mehr liebt. Tatsächlich ist er jedoch einfach ein Mann – allerdings einer, der sich außerhalb der Reichweite seiner eigenen Gefühle und der Gefühle anderer hält.

In dem Buch *Der Workaholic und seine Familie* schreibt ein Konsortium christlicher Berater: „Ein 'Workaholic' ist jemand (einschließlich der Hausfrau), der das Geschäft benutzt, um zu verhindern, daß er mit persönlichen Gefühlen in Berührung gerät, um sich von enger Vertrautheit fernzuhalten oder um sich angemessen oder bedeutend zu fühlen... [Er] ist im allgemeinen ein ausgesprochen netter Mensch, vor allem in den Augen einer Firma, die sich der protestantischen Arbeitsethik verschrieben hat."

Geldverdienen und die Versorgung der Familie sind nur teilweise eine Erklärung dafür, warum Männer arbeiten. Nur selten spielen sie jedoch eine Rolle unter den Gründen, warum Männer sich überarbeiten. Wenn Sie zuhören, wie Männer sich bei einer gesellschaftlichen Veranstaltung vorstellen, hören Sie kaum den Satz: „Ich bin Heinrich, ich verdiene 25 Mark die Stunde." Sie identifizieren sich jedoch mit dem Arbeitstitel oder benutzen den Namen ihrer Firma – vor allem, wenn damit ein Status ausgedrückt wird.

In seinem bereits erwähnten Buch zählt Dr. Ken Druck eine Reihe von Gründen auf, warum Männer arbeiten:

- Wir arbeiten, um zum Ausdruck zu bringen, wer wir sind. („Ich bin wer, und ich tue dies").
- Wir arbeiten, um einen Lebenszweck zu haben.
- Wir arbeiten, um uns als „Teil von etwas Größerem" als uns selbst zu empfinden.
- Wir arbeiten, weil der Akt des Arbeitens in sich Befriedigung verschafft.
- Wir arbeiten, um soziale Verbesserung zu erlangen.
- Wir arbeiten, um unser Zeichen im Rahmen der Menschheit zu hinterlassen.

All das sind phantastische Gründe, um Morgen für Morgen frühzeitig aufzustehen und unsere Zeit mit Fremden zu verbringen, die wir Kameraden an der Arbeitsfront nennen. Diese Gründe wirken viel empfehlenswerter, als einfach die Stechuhr zu drücken und auf eine neue Couch zu sparen. Wenn ein Mann seine Arbeit mit einem ausgewogenen Lebensstil und den von Dr. Druck aufgelisteten Begründungen anpackt, kann eine Ehefrau wirklich einen glücklicheren, ausgefüllteren Mann begrüßen, wenn er abends nach Hause kommt.

Der Arbeitssüchtige jedoch ist keineswegs ausgeglichen, und damit ist das Problem beim Namen genannt. Er führt ein gehetztes, frustriertes Leben. Die Arbeit ist für ihn daher der einzige Ort, wo er „Dampf ablassen" kann. Vielleicht ist sie auch einer der wenigen Orte, wo er die Streicheleinheiten bekommt, nach denen er sich so verzweifelt sehnt. Er glaubt womöglich, daß er im Leben auf der Verliererseite steht; damit aber wird sein Drang, sich in der Arbeit selbst zu bestätigen, nur verstärkt.

Die meisten Frauen müssen erkennen, daß ihre Bemühungen, diesen selbstzerstörerischen Kurs zu korrigieren, ihn nur weiter in die Arme seiner „Firmenmätresse" treibt.

„Sorgen, Angst, Gefühle der Zurückweisung, unerfüllte sexuelle Erregung, Schuld, Depression und Feindseligkeit können abgewehrt werden, indem man sich in Arbeit stürzt", meint Jay B. Rohrlich, der eine psychiatrische Praxis in der Wall Street betreibt. In seinem Buch führt er aus: „Die alte Geschichte von dem Mann, der von seinem Chef gedemütigt wird und nach dem Heimkommen seine Frau prügelt, ist weit weniger verbreitet als das Gegenteil: Der zu Hause frustrierte Mann, der ins Büro geht und seine Arbeit 'attackiert'."

Druck gibt eine Reihe von Gründen an, warum ein Mann sich in seiner Arbeit völlig verausgabt. Er spricht von „Geheimnissen, die Männer am Arbeitsplatz verbergen". Ein Mann weiß vielleicht gar nicht, daß er aus diesen inneren Gründen heraus handelt, aber sie formen trotzdem sein Handeln. Diese Gründe sind im einzelnen:

- Arbeit wird zu einem weiteren Versteck für unsere Gefühle.
- Arbeit wird zu einem Versteck für unsere Angst vor einem Versagen.
- Wir benutzen unsere Arbeit als Vorwand, um uns nicht stärker in anderen Bereichen zu betätigen.
- Wir arbeiten, um ein Gefühl persönlicher Unzulänglichkeit zu verbergen.
- Wir arbeiten als indirekter Ausdruck unserer Liebe anderen gegenüber („die Liebe des Brotbeschaffers").
- Arbeit wird zu einem Versteck für Gefühle aggressiver Konkurrenz gegenüber Vätern, älteren Brüdern, früheren Klassenkameraden und Geschäftsrivalen.

Wenn wir uns die Bausteine für die mangelnde Beteiligung eines Ehemannes und die wesentlichen Unterschiede in der Art und Weise, wie ein Mann die Welt ansieht (daß sein Ego und sein Selbstwertgefühl außerhalb der Familie aufgebaut werden), ins Gedächtnis rufen, dann begreift man leichter, warum ein Mann sich an sein Büro verlieren kann. Die Annahme, daß übertriebene Arbeit einen Mangel an Liebe gegen Gott und die Familie zum Ausdruck bringt, ist ein Irrtum.

Wir wollen uns nun die Gründe genauer betrachten, die einen Mann dazu bringen, in seiner Arbeitswelt zu versinken.

Ein tiefsitzendes Minderwertigkeitsgefühl

Männer, die sich vor Arbeit beinahe umbringen, werden gelegentlich von Kollegen mit der Frage konfrontiert: „Was wollen Sie denn eigentlich beweisen?" In Wirklichkeit haben sie eine ganze Menge zu beweisen. So mancher stammt vielleicht aus einer Familie, in der genug eben niemals genug war.

In Seminaren lernte ich zum Beispiel eine Reihe von erwachsenen Männern mit Familien kennen, die ihre Berichtskarten abschrieben, um sie an Mum und Dad heimzuschicken. Einer erzählte mir, seine lebhafteste Erinnerung sei die Feststellung seines Vaters: „Du wirst's nie schaffen. Du wirst niemals gut genug sein."

Ein Mensch, der sich zuviel Arbeit aufbürdet, weil er Minderwertigkeitsgefühle hat und zu dem außerordentlich hohen Niveau seiner eigenen Normen aufsteigen muß, wird stets spät vom Büro heimkommen. Da er glaubt, daß das, was er leistet, nie gut genug ist, kann er die Vorstellung nicht akzeptieren, daß die *Qualität* seines Lebens am wichtigsten ist. So verrennt er sich in die verkehrte Vorstellung, daß *Quantität* einen Mangel an Qualität ersetzen wird. Doch nur selten werden wir für die Menge unserer Arbeit belohnt.

Norman Wright schreibt in einem seiner Bücher darüber, wie Männer das Thema Beruf von ganz unterschiedlichen Richtungen aus angehen:

> Frauen haben zur Arbeit eine eher pragmatische Einstellung. Sie sehen die Arbeitstelle als Mittel zum Zweck. In der Welt eines Mannes ist fast alles mit seiner Arbeit verknüpft. Wenn Sie eine Frau fragen, wer sie ist, antwortet sie wahrscheinlich mit einer Reihe von Begriffen, die ihre Beziehungen zur Welt und zu den Menschen in ihrem Umfeld beschreiben. Bei einem Mann ist das ganz anders. Er antwortet wahrscheinlich mit einer Aufzählung dessen, was er tut und was ihm gehört. Dazu gehören auch sein Haus, Auto, Vereine, Titel, Pflichten, Verantwortlichkeiten und Hobbies. Die Antwort eines Mannes ist die Art und Weise, wie er alle diese Dinge erlangen kann.

Paulus erinnert uns daran, wie unser Leben von Gott bewertet wird. In 1. Korinther 3, 13 hält er uns ein Bild unserer endgültigen Prüfung durch Gott vor:

> Das Werk eines jeden wird offenbar werden. Der Tag des Gerichts wird es erweisen; denn mit Feuer wird er sich offenbaren.

Wenn Gott selbst die Qualität unseres Lebens prüft, dann wird uns keine noch so große Arbeitsfülle am Abend vorher an die Klassenspitze bringen. Unglücklicherweise unterscheidet sich der Standard des Arbeitssüchtigen für sein eigenes Leben völlig von dem Standard Gottes. Er kann seinen eigenen Test nicht bestehen, und sein „Inneres“ sagt ihm, daß er niemals aufhören dürfe, immer mehr und mehr zu vollbringen.

Falsche Schuldgefühle

Doug war ein Freund von mir, der sich selbst niemals als „gut genug“ betrachtete. Er hatte einen älteren Bruder, der größer und auf allen Gebieten, die bei Jungen zählten, besser war. Er hatte auch eine jüngere Schwester, die schlauer war und „gerissener“ erschien. So wuchs er in der Vorstellung heran, er sei „keiner Aufmerksamkeit wert“. Wenn er sein Schulzeugnis nach Hause brachte, pflegte sein Vater zu sagen: „Gut – zwei Einser. Aber warum diese Zwei im Lesen? Ich dachte, wir hätten's dir besser beigebracht. Du weißt, daß George (Dougs Bruder) niemals Probleme mit dem Lesen hat. Warum schaffst du das nicht?“

Falsche Schuldgefühle drücken Sie unablässig auf die Ringermatte nieder. Wenn Ihre erledigten Aufgaben Ihnen niemals Beifall einbringen, dann gelangen Sie allmählich zu der Vorstellung, daß nichts, was Sie tun, gut genug ist. Beim erwachsenen Mann wird daraus ein bohrendes Gefühl, daß „das einfach nicht hinhaut – ich glaube nicht, daß der Chef damit zufrieden ist.“ Wenn Sie ihn nach dem Grund für diese Vermutung fragen, lautet die Antwort: „Einfach so ein Gefühl.“ Das schwierige Dilemma besteht darin, daß dieses Gefühl niemals von selbst verschwindet.

Der Arbeitssüchtige hat es sich so angewöhnt, niemals mit seinen eigenen Bemühungen zufrieden zu sein, daß er einfach eine größere Menge an Leistung verlangt, um sich beim Verlassen der Arbeit sicher zu fühlen. Jeden, der ihm sagt, er solle mit seiner Arbeit aufhören, sieht er entweder als Konkurrenz oder als jemanden, der ihm einen Fehlschlag wünscht, weil er seine Normen oder die Vielschichtigkeit seines Jobs nicht versteht. In Wahrheit versteht nicht einmal er selbst seine Normen.

Die besessene, gehetzte Persönlichkeit

Gerd hatte den höchsten Standard unter beinahe allen Menschen, die ich jemals kennenlernte. Bei praktisch allem, was er tat, ging er weit über die Grenzen der Vernunft hinaus. Während er mit einem vollen Stundenplan als Lehrer am College eingedeckt war, verfolgte er eine schier endlose Jagd nach seinem Doktortitel. Er hatte ein eigenes Geschäft gegründet, führte größere Renovierungsarbeiten an seinem Haus durch, unterrichtete in der Sonntagsschule, sang im Kirchenchor und trainierte für einen Marathonlauf. Wenn man sich bei ihm erkundigte, warum dieser Lebensstil notwendig sei, gab er eine „luftdichte“ logische Erklärung dafür ab, warum er jeden Zehn-Minuten-Intervall seines Tages genau programmierte. Allein die Argumente raubten einem den Atem.

Nicht zufrieden damit, daß er alle diese unsterblichen Taten zu vollbringen *versuchte*, mußte er bei jedem einzelnen Programmpunkt auch noch eine brillante Leistung erbringen. Um genügend Zeit für die Vorbereitung seiner Lektionen und das Studium für seine Klassen zu haben, stand er gegen drei Uhr morgens auf, um die Frische des jungen Morgens zu nutzen. Das bedingte jedoch, daß er vor seiner Frau und den Kindern zu Bett ging. Nach dem Studium bis sechs Uhr unternahm er einen Dauerlauf – aber kein entspanntes Joggen, sondern ein Wettrennen gegen die Uhr, bei dem er versuchte, seine Zeit vom Vortag zu verbessern. Seine Zeit zu Hause verbrachte er mit einem Hammer , dem Telefonhörer oder dem aufgeschlagenen Notizbuch in der Hand, um sein Geschäft voranzubringen – und das alles, während er sich hart bemühte, das Bild des perfekten christlichen Ehemannes und Vaters aufrechtzuerhalten. Ich hörte, wie seine Frau einmal eines Abends bemerkte: „Gerd ist ein wunderbarer Vater, aber die Kinder fragen dauernd: 'Können wir Dad denn niemals etwas recht machen?'“

Jemand, der ein solches Tempo vorlegt, kann selten mit unserem Mitgefühl rechnen. Wenn man jedoch Gerd als jungen Burschen gekannt hatte, dann wußte man, daß er ein hochsensibler Junge war. In einem Haushalt mit elf Personen bekam er fast jeden Tag seine Schläge. Er hatte nicht etwa besonders grausame Eltern. Sie waren lediglich christliche Zuchtmeister, die beschlossen hatten, einen vollkommenen Sohn aufzuziehen. Sie pflanzten ihm die Tugend der Zucht ein, und zwar in einem solchen Ausmaß, daß er, wenn er nachts das Bedürfnis hatte, zur Toilette zu gehen, lieber wach dalag und „es sich verklemmte“, weil er wußte, daß er verprügelt würde, wenn das Knarren des Fußbodens die Eltern aufweckte. „Gerd, der College-Professor“, war tief drin in seinem Inneren noch immer der verschreckte kleine Junge, der im Dunkeln wachlag und mit aller Macht versuchte, mehr zu tun, als je von ihm erwartet würde.

Norman Wright geht auf den Perfektionisten folgendermaßen ein:

Ein Perfektionist empfing von seinen Eltern wahrscheinlich Botschaften wie „Du kannst was besseres leisten", „Das ist nicht gut genug", „Sei immer besser als andere", „Wenn du was leistest, wirst du geliebt". Wir erinnern uns an Bemerkungen, Worte, zurückgehaltenes Lob, doppeldeutige Botschaften, traurige Gesichter, Stirnrunzeln, Zeichen der Enttäuschung, Aufforderungen, mehr von dem und mehr von jenem zu tun. Und so setzt sich die Tretmühle der Bemühungen endlos fort. Der Perfektionist hat das nie endende Bestreben, seinen Eltern zu gefallen. Sie sind vielleicht gar nicht mehr da, aber die Botschaft der Eltern ist eine immer wiederkehrende Kindheitserinnerung.

Wenn der gehetzte Mensch darauf beharrt, ein Leben der Mühsal zu führen, dann beweist er damit nicht seine fehlende Liebe zu seiner Frau oder seine fehlende Achtung vor dem Herrn. Er deutet damit seine fehlende Liebe zu sich selbst und den festen Glauben an, daß nichts, womit er sich befaßt, jemals gut genug sein wird. Unter dem Zwang der Notwendigkeit wurde er zu einem sorgenerfüllten Menschen, der seiner Familie fern ist und dem Schuldgefühle seiner Frau nicht helfen können.

Falsche Wertvorstellungen

Für den Arbeitssüchtigen ist der Arbeitsplatz eine Arena, in der er seine Ziele verwirklichen kann. Beförderung ist ein brauchbares Erfolgsbarometer. Der funkelnde neue Wagen auf dem Parkplatz fällt den Kollegen ins Auge, und die Anhäufung aller möglichen Dinge kann für alle deutlich zur Schau gestellt werden. Jeder im Büro weiß, wer als erster kommt.

Wie der gehetzte Mensch ist auch der Mann mit den verkehrten Wertvorstellungen sich im unklaren darüber, welchen Wert er besitzt. Er wurde in dem Glauben erzogen, daß er seinen Wert mit einem vollen Bankkonto und einem hübschen Haus, das mit teuren Dingen angefüllt ist, beweisen könne. Sein Standard für das, was er erreichen will, orientiert sich an den sich ständig wandelnden Wertvorstellungen anderer, vor allem der Schauspieler in Werbespots. Er ist der Typ, den der Verkäufer des deutschen Sportwagens anspricht, wenn er seinen „eisernen Rollschuh" anpreist: „Das ist der Wagen für Sie. Den haben

Sie verdient.“ Da muß man sich wirklich fragen: „Wenn ich keinen solchen Wagen habe, heißt das, daß ich ihn nicht verdiene?“

Druck läßt uns an der Geschichte von Jim Sanderson teilhaben, der eine Kolumne für die Los *Angeles Times* mit dem Titel „The Liberated Male“ (Der befreite Mann) schreibt, die von mehr als 200 Zeitungen abgedruckt wird. Hier seine Geschichte, die er 10 Millionen Lesern preisgab:

> Millionen Männer sind nach wie vor besessen von dem Gedanken, „es zu schaffen“ oder „jemand zu sein“. Man beginnt immer mit der Idee, härter zu arbeiten (und schlauer zu sein) als der andere. Man schuftet lange und schläft nie viel. Die Gedanken sprudeln ständig neue Ideen, Schlachtpläne und Konkurrenzängste hoch. Mit Erleichterung springt man jeden Morgen aus dem Bett und begibt sich zur Arbeit. Man braucht keinen Spaß an der Arbeit zu finden, man muß nur gut sein. Das einzige, was zählt, ist, in der Welt voranzukommen.
>
> Manchmal ging ich so früh zur Arbeit, daß mir noch die Prostituierten nach einer langen Nacht auf dem Heimweg begegneten. Dann ging mir der Gedanke durch den Kopf, daß wir tief drinnen manches gemeinsam hatten – sie verkauften sich in der Nacht für Geld; ich verkaufte mich am Tage.
>
> Aber manchmal gab es gute Zeiten – die Euphorie, wenn wir einen neuen Artikel anpriesen oder unseren Ertrag um einen Strich weiter hochtrieben oder unsere kleine Firma in der Industrie bekanntmachten. Gelegentlich hielt das gute Gefühl für mehrere Tage vor ... oder für mehrere Martinis.
>
> Doch im Endeffekt blieb ständig das bohrende Gefühl, daß ich nicht schnell genug vorankam. Jeder Rückschlag deprimierte mich dermaßen, daß meine einzige Reaktion darin bestand, noch härter zu arbeiten. Ich brachte so viel Zeit im Büro zu, daß ich meine Kinder niemals wach antraf. Meist schlich ich mich spätabends mit einer winzigen Taschenlampe in ihre Schlafzimmer, um einen Blick auf ihre schlafenden Gesichter zu werfen und mich zu vergewissern, daß sie noch lebten.

Eine dumpfe Stimme aus meinem Gewissen flehte mich an, diese Art von Leben aufzugeben. Doch stets argumentierte ich dagegen: „Ich bin soweit gekommen. Jetzt kann ich nicht zurück."

Wenn Sie in sich drin die Worte „weiter, weiter, weiter" pochen hören wie einen gigantischen Herzschlag, wenn Sie keine Zeit haben, mit Ihren Kindern zu spielen, einen Abend nur der Liebe zu widmen, sich mit einem Freund zu vergnügen oder ihm Mitgefühl entgegenbringen, dann haben Sie auch keine großherzigen Gefühle an einen Fremden zu verschwenden. Kunst? Musik? Einfach zum Vergnügen lesen? Was hat das alles für einen Sinn? Wie zahlt sich das in der wirklichen Welt aus?

Ich brauche nicht zu betonen, daß ich in jener Phase meines Lebens kein guter Ehemann war.

„Was willst du denn eigentlich wirklich?" rief meine Frau eines Abends ganz verzweifelt.

„Eine Million", entgegnete ich.

„Und was willst du dann tun?" wollte sie wissen.

„Dann fange ich an zu leben", erwiderte ich, ohne im geringsten daran zu zweifeln.

Manche Männer bekommen einen Herzanfall, ehe sie erkennen, daß sie in ihrem Leben etwas ändern müssen oder alles verlieren werden. Bei mir war es der entsetzte Ausdruck auf dem Gesicht meiner Frau. Sie sagte kein Wort, als sie vor mir stand. Es gibt Augenblicke, schreckenerregende Offenbarungen, wo es keiner Worte bedarf.

Am Ende war es gar nicht so schwierig, aus dem Geschäft auszusteigen und eine neue Karriere zu finden, wie ich gedacht hatte. Nun bringe ich schon eine Reihe von Jahren damit zu, die richtige Welt von neuem zu entdecken. Ich habe seither auch viel in der Vergangenheit nachgeforscht, um zu erkennen, wann und warum ich zu dem Entschluß gekommen war, materieller Erfolg sei jeden Preis wert.

Das Leben ist so kurz und kostbar, daß wir Toren sind, wenn wir nicht ständig die Bedeutung unserer gehetzten Tage überprüfen. Kaum ein Mensch ist jemals mit seinem Erfolg zufrieden, mag er auch noch so groß sein. In Wirklichkeit „schaffen Sie es" nie, weil Ihre Ziele immer vor Ihnen herlaufen. Und wenn Sie beim Versuch, sie doch zu erreichen, Ihre Liebe und Ihre Menschlichkeit einbüßen, dann haben Sie alles verloren.

„Was hülfe es dem Menschen, wenn er die ganze Welt gewönne und nähme an seiner Seele Schaden? Denn was kann der Mensch geben, womit er seine Seele auslöse?" (Matth.16, 26). Als Gläubige betrachten wir unsere Seelen bereits als erlöst und befassen uns mit anderen Dingen. Wir sehen nur schwer ein, daß die Seele weit mehr ist als ein Gefäß für das Leben nach dem Tode, sondern vielmehr auch ein Tempel der Anbetung und ein kostbares Juwel, das Gott poliert, damit es in diesem Leben vorgezeigt werden kann.

Der Wunsch, Konfrontationen zu umgehen

Männer mögen die Konkurrenz, die Konfrontation jedoch hassen sie. Männer sehen Konfrontation als eine Sache von Gewinn und Verlust. Die meisten Ehemänner hegen keinen Wunsch, ihre Frau verlieren zu lassen. Schließlich, so argumentieren sie: „...muß ich ja mit ihr leben." Aber noch weniger wünschen sie, sich selbst zu verlieren. Sie bringen vielleicht einen ganzen Tag damit zu, Situationen zu vermeiden, die ein armseliges Licht auf ihre Kompetenz werfen würden, und haben keine Lust, zu einer Ehefrau heimzukommen, die ihnen das Gefühl gibt, als Ehemann und Vater inkompetent zu sein.

Für einen Mann ist der Druck, einer mißmutigen oder enttäuschten Frau gegenüberzutreten, das letzte, was er sich nach einem langen Arbeitstag wünscht. Wenn er sich schon selbst auf Grund eines elterlichen Urteils über seine Unvollkommenheit als unzulänglich einschätzt oder mit ansehen muß, wie ein Gleichstehender auf der Erfolgsleiter an ihm vorbeizieht, dann wird er alles unternehmen, um die Pein zusätzlicher Enttäuschungen zu vermeiden.

Selbst ein christlicher Ehemann, der ein gewisses Maß an Empfindung für die geistliche Führung zu Hause und seine Verantwortung für das seelische Wohlergehen der Familie hat, kann die Schritte die Einfahrt hinauf zu seiner Frau als Verlierer-Situation empfinden. Aus diesem Grunde widmen viele Männer einfach immer mehr Anstrengungen dem einen Feld, auf dem sie glauben, die schnellste Veränderung erzielen zu können – ihre Arbeit.

Die Gedanken sind auf das Projekt gerichtet, nicht auf den Vorgang

Die wenigsten Männer nehmen sich die Zeit, sich um Einzelheiten zu kümmern. Sie versuchen, das große Bild zu sehen und sich am Horizont ihres Lebens von Punkt zu Punkt zu bewegen; dabei werfen sie nur selten einen Blick auf die Schönheit oder Häßlichkeit der Reise. Ein Mann sagt sich, das Ziel seiner Reise ist so wichtig, daß der Preis, den er dafür bezahlen muß, sich lohnt. Allgemein ausgedrückt sind Männer *projektorientiert.* Eine Frau, die mit einem projektorientierten Mann verheiratet ist, kommt sich unter Umständen wie eines der Projekte ihres Mannes vor – ein „Posten" auf seiner Liste der zu erledigenden Dinge.

Als Tom um Cindy warb, beteten sie immer gemeinsam. Sie unternahmen stundenlange Spaziergänge, sprachen über ihr Leben, ihr Denken und Fühlen. Tom schien ein großer Romantiker zu sein und voller Sorge um Cindys Bedürfnisse und Wünsche. Immer fragte er sie, was sie wollte, und strengte sich nach Kräften an, ihr eine Freude zu machen. Tom war so sehr der bezaubernde Märchenprinz, daß die abrupte Änderung seines Verhaltens nach der Heirat in Cindy die Überzeugung weckte, sie habe einen Egozentriker geheiratet, der sich wenig um sie kümmerte und, weit schlimmer, jemand, dessen Beweggründen sie nicht trauen konnte.

Der gleiche Tom, den wir im vorigen Kapitel als niedergeschlagenen, introvertierten Mann erlebten, war ein überzeugter, gehetzter Arbeitssüchtiger geworden. Die Veränderungen, die Cindy in seinem Leben beobachtete, waren bestürzend gewesen. In all seinen Stimmungen und Lebensänderungen war Tom noch immer der von Selbstzweifeln gequälte kleine Junge.

Für den Arbeitssüchtigen liegt die Antwort auf diese Probleme in der zwanghaften Notwendigkeit, Dinge mit Hilfe seiner eigenen übermenschlichen Anstrengungen zu vollbringen. Er sucht sie nicht bei anderen und seinen Beziehungen zu ihnen, und er sucht sie nicht einmal in seiner Beziehung zu Gott. Für ihn ist das Leben eines Christen nur eine weitere Sache, die erledigt werden muß. Er ist nie mit dem zufrieden, was er getan hat.

Tom begann sich erst nach der klaren Erkenntnis zu wandeln, daß Schmerz nicht durch Launen oder Rückzug in sich selbst oder Perioden zwanghafter Arbeit gelöst werden kann, sondern im Verständnis dessen, wie Gott ihn als Mann haben wollte. Diese Veränderung kam erst zustande, als er das Leben so annahm, wie es ist – auch mit all den Enttäuschungen –, und sich weigerte zu glauben, daß all die kleinen, glitzernden, fleischlichen Errungenschaften, mit denen Männer ihre Männlichkeit beweisen wollen, irgend etwas mit Gottes Begriffen der Männlichkeit zu tun haben.

Es gibt noch einen dritten Typ männlicher Passivität in der Familie. Dieser Mensch sieht die Lösung seiner Bedürfnisse nicht in harter Arbeit, sondern als magischen Akt von Phantasie und Spiel. Sein Trost ist der Zauberstab der Flucht vor der Wirklichkeit. Im nächsten Kapitel werden wir uns mit dem gefährlichen Kurs befassen, den er einschlägt.

Ich kann jetzt nicht darüber nachdenken, sonst werde ich wahnsinnig. Morgen werde ich darüber nachdenken.

Scarlet O'Hara in „Vom Winde verweht"

7. Flucht vor der Wirklichkeit

Viele zeitgenössische Schriftsteller präsentieren uns den Mann auf der Flucht vor der Wirklichkeit. Bedauerlicherweise haben sie damit bei einem überwältigenden Teil der Frauen eine empfindliche Seite berührt. Der Klang ist weithin bekannt: Das Tuten der Hupe eines Sportwagens, den man nicht bezahlen kann; das Piepen eines Videospiels im Schoß eines Vierzigjährigen; das Rascheln der Kinoseite in der Zeitung auf der hektischen Suche nach etwas, was man nicht schon ein halbes Dutzend mal gesehen hat.

Der Eskapismus ist die letzte Suche nach Phantasie und Vergnügen, den seelischen Drogen, die die Qual der Niederlage abtöten und das Gefühl der Mißachtung noch ein wenig aufschieben. Für den Flüchtling vor der Wirklichkeit ist es immer faszinierend, Spaß zu haben. Darum sind auch Rendezvous mit einem solchen Mann so vergnüglich und das Leben mit ihm ein ungeordnetes, romantisches Erlebnis. Allerdings merken viele Frauen, die mit solchen Männern verheiratet sind, schnell, daß die Romanze egozentrisch wird und der Spaß den bittersüßen Beigeschmack hat, daß am Ende die Realität wartet.

Dr. Dan Kiley nennt in seinem Bestseller Das Peter Pan-Syndrom diesen Menschen ein „Mann-Kind", das sich weigert, erwachsen zu werden. Er schreibt:

> Der Mann will Ihre Liebe haben; das Kind will Ihr Mitleid. Der Mann sehnt sich nach Nähe; das Kind hat Angst vor Berührung. Wenn Sie einen Blick hinter seinen Stolz werfen, erkennen Sie seine Verletzlichkeit. Wenn Sie seinem Draufgängertum trotzen, spüren Sie seine Furcht... Schauen Sie sich Ihre Kinder oder das Kind einer Freundin an und fragen Sie sich: „Was würde geschehen, wenn sein Körper erwachsen würde, aber sein Geist nicht?"

Dieses Mann-Kind ist das Opfer eines ernstlichen Leidens. Wenn man ihm nicht hilft, versauert sein Leben allmählich. Er ist nicht geistig krank, und er vermag seine Funktionen in der Gesellschaft durchaus wahrzunehmen. Er ist jedoch zutiefst traurig. Er betrachtet das Leben als Zeitverlust. Er gibt sich alle Mühe, Traurigkeit mit Lustigkeit und Spaß zu tarnen. Oft funktioniert dieser Schwindel, wenigstens ein paar Jahre lang. Nach und nach aber verlieren die Menschen, die ihn lieben, den Mut über seine Unreife. Ihre Enttäuschung scheint ungerechfertigt, und ihre Abneigung ein wenig verfrüht. Aber wenn man einmal das sieht, was sie sehen, versteht man ihren Wunsch, diesen Menschen loszusein.

„Das ist nicht meine Schuld!"

Kennzeichen des Mann-Kindes ist sein chronischer Mangel an Verantwortung. Dies ist sein Losungswort, tagein wie tagaus. Gelegentlich bringt der Druck von Ereignissen, die er nicht ändern kann, einen Wechsel. In der Tat löst seine Gewohnheit, die Dinge vor sich herzuschieben, den Adrenalinstoß aus, den er braucht, um zu gedeihen und die Dinge zu erledigen. Die meisten Männer stützen sich einfach auf ihre Selbstdisziplin. Er aber weiß, er ist nicht wie die meisten anderen. So zieht er sich einfach in seine Flucht in die Phantasie zurück oder wiegt sich in der Hoffnung, daß jemand oder etwas daherkommen und ihn retten wird.

In diesem Kapitel möchte ich die Geschichte von Jane und ihrem Mann Eric nachzeichnen, der eines dieser Mann-Kinder war. Eric war ein großes Kind – Jane nannte ihn sogar so: „Das große Kind." Er hatte beruflich eine gute Stellung, vergaß aber, den Müll hinauszubringen oder den Herd abzuschalten. Immer hatte er eine gute Ausrede zur Hand. Doch seine Gewohnheiten brachten Jane dazu, sich allmählich wie ein besserer Babysitter zu fühlen. Das Problem war nur, daß dieses Riesenbaby Schecks ausschrieb, Kreditkarten mit sich herumschleppte und es sich jeden Tag gutgehen ließ.

Eric unterrichtete an einer Schule, doch im Gegensatz zu den meisten anderen Lehrern verbrachte er die meisten Nachmittage mit Shopping oder im Kino. Er befaßte sich mit immer neuen Hobbies und entschwand in diesem neugefundenen Pläsier, bis er seiner überdrüssig geworden war. Stundenlang spielte er jeden Nachmittag Rakketball. Jane kehrte nach einem vollen Arbeitstag heim, spülte sein Frühstücksgeschirr ab, erledigte die Wäsche, machte das Abendessen und deckte den Tisch. Eric pflegte (meist recht spät) mit der Sporttasche nach Hause zu kommen. Natürlich hatte er eine immer neue Ausrede parat, warum er morgens den Abfall nicht hinausgetragen hatte (er benutzte die Wendung: „nicht hinaustragen *konnte*"). Das ging über Monate hinweg so.

Alle mochten ihn gern. Er war der Mittelpunkt einer Party – jeder Party, die er ausfindig machte! Jane sagte: „Eric kann einfach keine Einladung ablehnen. Wenn er weiß, daß bei seinen Freunden oder in der Gemeinde etwas los ist, erträgt er's nicht, wenn er nicht mit dabei ist." Erics Treue bei solchen Festivitäten wurde als Engagement betrachtet, aber nur, weil die Pastoren in der Gemeinde die unbezahlten Rechnungen, die schmutzigen Autos, den unordentlichen Schreibtisch, die Abfallhaufen, die ungemähte Wiese und die nicht erfüllten Bedürfnisse der Familie nicht sahen, die er hinter sich ließ. Früher oder später wird ein solcher Mensch von den Auswirkungen seiner Mentalität eingeholt. Bei Eric geschah dies, als Jane zu dem Schluß kam, daß sie es nicht länger ertragen könne, und er wurde erst recht davon eingeholt, als ein neuer Schulleiter seine gute Laune durchschaute und dahinter die fehlenden Vorbereitungen und das schlampige Aussehen seines Zimmers bemerkte.

In dem Wunsch, Verantwortlichkeit zu umgehen, ist das Bedürfnis verwurzelt, anderen die Verantwortung zuzuschieben. Jahrelang hatte Eric es vermieden, sich seinen wiederholten Fehlschlägen zu stellen, indem er anderen die Schuld daran gab. Janes Besorgnisse bezeichnete er als „Streß-Reaktion". Er glaubte, der neue Chef habe ihn mit einer speziellen negativen Behandlung aufs Korn genommen. „Er will Christen einen Dämpfer aufsetzen", sagte er zu mir. Selbst als man ihm seine Probleme vor Augen hielt, gab Eric zwar zu, daß er Fehler gemacht habe – und verwies sie umgehend an die Adresse seiner Mutter. „Sie glaubte nie, daß ich etwas falsch machte." Bedauerlicherweise fand sich Jane zunehmend in der Rolle der „Mutter". Von Eric aus gesehen, war das tragisch, denn Jane zeigte keine Bereitschaft mehr, diese Rolle zu spielen.

Verwirrung über die Liebe von Erwachsenen

Der Mensch auf der Flucht vor der Wirklichkeit ist ein Romantiker. Das ist einer der Züge, die andere Leute an ihm so anziehend finden. Er hat das Gefühl, andere Menschen von Herzen zu lieben, doch es ist eine vorwiegend auf Gefühlen beruhende Liebe. Während der „Workaholic“ glaubt, er bringe seine Liebe dadurch zum Ausdruck, daß er zur Arbeit geht und seiner Familie Sachen kauft, versucht der Flüchtling vor der Realität nur selten, seine Liebe durch eigenes Tun zu beweisen. Verantwortung ist die Dimension, die ihm fehlt.

Diese Unreife bringt ihn dazu, seiner Frau tief in die Augen zu schauen und ihr seine ewige Liebe zu schwören – und gleichzeitig sich zu weigern, seine Wäsche wegzuräumen oder die Rechnungen rechtzeitig zu bezahlen. Zwar hat er gelernt, die Liebe von Erwachsenen zu empfangen, aber die Praxis, Liebe zu schenken, geht ihm fast völlig ab. Doch in 1. Johannes 3, 18 wird uns gesagt: „Meine Kinder, laßt uns nicht lieben mit Worten und mit dem Munde, sondern mit der Tat und mit der Wahrheit.“

Gleichgültigkeit

Wenn eine Tätigkeit nicht unter die Rubrik „Spiel“ fällt, dann packt der Flüchtling vor der Wirklichkeit sie bestenfalls gleichgültig an. Gleichgültigkeit wird zum geeigneten Schlupfloch vor der Verantwortung. Er kann sagen: „Wenn ich versage, dann deshalb, weil ich mich nicht hart genug bemühe.“

In Erics Leben war es am Anfang leicht, seinen Mangel an Anstrengungen zu übersehen. Er fing an, seinen Rückzug mit dem Wunsch nach einer anderen Berufslaufbahn zu tarnen. Er war überzeugt, daß sein Sommerjob als Kellner oder sein Hobby als Aquarellmaler sich zu etwas entwickeln könnten, was ihn vom Unterrichten befreien würde – das er nun als „Babysitten“ abwertete. Diese geistigen Sicherheitsventile hinderten ihn daran, sich mit der Notwendigkeit auseinanderzusetzen, seine ganzen Kräfte für das Leben am heutigen Tag einzusetzen. Sie bildeten den Mittelpunkt seines Wunschdenkens.

„Abrakadabra"-Mentalität

Für den Mann, der vor der Wirklichkeit flieht, ist Phantasie katastrophal. Bei Kindern erwartet und fördert man kreatives Denken, und bis zu einem gewissen Grade ist sie auch bei Erwachsenen gesund. Doch für unseren Flüchtling wird sie zum Anlaß für Inaktivität und Verantwortungslosigkeit. Er wiegt sich tatsächlich in dem Glauben, daß irgend jemand oder irgend etwas daherkommt und ihn aus dem Sumpf zieht. Er ist sich völlig sicher, daß seine Phantasie jede Schwierigkeit überwindet, nicht mit harter Arbeit oder Disziplin, sondern mit einem mystischen Geschehnis außerhalb des Reiches von Arbeit oder Verantwortung.

Er träumt davon, ein neues Küchengerät zu erfinden, den Sechser im Lotto zu gewinnen oder den großen Roman zu schreiben, der ihn aller Sorgen enthebt. Er weiß, wenn er weiterhin mit seinen Farben herumspielt, wird ihn einer entdecken und ihn berühmt machen. Und er sieht schon das schnelle Geld in seinem Traum von der eigenen Firma, ohne sich je Gedanken darüber zu machen, welche Arbeit damit verbunden ist. Seelisch ist er immer noch der kleine Junge, der nicht weiß, wo das Geld herkommt.

Auf irgendeine Weise keimte in diesem erwachsenen Mann der Glauben, daß Liebe bedingungslose Unterstützung bedeuten und den Zauberstab bilden sollte, der jedes Problem verscheuchen konnte. Das Problem ist, daß sein Chef ihn nicht mag (nicht liebt). Seine Frau versteht den Druck nicht, dem er ausgesetzt ist (liebt ihn nicht). Der Zauberstab der Liebe, der seine Probleme stets fortgewedelt hatte, funktioniert nicht mehr. Das hindert ihn aber nicht, ihn weiterhin zu schwenken. Seine eigentlichen Probleme wurzeln in der Selbstachtung, und davon besitzt er nur wenig oder gar nichts. In seinen realistischen Augenblicken verzehrt er sich mit quälenden Selbstzweifeln – Zweifel, die in der Vergangenheit immer vom Zauberstab der Liebe davongescheucht worden waren.

Zaudern

Das Leben des Menschen, der vor der Wirklichkeit flieht, ist von chronischem Zaudern gekennzeichnet. Seine Selbstdisziplin ist denkbar schwach entwickelt, und die in seinen Charakter eingeätzten Verhaltensmuster veranlassen ihn, alles zu vermeiden, was Schmerz oder Unannehmlichkeiten mit sich bringen könnte. Ein Mann dieser Art verbringt sein Leben damit, nach Wegen zu suchen, auf denen er Schwierigkeiten umgehen kann. Manchmal sagt ihm seine Erfahrung, daß der beste Weg zur Vermeidung von Schwierigkeiten darin besteht, einfach stillzuhalten. Wenn er sagt: „Nur einen Augenblick, Liebling, ich erledige das gleich", dann weiß er, daß seine Frau die Geduld verlieren und es selbst besorgen wird. Er lebt für den Augenblick, und wenn er am Augenblick keinen Gefallen mehr findet, wird immer noch Zeit zum Arbeiten sein, am liebsten später.

Dr. Dan Kiley schreibt in seinem Buch über das Zaudern:

> Das Zaudern, von dem das Opfer des Peter-Pan-Syndroms befallen ist, wirkt sich für ihn viel verheerender aus als die Art, in der Sie und ich uns gelegentlich gehen lassen. Wir schieben Dinge ein oder zwei Tage auf, weil wir müde sind oder unsere geistige Energie versiegt oder weil wir ganz einfach gerade keine Zeit haben. Aber wir erledigen unsere Aufgabe in jedem Fall.
>
> Das PPS-Opfer jedoch erledigt sie höchst wahrscheinlich nicht. Er schiebt die Dinge vor sich her, weil er wenig oder überhaupt keinen Grund hat, sich selbst in das Morgen zu investieren. Er malt sich aus, daß alle aufgewendete Energie nur zu weiteren Fehlschlägen führt. Dieser Fatalismus macht normales Zaudern zu einer Katastrophe. Die Dinge werden immer auf morgen verschoben, und es liegt auf der Hand, daß sie niemals erledigt werden.

Es gibt allerdings eine Art von emotionaler Hochstimmung, wenn man bis zum letztmöglichen Augenblick wartet. Der männliche Flüchtling vor der Realität empfindet tiefe Befriedigung, wenn er mitansieht, wie andere sich in einem liebevollen Versuch abhetzen, sein Leben aus der Schußlinie zu bringen. Dieser Zauberstab der Liebe hat, gemeinsam mit dem Flehen um Mitgefühl, in der Vergangenheit oft gewirkt. Die Leute sprangen tatsächlich in die Feuerlinie, um zu zeigen, wie sehr sie sich um ihn sorgten. So wird er allmählich zum Zuschauer dieses Schauspiels und glaubt weiterhin, daß Liebe – oder was er darunter versteht – ihn auch in Zukunft retten wird. Er erkennt nicht, daß jede erfolgreiche Rettung sein Unheil verstärkt.

Der Flüchtling vor der Wirklichkeit nimmt nur – auf nette, heitere Weise, vielleicht auch als Christ, aber trotzdem bleibt es beim Nehmen.

Eric war Jane in tiefer Liebe zugetan, doch er war herangewachsen, ohne jemals zu begreifen, daß Liebe das Mandat zum Handeln in sich trägt. Als die Belastung ihrer Ehe unerträglich geworden war, betrachtete Erich das als Mangel an Liebe – wohlgemerkt von Janes Seite! „Gewiß, ich habe Probleme“, meinte er, „aber wenn sie mich nur so akzeptieren würde, wie ich bin, und mich wirklich lieben, dann würde alles besser, das weiß ich.“

Da der Flüchtling vor der Wirklichkeit so charmant und so großzügig mit gefühlsmäßiger Liebe sein kann, mag die Frau eines solchen Mannes leicht dem Gedanken verfallen: *Ich muß wohl etwas furchtbar falsch machen, was ihn dazu bringt, sich so zu verhalten.* Bei vielen Gelegenheiten endeten Janes Auseinandersetzungen mit Eric damit, daß er schmollte und so versuchte, ihre mütterlichen Instinkte anzusprechen. Janes Schuldgefühlen und ihrem weiteren Entschluß, Eric Liebe und Verständnis entgegenzubringen, folgten unweigerlich die sich immer wiederholenden Verhaltensweisen Erics mit zu hohen Ausgaben, Verzagtheit, Nachgiebigkeit gegen sich selbst und Verantwortungslosigkeit.

Wie man ihm helfen kann, ohne seine Mutter zu werden

Um jemandem zu helfen, der in den Treibsand der Wirklichkeitsflucht geraten ist, braucht es nicht nur Geduld und Liebe, sondern auch die Weisheit, nicht selbst in diesen tückischen Sumpf zu geraten. Es gibt eine Reihe von klassischen Fehlreaktionen von Frauen beim Umgang mit einem passiven/anderweitig beschäftigten Gatten. (Darauf wird in den Kapiteln 7 bis 9 näher eingegangen). Für den Augenblick wollen wir uns auf einige praktische Ratschläge und eine gewisse Strategie im Umgang mit dem Flüchtling vor der Wirklichkeit beschränken.

Norman Wright hat unzählige Ehepaare beraten, die mit diesen Problemen zu kämpfen hatten. Er hebt einige Reaktionen hervor, die eine Frau vermeiden sollte, wenn sie sich mit diesem Problem auseinandersetzen muß:

> Machen Sie Verleugnen nicht zu einem Teil Ihres Lebens. Leugnen heißt soviel wie: "Das geschieht mir nicht. So ist er nicht." Wie drückt sich Verleugnen aus? Sie entschuldigen sein Verhalten mit Alibis, nehmen seinen Egoismus nicht zur Kenntnis, weisen das Gefühl, daß etwas nicht stimmt, von sich oder halten sich ständig vor Augen, wie sehr Ihnen an diesem Mann liegt, auch wenn er Sie scheußlich behandelt. Sie machen sich selbst Unannehmlichkeiten, räumen seine Unordnung für ihn weg, schreiben ihm Notizzettel, die ihn an dies und jenes erinnern, und versuchen, das vor ihm zu verstecken, an was er sich hätte erinnern sollen. Verleugnen birgt die Gefahr in sich, daß es sich auf andere Bereiche Ihres Lebens ausbreitet. Wenn man einem Mann gestattet, sich ständig weiter wie ein Kind zu benehmen, dann hilft man ihm nicht, und das ist auch keine wirkliche Liebe zu ihm. Verleugnen kann Ihren eigenen Schmerz vor Ihnen selbst verbergen und Sie anfällig für die Annäherungen eines anderes Mannes machen.

Verleugnen ist das Kennzeichen einer überängstlichen Mutter. Und genau das ist die Rolle, die eine Frau meiden sollte, deren Ehemann vor der Wirklichkeit flüchtet. Überängstliche Mütter neigen auch dazu, sich zwanghaft zu beklagen und ungezogene Kinder nur gelegentlich und willkürlich zu bestrafen. Das erwachsene Kind ist an diese Reaktionen gewöhnt und verfügt über einige wohleinstudierte Reflexe. Es ignoriert einfach die wiederholten Klagen und benutzt das Schuldgefühl derer, die ihn zu strafen versuchen, um ihr Mitleid zu manipulieren.

Wenn sich die Klagen von der privaten zur öffentlichen Sphäre bewegen, dann kann der Groll, der sich in einem verwirrten Mann aufbaut, seinen Entschluß verfestigen, seiner Frau in der Frage ihrer wiederholten Kritik auf keinen Fall entgegenzukommen. Für ihn würde das bedeuten, daß er seine Männlichkeit vor aller Welt ausliefert. Er würde damit auch zugeben, daß der Selbstzweifel, den er mit sich herumschleppt, in der Tat gerechtfertigt ist. Wright führt zu diesen Klagen aus:

> Klagen führt bald zu einer weiteren Reaktion, die die Frau in die Position eines Richters erhebt. Sie werden Experte für

diesen Mann. Und wenn ein Mann eine Zeitlang Ihren Urteilen nachgibt und sich ändert, dann befinden Sie sich in der Rolle eines Marionettenspielers, der die Fäden zieht und – wieder einmal – die Mutterrolle ausübt. Sie werden Experte, indem Sie dem Mann sagen, was er empfindet, was sein Verhalten für ihn bedeutet, was er wirklich denkt. Wenn Sie ihm sagen (nicht bitten), er solle dies oder das tun, dann geben Sie ihm Anweisungen in einer Weise, wie das bei Kindergartenkindern geschieht.

Die Menschen leben natürlicherweise entsprechend den in sie gesetzten Erwartungen. Der Mann, der wie ein Vorschulkind behandelt wird und sich an die Fäden gewöhnt hat, die ihm sein Drahtzieher anlegte, kann sich bequem in einem Leben der unveränderlichen Gleichförmigkeit einrichten. Er kann ungehindert eine Entschuldigungs-Haltung entwickeln und einen bequemen Platz finden, um die Schuld für seine mangelnden Anstrengungen unterzubringen. Das Beste, was seine Frau von ihm erwarten kann, ist eine Rückkehr zu den alten Mustern der Teilnahmslosigkeit. Das Schlimmste, was sie zu befürchten hat, ist ein tiefsitzender Groll gegen sie als weiblichen „Professor Higgins". Im Endeffekt wird ihr Mann sich ständig nach jemand anderem umschauen, bei dem er die Zärtlichkeit empfängt, die er seiner Ansicht nach daheim nicht findet.

Seit vielen Jahren arbeite ich mit alleinstehenden Erwachsenen. Es erstaunt mich immer wieder, wieviel Zeit, Anstrengungen und Tränen der Prozeß verschlingt, genau den richtigen Lebenspartner zu finden. Und doch, wenn jemand „den Einen oder die Eine" gefunden hat, will er diesen Partner unweigerlich verändern. Das ist ein schlagender Beweis entweder für unsere unglaublich schwache Einsicht in andere Menschen oder es zeigt, daß wir nicht wissen, was wir wollen. Wir müssen uns auch über den Grund klar werden, warum wir uns so sehr wünschen, unseren Partner zu ändern. Was sind unsere Ziele?

Das Trauma der Veränderung

Männer besitzen die Neigung zur Routine. Die Trägheit des Verhaltens ist ein dominanter Faktor im Leben des Mannes. Oft höre ich Frauen darüber klagen, daß ihr Mann im Restaurant unweigerlich das gleiche Gericht bestellt. Gewiß, sie nehmen sich ausgiebig Zeit, die Speisekarte zu studieren, aber im Endeffekt bleibt es dann beim Steak.

Der Grund liegt darin, daß sich im Geist ihres Mannes Restaurant mit der Bedeutung „Steak“ verbindet. Eine Änderung in seiner Speisewahl tritt nur ein, wenn entweder das Lokal gewechselt wird oder eine höfliche Kellnerin ihnen mitteilt: „Tut mir sehr leid, aber das ist heute abend aus.“ Jane trat einfach in Erics Leben und sagte ihm höflich: „Tut mir leid, Sir, aber Sie werden den Abfall selbst hinaustragen und Ihre Rechnungen selbst bezahlen müssen.“

In einer Bibelklasse für Erwachsene, die aus einer Gruppe von 25 Ehepaaren bestand, stellte ich die Frage: „Wenn Sie in Ihrem Leben etwas verändern, was bewegt Sie dann dazu?“ Von den fünfundzwanzig Männern gaben achtzehn eine Krise oder ein ähnlich schwerwiegendes Ereignis an. Über die Zahl war ich nicht überrascht, wohl aber über die Ehrlichkeit der Bemerkungen auf den Fragebögen.

Eine Auswahl der Antworten liest sich folgendermaßen:

- Eine Krise bringt mich im allgemeinen zum Handeln, wenn etwas verändert werden muß. Ein Streit in der Familie, völlige Frustration oder starke emotionale Erschütterungen deuten für gewöhnlich auf die Notwendigkeit einer Veränderung.
- Umstände wie Verlust des Arbeitsplatzes, Verkehrsunfall usw. Ich bin sehr anpassungsfähig.
- Im allgemeinen werde ich durch Scham dazu bewogen oder wenn ich mich sehr ärgere.

Den Nagel auf den Kopf traf allerdings ein anderer anonymer Ehemann, der diese Worte zu Papier brachte:

- Eine größere, schmerzhafte Krise, wenn ich mit dem Rücken zur Wand stehe, oder wenn die Qual der Veränderung geringer ist als die der augenblicklichen Situation.

Passiver Widerstand

Für eine Frau, die sich daran gewöhnt hat, kann es mit Schmerzen verbunden sein, die Rolle der „Mutter“ zu verweigern. Manche Frauen müssen sich mit dem beunruhigenden Gedanken auseinandersetzen, diese Rolle sei vielleicht genau das gewesen, was sie sich in der Ehe gewünscht hatten. Sie kannten die verantwortungslosen Tendenzen des Flüchtlings vor der Wirklichkeit und fühlten sich mit diesen Aussichten ganz zu Hause. Ein gleichermaßen zwingender Grund kann die Herausforderung sein, einen Mann zu nehmen und ihn neu zu formen. Was immer der Grund sein mag – die Vorstellung, sich diesem Lebensstil nun durch Nichtstun zu widersetzen, läuft all ihren natürlichen Instinkten einschließlich der *mütterlichen* Wünsche zuwider.

Zu Erics Verhaltensschema gehörte es, daß er daheim nicht das geringste half. Für Jane war das ein ständiges Ärgernis. Er saß da und guckte sich das Fernsehprogramm an, während sie ihn fragte: „Könntest du den Abfall hinausbringen?" Ihre zweite, dritte und vierte Bitte wurden jeweils mit seinem Wunsch abgewehrt, er wolle auf einen Werbespot warten, den eben angefangenen Artikel fertiglesen oder auch mit der Ausrede, er müsse bis zum Morgen warten, wenn es wieder hell sei und man sehen könne.

Als sie schließlich die Nase voll hatte, entschied sich Jane zu einer Art passivem Widerstand. Sie stellte die vertraute Frage an Eric: „Würdest du bitte den Müll hinausbringen?" Sie fragte nur einmal. Danach begann sie Müllsäcke vollzufüllen und neben dem überquellenden Abfalleimer aufzustellen. Die Kinder bemerkten, wie die Küche immer kleiner wurde, doch Eric brauchte fünf Tage, bis er auf dem Weg zum Kühlschrank in die Haufen hineinlief und die Sache endlich begriff.

Jane reagierte gelassen: „Ich bat dich, das irgendwann mal rauszubringen. Ich wußte, daß du's machen würdest, sobald du dazu kommst." Es war eine höfliche, aber feste Erwiderung an Eric, die Achtung vor ihm ausdrückte, und bedeutete eine neue Linie, die sie nicht überschreiten würde. Zur Lösung des Abfallproblems gibt es auch einfachere Wege, doch Erics und Janes Problem war nicht der Abfall. Es war sein Mangel an Verantwortung.

Jane fand Spaß daran, ihre Gefühle zu beherrschen, indem sie sich weigerte, in Wut zu geraten. Sie bemerkte eine neue Freude daran, daß sie ihren Gefühlen nicht mehr gestattete, sich auf ihren Mann zu konzentrieren. Ihr Selbstvertrauen wuchs soweit, daß sie eines Tages zu Eric sagte: „Liebling, du kannst selbst sehen, wenn der Abfalleimer voll ist. Ich überlasse es dir, wann du ihn ausleeren willst." Im Grunde hatte Jane die Entscheidung zu treffen, womit sie leichter leben konnte – einem überquellenden Abfalleimer oder wachsendem Zorn und Groll gegen ihren Mann.

Das schwierige Gebiet für Jane war das Scheckheft. Als sie sich beide auf ein Haushaltsbudget einigten, wurde beschlossen, daß Eric die Rechnungen zahlen sollte. Sie bekam jede Woche einen Betrag für Lebensmittel und die anderen Haushaltsverpflichtungen wie Kleider für sich selbst und die Kinder, Schulartikel und andere Ausgaben.

Jane war sich darüber im klaren, daß es nur eine Frage der Zeit war, bis ihre finanzielle Situation ins Schleudern geraten würde.

Als Eric einige Monate später unter dem auf seinem Schreibtisch verstreuten Durcheinander nach Socken suchte, bemerkte er die im Körbchen (genau dem Platz, den er und Jane dafür vereinbart hatten) aufgestapelten überfälligen Rechnungen und begann nachzuwühlen. Hektisch fing er an, die Umschläge aufzureißen, um den Schaden in Augenschein zu nehmen. Jedes neue Kuvert war noch niederschmetternder als das vorherige. Sie waren wie Eimer kalten Wassers an einem verschlafenen Morgen. Als er die Treppe hinunterging, um nach Jane zu suchen, fühlte er sich verärgert und im Inneren voller Angst.

Jane bemühte sich, nicht zu zwinkern, als er ihr ins Gesicht schrie. Sie blickte ihn gelassen an und sagte: „Du warst damit einverstanden, dich um unsere Finanzen zu kümmern, Liebling. Ich hab' die Rechnungen dort hingelegt, wo du es mir gesagt hast."

„Warum hast du sie nicht geöffnet und mir Bescheid gesagt?" brüllte er.

„Für mich war das deine Post, und ich hatte Vertrauen zu dir, daß du das erledigst", erwiderte sie.

Als der nun wieder etwas gefaßte Eric mit mir sprach, sagte er: „Ich wußte, daß ich mein Leben lang versucht habe, immer um alles herumzukommen. Ich betrachtete mich selbst nicht als faul, aber wahrscheinlich war ich das. Ich weiß, daß mit mir als Ehemann kein Staat zu machen war. Jane hätte was Besseres verdient. Aber der Tag damals hat mich glatt umgehauen. *Die Dinge würden sich nicht bessern, wenn ich mich nicht änderte.*"

Was Jane zwölf Jahre lang versucht hatte, Eric beizubringen, das schafften Abfalltüten und ein Körbchen zum Sammeln der Rechnungen innerhalb von drei Monaten!

In einer Ehe können sich drei Dinge ändern: Die Frau, ihr Partner und ihre Beziehung. Eine Frau kann zu dem Schluß kommen, zwei von diesen dreien zu verändern. Jede Bewegung ihres eigenen Lebens verändert in der Tat ihre Beziehung. Wenn sie sich ändert, muß er als Reaktion auf sie Anpassungen vornehmen.

Beim Umgang mit dem Flüchtling vor der Wirklichkeit hat eine Frau zwei Möglichkeiten. Sie kann mit ihm in das Schema „Vermeiden plus Flucht in die Phantasie" eintreten, oder sie kann selbst gesund bleiben und sich auf eine größere Gemeinsamkeit zubewegen. Dabei werden ihr ohne Zweifel Kämpfe, Vorwürfe und vielleicht sogar infantile Manipulation bevorstehen, doch liegt die größte Chance für die Rettung ihres Mannes und ihrer Ehe darin, daß sie mit beiden Händen an der Realität festhält.

Für eine solche Frau muß die Verheißung Christi eine große Ermutigung sein: „Ihr werdet die Wahrheit erkennen, und die Wahrheit wird euch frei machen" (Joh.8, 32).

Da er sitzt auf dem Stuhl des Propheten,
als Herr der menschlichen Seele,
bedarf's von Kopf bis zum Fuße der Prüfung,
und sei's nur die mindeste Fehle.

Tennyson, „The Dead Prophet"

8. Der Mann David – ein Porträt

In Sonntagsschulklassen in aller Welt kramen die Kinder nach ihren Buntstiften und versuchen, ihre Phantasie nicht allzu sehr schweifen zu lassen, wenn es gilt, Zeichnungen des Hirtenknaben David anzufertigen. Im kleinen Kreis zusammengedrängt, hören sie mit leuchtenden Augen zu, wenn ihr Lehrer ihnen die Geschichte von dem heldenhaften David erzählt, der dem riesigen Goliath entgegentrat und ihn besiegte. Sie träumen davon, wie es wohl gewesen wäre, neben diesem jungen Krieger zu stehen. Nicht im entferntesten können sich diese Kinder vorstellen, daß David etwas Unrechtes getan haben könnte. Für sie ist es leicht, sich diese Illusion zu bewahren, denn die Geschichte wird vom Sonntagsschullehrer erzählt und nicht von Davids Frau oder einem seiner eigenen Kinder.

David ist, was uns überraschen mag, ein gutes Beispiel für einen passiven, mit anderen Dingen beschäftigten Ehemann. Ich stütze meine Schlußfolgerung auf eine Reihe wichtiger Faktoren: Wir kennen viele intime Details aus seinem Leben, haben dazu auch genügend Informationen über seine Familie, um zu wissen, daß er in vielerlei Hinsicht ein schwacher Ehemann war. Und doch wissen wir auch, daß er trotzdem als „Mann Gottes" bezeichnet wurde. Diese Faktoren scheinen unvereinbar zu sein, aber sie umreißen ein und dieselbe Persönlichkeit.

Manche gläubige Frau hat zu Beginn ihrer Ehe die Vorstellung, zu ihrem Glück brauche es nichts weiter, als daß der Mann „denselben festen Glauben" hat wie sie. Später ist sie unter Umständen völlig verwirrt über das Dilemma, in dem sie sich befindet: mit einem Mann verheiratet zu sein, der den Herrn liebt, aber nicht weiß, wie er *sie* lieben soll. Die Antwort besteht nicht darin, daß ihr Mann mehr „Glauben“ braucht, sondern daß sie beide verstehen müssen, wie Gott sie geschaffen hat und wie er will, daß sie beide zusammen arbeiten und leben sollen.

Die Vorstellung, daß unsere geistlichen Helden als Ehemänner oder Väter mit Mängeln behaftet waren, ist uns fremd. Allein die Vorstellung, ein „geistlicher Held“ könnte sich mit Familienproblemen herumgeschlagen haben, ist ein Widerspruch in sich selbst. Wenn wir in der Kirchenbank sitzen und hingerissen der Predigt zuhören, dann können wir uns nur schwer vorstellen, daß der Prediger eine Stunde zuvor Frau und Kinder angeschrien hat. Doch die Männer, die uns inspirieren, sind Menschen wie jeder andere und nicht übermenschliche Leitartikler aus „idea spektrum“. Die Männer und Frauen, mit denen wir verheiratet sind, haben die Fähigkeit, fromm zu sein und uns doch gleichzeitig zu ärgern.

David ist Beweis dafür, daß ein Mensch ernste Fehler begehen und doch von den Menschen geachtet und von Gott gebraucht werden kann. Der Blick in sein Familienleben und den Hintergrund, der zu seinen Verhaltensweisen führte, hat in der Tat meinen Respekt für ihn noch gesteigert. Wichtiger ist allerdings, daß er auch meine Achtung vor der Gnade Gottes wachsen ließ. Wenn man sich anschaut, mit welch armseligem Material Gott sein Werk durchführen will, wird man bescheiden, und für mich erhöht sich dadurch nur noch sein Ruhm als der große Gestalter der Menschenleben.

Davids Elternhaus

Das elterliche Heim *ist* der formende Platz, an dem wir lernen, wer wir sind, wie die Welt um uns beschaffen ist, wer Gott ist und wie wir unseren Weg durchs Leben finden können. Im Elternhaus legen wir wichtige Grundlagen für lebenslange Gewohnheiten.

Wir können Davids Elternhaus nicht im einzelnen beschreiben oder einen umfassenden historischen Bericht geben, doch wir wissen, daß David als einziges Vorbild, auf das er sich auf der Suche nach Antworten auf die entscheidenden Fragen seines eigenen Lebens zu stützen vermochte, das Heim seines Vaters Isai in Bethlehem in Judäa hatte.

Die Lebensbedingungen dort und Davids Reaktionen darauf formten in ihm die Verhaltensmuster, die er später als Erwachsener zeigte. Die Faktoren, die David formten, sind in ihrer Art zeitlos.

Geringe Selbstachtung

Wir wissen nicht, wie David erzogen wurde, doch erhalten wir einen gewissen Einblick in die Achtung, die ihm entgegengebracht wurde. In 1. Samuel 16 lesen wir von dem Besuch des Propheten Samuel in Davids Elternhaus. Höchstwahrscheinlich war dies der stolzeste Tag, den Isais Familie je erlebte – ein Besuch von Israels großem Propheten Gottes! David war als einziger abwesend. Diese Abwesenheit war kein Versehen. Jeder wußte, wo David sich aufhielt: Er hütete die Schafe. Das allein ist schon ein Hinweis auf Davids Status.

Der Hirte der Familie zu sein, war alles andere als ein Traumjob. Die Arbeit des Hirten war mit Gefahren verbunden. David selbst sprach über diese Gefahren, als er von seinem Erlebnis mit dem Löwen und dem Bären erzählte (1. Sam. 17, 34-36). Ein Hirte war also in sozialer Hinsicht so etwas wie ein Ausgestoßener. Er roch nach Schafen! In Gegensatz dazu sehen wir Joseph, einen jüngeren Sohn, der der Liebling seines Vaters Jakob war. Im Elternhause Josephs waren es die älteren Jungen, denen das Hüten der Herden übertragen wurde, während er zu Hause bleiben und angenehmere Pflichten erfüllen durfte (1. Mos. 37, 4, 12-13).

David mußte aber nicht nur die schmutzigste Arbeit ausführen, er schien auch völlig überflüssig zu sein. Selbst nachdem Samuel seine Mission kundgetan hatte – nämlich Israels nächsten König zu finden! – mußte der alte Prophet Isai dazu drängen, seinen achten Sohn, den jungen David, herbeizuschaffen. Man kann sich nur fragen, in welchem Maße David mit dem Gefühl heranwuchs, in seiner eigenen Familie nur eine Nebensache zu sein. Wahrscheinlich wird David immer „den kürzeren" gezogen haben.

Das Elternhaus soll ein Ort von Wertschätzung und Liebe sein – Schätze, die aus dem Geist und Herzen Gottes kommen, und die wir als Eltern nach seinem Gebot an unsere Kinder weitergeben sollen. Diese fromme, gesunde und vernünftige Sicht des Ichs formt die guten Verhaltensformen für ein ganzes Leben. Ein Gefühl der Sicherheit und Bedeutung bewirkt, daß unsere Kinder auf Arbeit, Lebensumstände, auf Gott selbst und andere Menschen positiv reagieren.

Während unserer Arbeit bei den Navigatoren nahmen meine Frau und ich im Laufe der Jahre im Rahmen unseres Dienstes viele alleinstehende College-Studenten bei uns auf. Maggie, eine der jungen

Damen, wohnte vor ihrer Hochzeit fast ein Jahr bei uns. Wir fanden in dieser Zeit heraus, daß sie sich in meiner Gegenwart ständig unbehaglich fühlte.

Wir sprachen oftmals darüber, doch es lief immer auf das vage Gefühl hinaus, ich sei unglücklich über ihr Verhalten oder unzufrieden über ihre Arbeit im College. Keines dieser Gefühle war zutreffend. Doch trotz all der vielen Zeit, die ich aufwandte, um ihr meine Unterstützung und Zuwendung zu bekunden, war ihr Gefühl nicht zu erschüttern.

Allmählich glaubte ich, daß ich vielleicht in irgendeiner Weise diese Haltung vermittelte – bis zur Woche vor ihrer Heirat, als ich ihre Eltern und Großeltern kennenlernte. Sie waren äußerst kritische Leute. Ich erkannte, daß sie das Gefühl, das sie in unserem Haus empfand, bereits ihr ganzes Leben hindurch begleitet hatte. Es hatte in ihrem Leben keine Zeit gegeben, in der sie nicht die Empfindung gehabt hatte, unwert und unfähig zu sein und kein Lob zu verdienen.

Dazu kam noch die Art und Weise, wie ihr Vater sie erzog: Er zeigte ihr einfach die „kalte Schulter", wenn sie etwas tat, was ihm nicht paßte. Sie blieb in diesem „gefrorenen" Zustand, bis ihr Vater wieder mit ihr sprach und ihr zu verstehen gab, daß sie nun genug getan habe, um ihre Unart wieder gutzumachen. Manchmal erfuhr sie allerdings nie, was sie denn nun falsch gemacht hatte.

Im Laufe der Woche erteilte mir ihr Vater Ratschläge für die Erziehung meiner Kinder. „Schlagen Sie sie niemals", mahnte er. „Ich hab' das auch nie gemacht. Ich habe sie nur angeblickt." Ich hörte ihm höflich lächelnd zu. Doch was kalte Blicke und die „kalte Schulter" am Selbstwertgefühl von Kindern anrichten können, ist weit schlimmer als die Auswirkung von Schlägen.

Glaube an einen persönlichen, liebenden Gott

Davids Elternhaus mag seine Fehler gehabt haben, doch seine größte Stärke war sein Glaube. Als Schafhirte wandte sich David seinem eigenen Glauben und den Gebeten zu, die seinen Wandel vor Gott auf den einsamen Feldern förderten, während er die Schafe seines Vaters hütete.

Dr. James Dobson schreibt:

Ich glaube, der wertvollste Beitrag, den Eltern für ihr Kind leisten können, ist, ihm einen echten Glauben an Gott einzupflanzen. Welch größere Befriedigung für das Ich kann es geben als das Wissen, daß der Schöpfer des Universums mich ganz persönlich kennt? Das ist die höchste Form der Selbstachtung, unabhängig von den Launen von Geburt oder gesellschaftlichem Urteil...

Mangel an individueller Aufmerksamkeit

Jedes Kind hat das Bedürfnis, ein wichtiges und einzigartiges menschliches Wesen zu sein – nicht einfach Mitglied einer Gruppe, sondern eine ganz besondere Persönlichkeit. Es darf nicht gezwungen sein, mit den anderen Familienmitgliedern in Konkurrenz um Liebe und Anerkennung treten zu müssen. Um unseren eigenen Kindern immer ins Gedächtnis zu rufen, wie sehr sie geliebt werden, pflegten meine Frau und ich ihnen zur Schlafenszeit oder wenn sie sich irgendwie wehgetan hatten, ein besonderes Lied vorzusingen:

> Als Jesus dich uns sandte, liebten wir dich sogleich. Du warst ein Stückchen Sonnenschein für uns vom Himmelreich. Nicht nur ein neues Baby, denn seit die Welt begann, hat Er etwas Besondres für dich in Seinem Plan. Drum hat Er dich bereitet zum einzigen deiner Art.

Die Botschaft, die laut und deutlich zu vernehmen ist, wenn wir unsere Kinder als etwas Besonderes und Bedeutungsvolles behandeln, besagt, daß sie geliebt werden. Diese Liebe beruht nicht auf irgendeinem Idealbild, das wir uns von ihnen zurechtzimmern, sondern auf der Perspektive, die Differenzen erkennt und trotzdem sagt: „Genauso wollen wir's hier haben. Du brauchst nicht größer oder dünner oder schlauer oder athletischer zu sein, damit du unser Kind bist. Gott hat dich uns geschenkt! Darüber sind wir glücklich."

Bedauerlicherweise weisen viele Eltern einem Baby schon bei der Geburt eine „Idealrolle" zu, – eine Rolle, die Gott diesem Kind niemals zugedacht hat. Im Falle Davids liegt klar auf der Hand, daß Isai ihn nicht nur zum Hirten erzog, sondern auch den Blick vor der Möglichkeit verschloß, David könne König werden. Samuel mußte warten, bis Davids ältere Brüder ihm nacheinander vorgeführt wurden.

Dann wandte er sich an Isai und fragte: „Sind das die Knaben alle?" Isai erwiderte: „Es ist noch übrig der jüngste; siehe, er hütet die Schafe" (1.Sam.16,11). Bis zu diesem Augenblick hatte Isai ihn offenbar nie als etwas anderes angesehen als seinen „Hirtenlehrling".

Kinder studieren ihre Eltern sehr rasch. Wenn sie sich ändern müssen, um Anerkennung zu finden, dann wissen sie das, und zwar oft, bevor die Eltern sich dessen gewahr werden.

Joel wurde uns ein Jahr, nachdem ich aufgehört hatte, die Highschool-Footballmannschaft zu trainieren, geboren. Niemand brauchte ihm zu sagen, daß ich ein Fan war und mich freuen würde, wenn er beschließen sollte, Football zu spielen. Das Bettchen, in das er nach der Heimkehr von der Klinik gelegt wurde, war mit den Abziehbildern sämtlicher Mannschaften der Football-National-Liga verziert. Ein kleiner blauer Plastikfootball war sein erstes Spielzeug. Da ich selbst Absolvent der Universität von Washington bin, war Joels erstes Wort „Husky", der Name unseres Teams – ich hatte ihm das beigebracht. Als er kriechen konnte, wußte Joel, daß er stets meine Aufmerksamkeit finden konnte, wenn er einfach diesen kleinen blauen Football aufhob. Sooft er den länglichen Ball in die Luft warf, ließ ich alles stehen und liegen und spendete ihm Beifall.

Seither habe ich jedoch herausgefunden, daß der Junge, den ich mir als Sportler vorgestellt hatte, musikalische und künstlerische Neigungen und herzlich wenig Interesse an Sport besitzt. Ich habe auch entdeckt, daß Gottes Plan viel besser ist als meiner, und ich habe gelernt, mit diesem Plan Hand in Hand zu arbeiten.

Die Familie ist ein Ort, der gemieden werden sollte

Ein Kind, das in der „Beliebtheitsskala" der Eltern an letzter Stelle steht oder gezwungen wird, einem falschen Ideal nachzuleben, reagiert normalerweise damit, daß es in Verteidigungsposition geht und „schwierig" wird. Das geschieht durch Rückzug und Isolierung oder dadurch, daß es alle anderen ins Unrecht zu setzen versucht. Auch Leistung ist eine ausgezeichnete Rache. Der Drang, etwas zu leisten und es sich selbst zu beweisen, wird oftmals der Nährboden für Arbeitssucht und Passivität als Ehemann und Vater.

Zu Davids Gunsten sei erwähnt, daß er nicht nur die negativen Aspekte seiner Erziehung akzeptierte; die Zurückweisung, die er als

Junge empfunden hatte, schuf in ihm ein zartfühlendes Herz. Isolierung und Gefahr, denen er bei der Sorge für eine Schafherde in der Wildnis draußen ausgesetzt war, trugen dazu bei, in ihm die Fähigkeit zur Kommunikation und zum Vertrauen zu Gott wachsen zu lassen. Nicht jeder junge Mann reagiert allerdings positiv darauf, daß er daheim seelisch „ausgesperrt“ wird.

Wenn ein Kind in einer Familie aufwächst, in der es nicht beachtet wird, gibt es eine Reihe von Faktoren, die seiner Entwicklung zu einem aktiven Ehemann und Vater starke Hindernisse entgegensetzen. Die erste Lektion, die ihm vermittelt wird, lautet: „Das Zuhause erfüllt meine Bedürfnisse nicht.“ Da die Familie ihm früher nicht half, wird er sich später an dieses negative Bild erinnern, wenn er eine eigene Familie gründet. Wir bauen eine Familie auf der Grundlage der Blaupausen auf, die wir in unserem eigenen Elternhaus entdeckten. Das Gefühl des Bedrücktseins, das ein Junge beim Überschreiten der Schwelle seines Elternhauses empfand, wird ihm auch dann noch zu schaffen machen, wenn er Jahre später als Ehemann und Vater von seiner Arbeit heimkommt.

Man kann außerdem feststellen, daß andere Menschen oder Dinge die Wünsche nach Anregung und Befriedigung des Ichs stillen, wenn das Glück nicht in den familiären Beziehungen gefunden wird. Die Vorstellung „Was ich als Mann brauche, finde ich außerhalb der Familie“ lernt ein Kind schon in frühem Alter. Die „Burgen“, die ein Mann glaubt in seinem Leben errichten zu müssen, werden dann Arbeit, Macht, Prestige, Geld – alles, nur nicht das Heim, in dem er tatsächlich lebt. Wie viele aufstrebende Manager heute lernte auch David in seinem Elternhaus, daß er das, was er wirklich im Leben haben wollte, irgendwo anders finden würde.

Rivalität unter Geschwistern

In der Tatsache, daß es unter den Kindern eine Menge Rivalitäten gab, unterschied sich Davids Elternhaus nicht viel von anderen. Als einer von acht Jungen muß er wohl ständig in Kämpfe verwickelt gewesen sein. Kinder wirken oft wie gegnerische Generale, die die Schwäche des Gegners abschätzen, damit sie im entscheidenden Augenblick den vernichtenden Schlag führen können.

Als David sich entschließt, gegen Goliath zu kämpfen, fragt er zunächst: „Was wird man dem geben, der diesen Philister erschlägt?" (1.Sam.17,26). Und nun hören Sie sich den darauf folgenden Ausfall seines ältesten Bruders Eliab an.

Eliabs erste Reaktion war: „Warum bist du heruntergekommen? Und wem hast du die wenigen Schafe dort in der Wüste überlassen? Ich kenne deine Vermessenheit wohl und deines Herzens Bosheit. Du bist nur gekommen, um dem Kampf zuzusehen" (1.Sam.17, 28-29). Welch ein Sarkasmus und welch verurteilende Haltung!

Rivalität unter Geschwistern hat einen großen Einfluß auf den Drang zum Erfolg. Außerdem stellt sie eine gewichtige seelische Last dar. Sie ist einmal von dem Zwang, den eigenen Wert zu beweisen, motiviert. Zum zweiten werden persönliche Ziele oftmals in die Notwendigkeit der Revanche gegen andere Familienmitglieder gehüllt. Die Einheit der Familie wird dadurch zerbrochen und die Mitglieder in die Himmelsrichtungen ihrer eigenen Ich-Erfüllung zerstreut; keiner kann sich mehr über den Erfolg des anderen Familienmitglieds freuen. Schließlich wird damit die Vorstellung gestärkt, ein Mensch könne in der Familie seinen Wert nur auf Kosten der anderen steigern.

In der Tat ist vieles von dem, was wir in unserer westlichen Zivilisation anpreisen, Konkurrenz auf Kosten anderer Menschen. Eltern, die selbst von diesem Bedürfnis gelähmt sind, fehlt im allgemeinen die Fähigkeit, ihren Kindern dabei zu helfen, dieses Denkschema zu überwinden.

Sogar der Gedanke an Mord tauchte in der ersten Familie der Bibel auf. Als Kain seinen Bruder Abel erschlug, geschah es in einem Anfall von Eifersucht. In Kain loderte ein Konkurrenzgefühl so heftig auf, daß er gegen die Person, die er als den Bevorzugten ansah, nämlich seinen Bruder, gewaltätig vorging. Es gibt Schätzungen, daß bei einer Verminderung des Zorns innerhalb der Familie die Verbrechensrate um die Hälfte gesenkt werden könnte.

Dem Kampf Einhalt gebieten

Wie können wir die Zeitbombe der Rivalität unter Geschwistern entschärfen?

Ein guter Ausgangspunkt wäre, die Haltung der Eltern zu verändern. Wollen wir als Eltern im Leben etwas beweisen? Wem gegenüber? Als Football-Trainer begegneten mir viele Väter, die den Traum von einer Karriere als Athlet durch den Sohn zu verwirklichen suchten.

Ein weiterer Faktor, der zur Rivalität unter Geschwistern beiträgt, ist die Müdigkeit der Eltern. Wir sind tatsächlich einfach viel zu müde, um uns in die kleinen Streitigkeiten unserer Kinder einzumischen, und übersehen dabei, daß diese Kämpfe sich nicht ändern, wenn wir uns nicht darum kümmern. Sie können jedoch verzerrt werden und später in „gesellschaftlich akzeptierten" Formen in Erscheinung treten.

Oft habe ich Gemeindeälteste erlebt, die mit eiserner Hand Einfluß auf eine ahnungslose „Herde" ausübten. Ein Mann oder eine Frau mit einem solchen Verhalten schreckt im allgemeinen vor nichts zurück und ist auch bereit, eine Gemeinde zu spalten, nur um einen Punkt zu gewinnen. Was ihre Eltern als vorübergehende Phase bewerteten, über die Kinder hinauswachsen, wurde zu einem gefährlichen, verzweifelten Bedürfnis, andere zu beherrschen.

Drittens müssen Eltern zu Hause die Autorität wahren, wozu auch die Kontrolle über das Verhalten eines Kindes gehört. Haltungen von Haß und Wut, die nicht zum Ausdruck kommen, sollten von Eltern niemals ignoriert werden. Wer wartet, bis die seelischen Sparringsübungen mit einem K.O. enden, verliert den Krieg.

Als weiteres wichtiges Ziel sollte die ganze Familie sich vornehmen, einander gegenseitig Liebe zu zeigen. Es ist gewiß nichts Falsches daran, wenn eine Familie sich soweit entwickelt, daß ihre Mitglieder sich gerne gegenseitig sagen, wie sehr sie sich liebhaben. In unserer eigenen Familie entschuldigen sich die Kinder nicht einfach nur, wenn sie ihr Kriegsbeil begraben haben, sondern nehmen sich in die Arme und geben sich einen Kuß. Machen Sie es sich zur Gewohnheit, in der Familie regelmäßig darüber zu sprechen, warum Sie einander lieben.

Kritik und Erwartungen

Wir wollen uns wieder dem Gespräch Davids mit seinem älteren Bruder zuwenden, das noch zwei weitere häufig anzutreffende Phänomene aufweist: Kritik und Erwartungshaltung.

Eliab hüllte sich in das Gewand des Allwissenden. Hochmütig blickte er auf seinen kleinen Bruder herab und sagte, wie uns Vers 28 in 1.Sam.17 verrät: „Ich kenne deine Vermessenheit wohl und deines

Herzens Bosheit." Es ist schon ein starkes Stück zu behaupten, man kenne das Herz eines anderen; aber wir maßen uns das oft an. Wenn ein junger Mensch einen natürlichen Fehler macht, dann platzt man nur allzu leicht heraus: „Das war aber ganz dumm." Äußerungen solcher Art treffen den Nerv einer jungen Persönlichkeit, weil sie auf das Wesen des Kindes ein Urteil übertragen. In gleicher Weise prägen sich auch hohe Erwartungen in die junge Seele ein.

Kritik und Erwartung bilden jeweils eine Hälfte der Form, in die ein Kind „gegossen" wird. Kleine Kinder wachsen nämlich in dem Glauben heran, daß ihre Eltern oder älteren Geschwister irgendein mystisches Wissen hinsichtlich ihres Lebens oder ihrer Zukunft besäßen.

Vor allem die Unfähigkeit eines Elternteils, die Kinder in einem realistischen Licht zu sehen, fördert in starkem Maße einen Mangel an Selbstachtung. Wenn wir ihnen nur einen geringen Glauben vermitteln, dann werden ihre eigenen Bestrebungen höchstwahrscheinlich auch gering sein. Wenn wir unsere Erwartungen dagegen turmhoch schrauben, besteht die Gefahr, daß das erste Versagen eines Kindes zu einem Zusammenbruch seines Selbstvertrauens führt.

Das Beste, was Eltern oder andere Autoritäten tun können, ist der Versuch, den uns gegenüber verkündeten Erwartungen gerecht zu werden. Wenn „allwissende" Erwachsene oder ältere Geschwister auf Kosten eines Jüngeren lachen, mögen wir das als gutmütigen Humor ansehen, doch wäre das eine sehr einseitige Sicht. Wir neigen zu der Ansicht, das Ego eines Kindes sei zu klein, um Schaden zu nehmen. Doch der Schmerz, den es empfindet, ist real. Die Auswirkungen sind umso größer, da wir Erwachsenen einen so bedeutenden Teil ihrer Welt darstellen.

Ein Junge, der in einer ständig zur Kritik bereiten Umgebung aufwächst, wird die Vorstellung entwickeln, daß sein Zuhause nicht nur ein unerfreulicher Aufenthaltsort ist, sondern daß *er seinen Wert beweisen muß, gleichgültig, was es kostet oder wen er dabei verletzt.* Das ist die perfekte Ausbildung zu einem passiven Ehemann und Vater. Aus ihm wird die traurige Figur, die sich in Arbeit vergräbt, um dann spätabends nach Hause zu schleichen und sich mit ein paar Gläsern Bier vor dem Fernseher zu verkriechen.

Gibt es Hoffnung?

Ganz gewiß gibt es Hoffnung! Man kann zwar die Uhr nicht zurückstellen, aber man kann die Zeiger neu einstellen und sie wieder aufziehen. Große Veränderungen lassen sich herbeiführen, wenn man den Kreis der Kritik durchbricht. Im folgenden werden einige Punkte genannt, die dabei zu beachten sind.

Beginnen Sie damit, Vertrauen in Ihr Kind und Ihren Partner zu zeigen.

Ich begann meine Schullaufbahn in den beiden ersten Klassen mit dem Ruf, eine „Nervensäge" zu sein. Es gab nicht viele Wochen in jenen beiden ersten Klassen, wo ich nicht nach der Schule nachsitzen mußte. Meine Schönschreibnote schnellte allerdings dank der vielen Strafaufgaben in die Höhe.

Der bedeutendste Tag meiner Schulzeit kam jedoch, als ich die zweite Klasse hinter mir hatte und Mrs. Smith, meine neue Klassenlehrerin, kennenlernte. Ihr graues Haar trug sie zu einem Knoten gedreht; ein schwarzes Kleid und schwarze Schnallenschuhe vervollständigten das eindeutige Bild.

An jenem ersten Schultag ließ sie uns ruhig arbeiten, während sie von Bank zu Bank ging und mit jedem Kind sprach. Als sie zu mir kam, bemerkte sie: „Du bist also James Walker."

Ich nickte.

„Ich habe schon viel von dir gehört, James."

Das kann ich mir denken, dachte ich bei mir.

Überraschend blickte sie mir in die Augen und in meine kleine Seele und sagte: „Und ich glaube kein Wort davon!"

Da hatte ich nun jemanden gefunden, der an mich glaubte, und dieses lebensverändernde Erlebnis brachte mich dazu, mich das ganze Schuljahr hindurch anzustrengen, damit ich beweisen konnte, daß sie recht hatte!

Lernen Sie Alter und Stadium der Menschen kennen, die Sie lieben.

Wir Eltern haben einen Drang, Kinder als kleine Erwachsene zu sehen. Kindsein ist kein strafbares Vergehen. Strafen sollten wohlüberlegt für Absichten erteilt werden, nicht für kindliches Verhalten.

Vor kurzem war von einer Lehrerin zu hören, deren sämtliche Schüler der zweiten Klasse versagten. Ihre Begründung: sie seien „unreif"! Es hatte den Anschein, als könnten diese Achtjährigen nicht vierzig Minuten vollkommen stillsitzen und ihr zuhören. Jemand hätte der Lehrerin zunächst einmal Unterricht geben sollen...

Es lohnt sich, die Lebensstadien zu betrachten, in denen sich Ihr Partner befindet. Viele haben die Bücher über das Mid-Life-Syndrom kritisiert. Aber wer kann denn etwas für falsch halten, das uns hilft, unseren Partner besser zu beobachten und dem Druck, dem er ausgesetzt ist, einfühlsamer zu begegnen?

Erkennen Sie Neigungen und besondere Eigenschaften Ihrer Familienangehörigen

Es braucht eine gewisse Zeit, um Menschen kennenzulernen und die Talente und potentiellen Leistungen jedes einzelnen zu bewerten. Sie müssen sich daher auch Zeit nehmen, um gründlich auf Ihr Kind einzugehen, wenn Sie sein Selbstwertgefühl aufbauen wollen. Warum Jahre damit verschwenden, ein Talent zu fördern, das sich niemals zufriedenstellend entwickeln wird, während gottgegebene Gaben brachliegen, derer sich niemand annimmt? Wenn Gott Ihnen in seiner Weisheit einen Konzertpianisten zum Kind geschenkt hat, dann hören Sie bloß damit auf, einen Hockeyspieler aus ihm zu machen!

Vor vielen Jahren hat Walt Disney ein neues Wort geprägt – „Imagineering" (Traumingenieur). Walt hielt nicht Ausschau nach einem Ingenieur, der sein Denken auf das konzentrierte, was nach Aussage seines Bleistiftes und seines Rechners möglich war. Er suchte nach Männern und Frauen, die große Träume träumten und sich dann daranmachten, diese Träume zu verwirklichen. Ein bißchen davon muß in allen Eltern stecken...

Erkennen Sie Ihre Erwartungen und prüfen Sie, wo sie herstammen

Es ist ganz wichtig, daß Sie sich darüber klar werden, ob Sie in Ihren Erwartungen gegenüber anderen unrealistisch sind. Finden Sie heraus, wie diese Erwartungen beschaffen sind. Oftmals sind kritische Gedanken, die wir unseren Kindern gegenüber ausdrücken, nichts anderes als ein Produkt unserer eigenen Denkfaulheit.

Wenn wir wissen, wie unsere Kinder nach unseren Vorstellungen sein sollten, dann ist der zweite Schritt, herauszufinden, wie wir zu solchen Vorstellungen kamen. Entstammen sie unseren eigenen unerfüllten Träumen? Ist die Erfahrung der großen Wirtschaftskrise oder der Arbeitslosigkeit schuld, daß wir unseren Kindern unter allen Umständen finanzielle Sicherheit wünschen? Oder hatten wir nur einfach einen schlechten Tag, und es schien einfacher, die Kinder anzuschreien als dem Hund einen Tritt zu geben?

Schaffen Sie seelische „Wegmarken" im Leben Ihrer Lieben

Hinterlassen Sie im Leben Ihrer Angehörigen einige unauslöschliche Eindrücke. Wieviel erfreulicher wäre es für David gewesen, hätte Eliab seinen Bruder ermutigt, anstatt ihn vor den anderen Soldaten zu schmähen.

Legen Sie für Ihre Kinder ein Sammelalbum von vergnüglichen Erinnerungen an. Versuchen Sie, nicht nur Geburtstagsgeschenke zu überreichen, sondern auch Briefe und Gebete, die Ihre besonderen Hoffnungen und Träume zum Ausdruck bringen. Das Spielzeug wird kaputtgehen, die Briefe werden verlegt, aber Ihre Hoffnungen begleiten sie für immer.

Seien Sie ein Rollenvorbild

Die größte Bedeutung für junge Menschen hat das Rollenvorbild, das ihnen in der Familie vorgelebt wird. Gerade auf diesem Gebiet hat unsere westliche Gesellschaft und ihre Schnellebigkeit die größte Verheerung in den Familien angerichtet. Was lernen Söhne denn über die Rolle von Ehemännern und Vätern im Leben? Sie sehen, wie ihr Vater sein Leben rings um andere Dinge außerhalb der Familie aufbaut und glauben daher, darin liege die wahre Bedeutung der Männlichkeit. In viel zu vielen Fällen wird die Abwesenheit des Vorbilds zum Vorbild.

David paßt recht gut in dieses Schema hinein. Er war auch ein Opfer eines schwachen Rollenvorbilds. Sein Vater Isai war für David eher eine Großvaterfigur als ein Vater. In 1.Sam.17, 12 erfahren wir, daß Isai „zu Sauls Zeiten schon zu alt war, um unter die Kriegsleute zu gehen". Damit hatte David einen Vater vor Augen, der im Leben der Familie keine besonders aktive Rolle mehr spielte und keine wichtige Verantwortung für die Erziehung seiner Kinder mehr übernehmen konnte. Kurz gesagt – Isai war in den Augen seines jungen, eindrucksfähigen Sohnes David ein passiver Ehemann und Vater.

Dieses Führungsvakuum wurde von Davids älteren Brüdern bereitwillig ausgefüllt. Auch heute ist das in vielen Familien so. Das Vakuum wird von Lehrern, Rockstars, Fernsehhelden, meistens jedoch von den Müttern ausgefüllt. Dies führt dazu, daß der Formungsprozeß zwar gewährleistet ist; doch das Bild für künftige Generationen wird nicht besonders ansprechend sein.

Eine ungehorsame Tochter wird sich als unbotmäßige Ehefrau erweisen.

Benjamin Franklin

9. Abigail, der Fußabtreter

Es wird uns gesagt, daß in der Ehe „zwei Menschen eins werden“. Die Frage ist: *was für einer* wird das sein?

Der Kampf um persönliche Identität in der Ehe kann leicht zu Zankerei ausarten. Häufig fragt sich der eine oder andere Ehepartner, wenn der Glanz der jungen Ehe und die Aufregung der Flitterwochen verschwunden sind: *Kann ich wirklich ich selbst bleiben und weiter mit dir verheiratet sein?* Wenn die Antwort auf diese Frage „Nein“ lautet, entscheidet sich die Frau unter Umständen dafür, ihre „wirklichen“ Gedanken, Wünsche und ihre Persönlichkeit zu verbergen. Eine gläubige Frau meint vielleicht in der Tat, daß sie damit – indem sie sich selbst gleichsam auslöscht – dem biblischen Lebensstil der unterwürfigen Ehefrau gerecht wird.

Bejahende Unterordnung

Die wahre Unterordnung ist eine bewußte und überlegte Handlung. Sie beruht auf einer Entscheidung, nicht auf einer Notwendigkeit. Wir sind gelehrt worden, daß wir die gleiche Einstellung zeigen sollen wie Jesus selbst. In Philipper 2 heißt es: „Er entäußerte sich selbst...“ (V.7) und „Er erniedrigte sich selbst...“ (V.8). Das waren wohlüberlegte Handlungen und nicht die kniefällige Haltung eines Menschen, der sich selbst als unbrauchbar ansieht.

Jeder einzelne Gläubige, nicht nur Ehefrauen, sollte das delikate Gleichgewicht zwischen der Unterordnung unserer Wünsche unter den Willen Gottes und der sich daraus ergebenden Unterordnung unserer Bedürfnisse unter die unserer Nächsten bewahren. Wenn Paulus Frauen die Anweisung gibt, sich ihren Männern „unterzuordnen“ (Eph.4, 22), dann bemerkt er dazu einleitend: „Ordnet euch untereinander unter in der Furcht Christi“ (V.21). Unterordnung ist eine christliche Tugend und nicht bloß ein Gebot für Frauen.

Meine Frau Joyce arbeitet als Aushilfslehrerin. Sie hat Spaß an dieser Tätigkeit, doch wenn sie einen schweren Tag gehabt hat, dann braucht sie nach dem Heimkommen Zärtlichkeit und Verständnis. Ich kann ihr mein Mitgefühl am besten durch die Tat erweisen, nicht durch Zuhören oder Reden. Ich helfe ihr beim Kochen, decke den Tisch und versuche auf andere Weise, ihr etwas von ihrer Arbeitslast abzunehmen. Wenn ich allerdings ebenfalls einen streßbeladenen Tag hinter mir habe, dann ist die Versuchung groß, mich einfach in einen Sessel fallen zu lassen, die Nachrichten anzuschauen und mir die Zeitung vor die Nase zu halten, um ihren Blicken auszuweichen. Was ich an diesem Punkt tue, ist eine Entscheidung zur Unterordnung. Es ist meine eigene Entscheidung, und sie ist gleichzeitig ein Maß für meine Integrität als Christ. Nicht immer habe ich die richtige Entscheidung getroffen, aber ich arbeite daran.

Sie sollten es sich gründlich überlegen, bevor Sie Ihre Bedürfnisse einem anderen unterordnen. Diese Entscheidung sollte auf der Grundlage legitimer Bedürfnisse des anderen und Ihrem Beschluß, so zu sein wie Christus, beruhen. Sie haben selbst die Wahl; es ist eine geistliche Handlung.

Bedauerlicherweise ist Unterordnung bei Männern wie bei Frauen ein Verhaltensmuster, das aus einem geringen Selbstwertgefühl heraus entspringt. Mit der Anweisung Gottes hat sie nichts zu tun. Sie resultiert nicht aus den legitimen Bedürfnissen anderer, sondern ist eine Entscheidung der Angst, um Schmerz zu vermeiden. Sie kann Verfall anstatt Wachstum einer Ehe bewirken, weil sie Feindseligkeit und Bitterkeit intensiviert. Gott interessiert sich zutiefst für die Gründe unserer Handlungen.

In der Geschichte von David wird uns das vor Augen geführt. Er war ein Mann Gottes. Aber – wie dieser Titel erkennen läßt – er war ein Mann. Nur schwer könnten wir jemand finden, der eine größere Verheißung verkörperte und dabei als Ehemann und Vater ein größerer Versager war. Die Reaktionen von dreien seiner Ehepartner sind charakteristisch auch für moderne Ehefrauen.

Auf den ersten Blick erkennen wir in Abigail die demütige Heldin, und das stimmt weitgehend. Doch wenn wir sie aus der Perspektive unserer eigenen Kultur betrachten, kommen wir vielleicht zu anderen Schlüssen. Das mag ihr gegenüber nicht ganz fair sein, doch im Lichte unserer heutigen Betrachtungsweise solcher Situationen können wir soviel über sie sagen:

Ihre Selbsteinschätzung wurzelte in ihrem Status und nicht in ihren Eigenschaften

Historisch gesehen erfreute sich ein kleines Mädchen in Abigails Tagen keiner hohen Wertschätzung. Ihre Geburt wurde kaum zur Kenntnis genommen. Sie war eine Art Hausdienerin, und von ihrem Vater wurde erwartet, daß er jedem, der sie ihm abnahm, eine Mitgift zahlte. In den meisten Fällen hatte sie wenig Auswahl, konnte nur auf das Beste hoffen und die Zähne zusammenbeißen, während der Handel um ihren Ehemann unter Dach und Fach gebracht wurde. Wir wissen wenig über Abigails Elternhaus; die Saat des Minderwertigkeitsgefühls mag auf vielerlei Weise in sie gelegt worden sein. Als sie erwachsen war, trug dieser Samen Frucht, obwohl sie auf den ersten Blick eine bemerkenswerte Frau zu sein schien.

Viele Frauen, die heute Minderwertigkeitsgefühle mit sich herumschleppen, haben wenig, was äußerlich darauf hinweist. In den meisten Fällen sind sie attraktiv und tüchtig. In 1.Sam. 25, 3 lesen wir, daß Abigail „eine Frau von Verstand und schön von Angesicht" war. Ihre negative Selbsteinschätzung hatte mit ihren von Gott verliehenen Eigenschaften wenig zu tun.

Ihre Ehe war auf Angst und Distanz aufgebaut

Die Schlußepisoden von Abigails Heirat werden in 1. Samuel 25 erzählt. Sie erfährt von dem groben und aggressiven Verhalten ihres Mannes gegen den jungen Krieger David, dessen Männer Nabals Herden beschützt hatten. Sie reagiert auf diese Nachricht in einer Weise, die sie ohne Zweifel schon viele Male zuvor praktiziert hatte. Aus Angst und Mißachtung gegenüber Nabal (der dies wahrscheinlich, wie ich hinzufügen möchte, mehr als verdient hat) umgeht sie ihn in aller Heimlichkeit. Es war wohl das Einfachste, weite Kreise um diesen Mann zu schlagen. Abigails Gewohnheiten lösten ihre Probleme nicht und brachten zu keiner Zeit etwas wie Nähe zu ihrem Mann zustande. In 1. Samuel 25 heißt es: „[Sie] sprach zu ihren Leuten: Geht vor mir her; siehe, ich will sogleich hinter euch her kommen. *Und sie sagte ihrem Mann Nabal nichts davon*" (V. 19). Man mag sich fragen, wie oft Abigail Nabal des Nachts verlassen hat...

Sie war es gewohnt, die Schuld auf sich zu nehmen

In 1. Sam. 25, 23-24 finden wir ein weiteres, häufig anzutreffendes Attribut übertrieben unterwürfiger Frauen. Beim Anblick Davids, so erfahren wir:

> ...stieg sie eilends vom Esel und fiel vor David nieder und beugte sich zur Erde und fiel ihm zu Füßen und sprach: *Ach, mein Herr, auf mich allein falle die Schuld!* Laß deine Magd reden vor deinen Ohren und höre die Worte deiner Magd!

Der Psychologe Dr. Kiley spricht über Frauen, die nicht aufhören, Männer zu bemuttern, und nennt dies einen „Hang zum selbsternannten Märtyrertum“:

> Selbstbezichtigung ist eine Verhaltensform für sich, doch als Vorläufer zum Opfer der eigenen Person sehe ich sie als Teil des Märtyrertums an. Die Frau, die sich selbst bezichtigt, steht ständig unter einem selbst auferlegten Druck. Die Stimme des Minderwertigkeitsgefühls bringt sie dazu, jeden ihrer Gedanken, jede ihrer Handlungen ins Kreuzverhör zu nehmen auf der Jagd nach Schuld, ungeachtet der wirklichen Situation. Sie sagt sich tatsächlich selbst vor: „Ich bin kein guter Mensch, also muß ich etwas Unrechtes getan haben. Ich muß nur erst herausfinden, was es war.“

Eine Frau mit einem negativen Bild von sich selbst hat nur einen schwachen Ankerplatz in der wirklichen Welt. Oft lebt sie in irgendwelchen Traumvorstellungen, in denen sie im Brennpunkt der Aufmerksamkeit steht. Dieser Brennpunkt ist vorwiegend negativ. Zehn positive Dinge können ihr an einem Tag begegnen, doch unweigerlich pickt sie das einzige negative Erlebnis heraus, um diesen Tag zu „brandmarken“. Katastrophen werden erahnt und sogar erwartet. Obwohl ein solcher Mensch Katastrophen nach außen hin mit einem Scherz abtut, hat diese Leichtigkeit in den Gedanken keinen Platz. Die Ereignisse des Lebens fügen sich alle zu einem „Katastrophen-Mosaik“ zusammen.

Schuldgefühle wurden als Waffe eingesetzt

Wenn bei einer Frau die Flucht in die Unterwürfigkeit zur Gewohnheit geworden ist, besitzt sie nur noch wenige Schutzwaffen. Mit denen weiß sie allerdings trefflich umzugehen. Sie vermag Schuldgefühl und Märtyrertum vorzüglich zu tragen und tut dies auch. Schuld auf sich zu nehmen, ist ein einfacher Verteidigungsmechanismus. Hilflosigkeit, die darauf abzielt, das Mitleid von Männern zu erwecken, ist nie ein hübscher Anblick, doch vielen Frauen erscheint sie der einzige ihnen offenstehende Weg.

Unwillkürlich muß man Mitgefühl mit Abigail empfinden. Ihre Stellung war heikel, und sie verdiente etwas Besseres. Ihre guten Eigenschaften waren deutlich zu erkennen und müssen ihrem künftigen Gatten David sofort aufgefallen sein. Er muß tiefes Mitleid für diese Frau empfunden haben, die da zu ihm herauskam, um für ihren Mann, „den Toren", zu bitten. Und im Gegensatz zur Härte Nabals schmolz David in seiner Empfindsamkeit vor ihrem Flehen sofort dahin.

Bitterkeit und Feindseligkeit wurden unterdrückt

Weil Abigail Schmerz und Auseinandersetzung vermied, kam ihr niemals der Gedanke, der Ursache ihres Mißbehagens – nämlich Nabal – von ihren Gefühlen zu erzählen. Die Angst vor einem Konflikt verdammte sie dazu, ihre Qual nach innen zu verdrängen. Bei jeder Kränkung distanzierten Abigail und Nabal sich als Ehepartner mehr voneinander und verfingen sich in einem gefährlichen Strudel. Wenn dies geschieht, dann wird die Vergangenheit ständig daran gehindert, vergangen zu sein. Sie schwelt unter der Oberfläche, unsichtbar und doch glimmend rot.

Niemand kann auf Dauer so leben. Der logische Schritt ist dann, dem Druck auf unangebrachte Weise Entlastung zu verschaffen. Eine Frau, die zu Mitarbeitern und sogar völlig Fremden Dinge über ihren Mann sagt – die sie ihm gegenüber nicht einmal im Traum äußern würde – legt zwischen sich und ihren Partner einen immer größeren Abstand. Abigail enthüllte ihre Gefühle über Nabal gegenüber David und, wie man sich vorstellen kann, auch gegenüber seiner ganzen Gefolgschaft. In 1. Sam. 25, 25 sagt sie: „Mein Herr errege sich nicht über Nabal, diesen *heillosen Menschen;* denn wie sein Name ist, so ist er [Der Name Nabal bedeutet Narr]: er heißt „Tor", und Torheit ist bei ihm. Ich aber, deine Magd, habe die Leute meines Herrn nicht gesehen, die du gesandt hast."

Diese Art von praktizierter Indiskretion kann sehr wohl die Versuchung zu einer Liebesaffäre in sich bergen. Eine hilflose Frau, die Schutz benötigt und fähig ist, ihre – wie es scheint – innersten Gedanken einem Manne anzuvertrauen, gibt seinem Ego einen gewaltigen Aufschwung. Und bei einer Frau wie Abigail kann jeder Mann, der ihr sein Ohr leiht und zärtliches Mitgefühl zeigt, die Phantasie entzünden. Es überrascht daher kaum, wenn wir lesen, daß David auf die Nachricht vom Tode ihres Mannes nach ihr schickte, um sie zu seiner Frau zu machen. Das war die natürliche Reaktion eines Mannes, dessen Sympathien von einer Frau „entflammt" worden waren, die ihm ihre Kränkungen anvertraute und seinen Wunsch, sie zu beschützen, geweckt hatte.

Ihre Lebensumstände veränderten sich – ihr Lebensstil blieb

Übung macht nicht perfekt, aber sie führt zur Routine. Wiederholung ist ein wichtiges Instrument des Lernens. Wenn falsche Denkmuster wiederholt werden, graben sie sich im Laufe der Jahre immer tiefer ein. Wenn Unterordnung und Dienst eine Haltung des Herzens sind, wohlüberlegt und bedacht beschlossen, dann bilden neue Ereignisse im Leben eine Chance zum Wachstum. Doch für jemanden, der eine tiefverwurzelte Neigung hat, nach dem gleichen Schema zu reagieren, bedeuten neue Lebensumstände nur noch mehr Übung.

Im Fall Abigails sehen wir dies deutlich. Als David seine Diener schickte und ihr sagen ließ, daß er sie zu seiner Frau machen wolle, „stand [sie] auf und fiel nieder auf ihr Angesicht zur Erde und sprach: Siehe, deine Magd ist bereit, den Knechten meines Herrn zu dienen und ihre Füße zu waschen" (1.Sam.25, 41). Man könnte den Eindruck gewinnen, sie sei einfach eine demütige Person gewesen, die bereitwillig den Männern in ihrem Leben diente. Diesen Schluß könnten wir ohne weiteres ziehen – hätten wir nicht ihr Verhalten gegenüber Nabal erlebt und gespürt, daß diese Haltung Teil eines Verhaltensmusters war, das nicht den Charakter hervorbrachte, der Gottes Plan entsprach.

Allzu häufig gehen Frauen von folgender falschen Überlegung aus: wenn sie nur den Mann austauschen könnten oder wenigstens seine Handlungen, dann wäre ihr Leben eitel Sonnenschein. Das ist eine Illusion. Meistens zielt Gott darauf ab, uns zu verändern und nicht unsere Lebensumstände. Eine echte Hoffnung liegt in der Tatsache begründet, daß wir einen Gott haben, der uns verändern kann.

Die Geschichte von Bernd und Melanie

Melanie sang im Kirchenchor, und wenn man ihren hingebungsvollen Blick sah, hätte man niemals den Haß vermutet, den sie von Montag bis Samstag mit sich herumschleppte. Rachsucht war hier in eine attraktive und intelligente Erscheinung verpackt. Wenn Bernd auf dem Parkplatz einen Befehl bellte, preßte sie die Lippen zusammen, ließ den Kopf hängen, sammelte die Kinder ein und fuhr zurück in ihre kalte Vorstadtwelt.

Als ich mir einen ganzen Katalog von Klagen über die Unaufmerksamkeit ihres Mannes und seine Grausamkeit gegen sie und die Kinder angehört hatte, fragte ich sie eines Tages: „Was hält Sie in dieser Ehe?" Ihr Gesicht entspannte sich, sie lehnte sich in einem Augenblick der Selbstenthüllung zurück und sagte: „Ich träume davon, daß es eines Tages an der Tür klopft. Ein Streifenpolizist steht draußen und sagt mir, daß Bernd irgendwo auf der Autobahn ums Leben gekommen ist. Das ist der einzige Gedanke, der mich aufrechthält."

Melanie war mit einem Vater großgeworden, der die Autorität in der Familie der Mutter überließ. Er schlich sich mit der Lohntüte nach Hause und zog sich dann pflichtgemäß an das ihm zugewiesene Plätzchen zurück. Er liebte Melanie, doch wenn sie eine Auseinandersetzung mit ihrer Mutter hatte, war er machtlos, ihr zu helfen und sie zu beschützen.

Melanies Mutter erteilte lautstark ihre Befehle und gestattete sich nur selten, warmherzig und nicht ständig auf der Hut zu sein. Sie war der Aufseher, bei dem sich Melanie jeden Tag zu melden hatte und vor dem sie eines Tages die Flucht ergreifen würde, wie sie sich geschworen hatte. Melanie mußte, um mit ihrer Mutter zusammenleben zu können, ihre Gedanken und innere Feindseligkeit für sich behalten. So lebte sie in einer Traumwelt und sehnte sich nach dem Tag, an dem sie entfliehen konnte. Für sie stellte die Heirat mit Bernd diese Flucht dar.

Wie meistens bei einer Flucht in die Phantasie war die Illusion nur von kurzer Dauer. Bei unserem Gespräch bat ich sie, mir ihre Gefühle für Bernd an ihrem Hochzeitstag zu schildern. Sie erwiderte: „Schon damals wußte ich, daß das nie gutgehen würde. Doch meine Tante war den weiten Weg von New York angereist, und so konnte ich einfach nicht alles absagen. Außerdem hätte meine Mutter dafür nie Verständnis gehabt."

Für Melanie bedeutete die Rolle als Frau und Mutter gleichzeitig, daß sie die Familie versorgte, beschützte und zusammenhielt. Bernd hatte in seinem Beruf versagt und startete nun von neuem. Um seine Kunden und potentiellen Investoren zu beeindrucken, kaufte er sich einen neuen BMW. Die Abzahlungen für ihr Fünf-Zimmer-Haus hatten eine astronomische Höhe. Jeden Abend sprudelte Bernd Streß, Frustration, Niedergeschlagenheit und Ärger von sich. Melanie hatte mehrere Putzstellen, wobei Bernd jedoch darauf bestand, daß ihre Kunden niemals ihrem Bekanntenkreis entstammen dürften. Ihr Glaube und ihre Gewohnheit bewog sie beide, am Sonntag in die Kirche zu gehen.

In Wirklichkeit hatte Melanie niemals die Probleme ihrer Kindheit bewältigt. Vorübergehende Gefühle der Erleichterung, die sie durch Unterdrückung ihrer Abneigung aufrechterhielt, führten nur dazu, daß ihre Konflikte unter der Oberfläche weiterschwelten.

Das seelische Profil einer sich unterordnenden, aber feindselig gestimmten Frau

Sie betrachtet sich selbst als Mensch von geringem Wert

Eine negative Sicht der eigenen Persönlichkeit kann einen Menschen in einen lebenslangen Kreuzzug treiben, um zu beweisen, daß er von unsagbarem Wert ist.

Dr. Susan Forward erklärt das so:

> Bei der Suche nach einem gemeinsamen Nenner unter den Frauen, mit denen ich arbeitete und die alle Ehepartnerinnen von Weiberfeinden waren, entdeckte ich, daß *sie alle von Kindheit auf eine zutiefst negative Sicht von sich selbst mit sich herumtrugen.* Dieses geschädigte Bild von der eigenen Person trug mehr als alle anderen Faktoren dazu bei, daß diese Frauen Mißhandlungen durch ihre Partner in Kauf nahmen.

Kinder beginnen schon früh, Handlungen oder fehlende Handlungen ihrer Eltern unter einem besonderen Blickwinkel zu interpretieren: „Was meine Eltern sagen oder tun, muß sich irgendwie um mich drehen und um ihre Gefühle für mich.“ Die Lebensansicht eines Kindes bewegt sich um seine Empfindungen. Kinder haben noch nicht genügend Praxis, wenn sie Kränkungen anderer mitansehen, um zu verstehen, daß Menschen oft in ihren eigenen Problemen gefangen sind, Problemen, die in keiner Weise durch das Kind hervorgerufen werden.

Wenn ein Kind nicht genügend Aufmerksamkeit und Zuwendung erfährt, nimmt es aus gutem Grund an: „Irgend etwas muß mit mir nicht in Ordnung sein."

Im Herzen ist sie eine Perfektionistin

Während des von Arbeit überquellenden Tages – Kinder anziehen, Essen zubereiten, Hausarbeit für sich und andere erledigen – vernahm Melanie im Hintergrund das Tonband ihrer Kindheit: „Du bist nicht gut genug. Nie machst du etwas richtig. Dein Bett sieht schlampig aus. Du könntest es wirklich besser." Immer noch sah sie sich als das kleine achtjährige Mädchen, das von der Schule nach Hause hetzte und wußte: sobald sie die Tür aufmachte, würde ein verbales Sperrfeuer mit all ihren Fehlern auf sie niedergehen, und ihre Mutter würde ihr eine Liste mit Aufgaben in die Hand drücken, die sie niemals erfolgreich erledigen konnte.

Bei jeder Arbeit, die sie unternahm, entging nicht die kleinste Einzelheit ihrer Aufmerksamkeit. Natürlich war sie diejenige, die man anrief, wenn in der Kirchengemeinde etwas zu tun war. Sie war immer die Hauptkandidatin, weil sie nie gelernt hatte, zu anderen „Nein" zu sagen. Selbst wenn ihr für eine tadellos erledigte Arbeit Beifall gespendet wurde, vermochte sie den Erfolg kaum zu ertragen. Rasch wies sie dann auf verschiedene Wege hin, wie sie es beim nächstenmal besser machen könnte.

Sie ist ihrer Gewohnheit nach arbeitssüchtig

Melanies Arbeitspensum diente ihr als eine Art seelisches Betäubungsmittel. Nur selten kam ihr der Gedanke, etwas zu tun, was ihr Spaß machte. Als ich die Dinge, die sie sich vorgenommen hatte, in Frage stellte, reagierte sie abweisend. „Sie verstehen das nicht", sagte sie. „Ich muß ständig beschäftigt sein. Das gefällt mir. Wenn ich anderer Leute Böden schrubbe, muß ich nicht an meine eigenen Probleme denken. Je härter ich arbeite, desto besser fühle ich mich." Ihre Tätigkeit schien das Gefühl der Leere auszufüllen.

Die Frau, die in das Profil einer übermäßig unterwürfigen, arbeitssüchtigen Person paßt, trägt genau den gleichen Sack unzureichenden Selbstwertgefühls mit sich herum wie ihr männliches Gegenstück. (Vergleiche Kapitel 6). Sie mißt der Arbeit, die sie leistet, wenig oder gar keinen Wert bei. Warum also nicht durch Menge ausgleichen, was an Wert fehlt? Bei einer Lebenseinstellung, die völlig verdreht ist und nur wenig Verheißung einer Veränderung bietet, stellt sich die ungeheure Aufgabe, die Frau soweit zu bringen, daß sie ihr Potential in Christus erkennt.

Sie ist eine Mutter mit beschützenden, ja erdrückenden Tendenzen

Ihre wenigen Versuche, auf eine Auseinandersetzung einzugehen, unternimmt sie als Mutter. Weil sie sich vielleicht als kleines Mädchen unbeschützt fühlte und sich seelisch noch immer als machtloses Kind empfindet, neigt sie dazu, die eigenen Kinder allzu sehr zu behüten. Selbst wenn sie weiß, daß ihr Kind unrecht hat, ist es längst zur lebenslangen Existenzgewohnheit geworden, die Schuld auf sich selbst zu nehmen. Das nährt nicht nur ihr Märtyrertum, sondern gestattet ihr auch einen kleinen, geheimen Sieg über ihren Mann.

Bernd beispielsweise sah nur einen Haufen Spielzeug im Flur und begann die Kinder anzuschreien. Melanie unterbrach ihn mit Behagen und sagte etwas, von dem sie und die Kinder wußten, daß es nicht stimmte. „Ich habe den Kindern gesagt, sie sollten ihre Sachen liegenlassen, bis sie mit den Schulaufgaben fertig sind." Ihm in Gegenwart der Kinder den Wind aus den Segeln zu nehmen, bereitete ihr eine tiefe Befriedigung.

Ein zusätzliches Dilemma ergab sich, als die Kinder zu frech wurden und Melanie nicht mehr mit ihnen fertig wurde. Sie wußten, daß Mama sie decken würde. Sie hatten ihr Leben lang unter der Autorität eines Menschen gelebt, der der Wirklichkeit nicht entgegentreten wollte.

Es war ihre Strategie, sich selbst die Schuld zuzuweisen

Melanie lebte unter einem selbst auferlegten Schuldspruch. Den ganzen Tag hindurch unterzog sie ihre Beweggründe, Gedanken und Handlungen einem Kreuzverhör auf der Jagd nach Fehlern. Dieser unablässige Monolog hat einen machtvollen Effekt. Das „innere Tonband", das Melanie ihr Leben lang begleitete, lautete folgendermaßen:

- Ich tauge einfach zu nichts. Gott straft mich wohl für etwas, wo ich Unrecht getan habe, aber ich muß erst herausfinden, was das ist.
- Wenn ich einfach die Schuld auf mich nehme, dann erspare ich mir eine weitere von diesen schrecklichen Auseinandersetzungen mit Bernd.
- Was habe ich nur getan, daß meine eigene Mutter mich nicht mochte?
- Was habe ich nur getan, daß er mich so behandelt?
- Ich weiß, ich bin viel zu empfindlich. Wenn ich diese Gedanken unter Kontrolle halten könnte, dann wäre ich nicht so deprimiert.

Wenn Melanie über die ihr zugefügten Kränkungen sprach und gelegentlich weinte, entschuldigte sie sich sogar dafür. „Tut mir leid, daß ich weine", pflegte sie zu sagen. „Ich weiß, Sie wollen das nicht sehen." Sie fühlte sich nicht nur verantwortlich für ein Leben der Qual, sondern gestattete sich nicht einmal natürliche Empfindungen. Für Melanie waren ihre Schmerzen nichts anderes als Unannehmlichkeiten für andere.

Wunschdenken wird für sie zum Weg des geringsten Widerstands

Die einzigen Unterbrechungen ihres Verhaltensschemas, die sich Melanie leistete, waren geistiger Art und nicht in der Realität verwurzelt. Da sie ihre Lebensumstände als unmöglich ansah, lag auf der Hand, daß auch ihre Problemlösungen unmöglich waren. Ihre Märchenfee war in die Uniform eines Streifenpolizisten geschlüpft, der ihr mit Bedauern die Nachricht von Bernds Tod überbrachte. Sie wußte, daß dieses Ereignis höchst unwahrscheinlich war, doch die Distanz, die sie gegenüber jeder realen Lösung empfand, schien sie zu trösten.

Für Bernd, der mit der Einstellung aufgewachsen war, eine Frau müsse beherrscht werden, war Melanie geradezu „ideal". Für Melanie jedoch war sein Traum nur die Fortsetzung ihres persönlichen Alptraums. Und sie glaubte in der Tat auch noch, daß sie eine solche Behandlung verdiente.

Die Melanies in unserer Gesellschaft handeln nach einem Drehbuch, das sie selbst verfaßt haben. Die Handlungen, die eine Veränderung ihrer Ehe herbeiführen würden, sind genau das, wozu sie sich unfähig fühlen, obwohl sie im Inneren stark sind.

Das Rad des Unglücks

Melanie war eine Spielerin. Wenn etwas in ihrem Leben wirklich schief ging, dann machte sie einen Punkt. Wenn sie zur Beratung kam, wurde oft ein Spiel daraus. Es war einfach, sie zum Sprechen zu bringen, weil sie den verzweifelten Wunsch hatte, mich davon zu überzeugen, daß eine Veränderung unmöglich war. Während sie flott sprach, erledigte sie das, was ihr für daheim aufgetragen war, nachlässig. Zeitweise versuchte sie sogar, die Gewinne, die wir erreicht hatten, zu sabotieren. Warum? Wenn sie beweisen konnte, daß nichts funktionierte, daß es keine Aussicht auf Hoffnung gab, dann konnte sie bequem einer Konfrontation mit ihren Problemen aus dem Wege gehen. Veränderung ist immer schmerzvoll, und das Unbekannte ist ein erschreckender Ort. Die Wiedererlangung der Selbstachtung und die Fähigkeit, verantwortungslosen Menschen entgegenzutreten, stellen ein unbekanntes Territorium dar.

Bei unseren Sitzungen spielte Melanie immer von neuem vier Platten ab:

- Mein Problem ist zu groß.
- Ich bin zu schwach.
- Niemand kann mir helfen.
- Was geschieht, wenn es nicht funktioniert?

Der Blick ist in allen vier Fällen nach innen gerichtet. In keinem stehen Gott, sein Wort und seine Kraft im Mittelpunkt. Für Melanie ist das christliche Leben für den Himmel gedacht und nicht für die Erde. Zum Glück hat Gott andere Pläne für den Gläubigen.

Du mußt wissen, daß du geliebt wirst

In 1. Johannes 4,7-8 wird uns gesagt: „Ihr Lieben, laßt uns einander liebhaben; denn die Liebe ist von Gott, und wer liebt, der ist aus Gott geboren und kennt Gott. Wer nicht liebt, der kennt Gott nicht; denn Gott ist Liebe."

Selbst bei uns Gläubigen kommt es vor, daß wir mit zwei verschiedenen Vorstellungen leben. Die eine besagt, daß wir zu einem Gott gehören, der uns liebt; die andere geht davon aus, daß unsere Lebensumstände so eingerichtet sind, daß sie uns verletzen und zerreiben. Wir haben in aller Stille die geistliche Seite unseres Lebens von den häuslichen, physischen und seelischen Bereichen getrennt, daß wir uns kaum noch fragen, wie wir die Diskrepanz zwischen beiden Seiten rechtfertigen wollen.

J.I. Packer hebt in einem seiner Bücher die Pläne Gottes für uns hervor:

> Es liegt eine ungeheure Erleichterung in dem Wissen, daß seine Liebe zu mir aufs äußerste realistisch ist und sich in jedem Punkt darauf stützt, daß er vorher das Schlimmste von mir weiß. Deshalb kann ihn keine Entdeckung über mich desillusionieren, während ich so oft über mich selbst desillusioniert bin, und nichts kann seinen Entschluß, mich zu segnen, ersticken. Der Gedanke, daß er all die verzerrten Dinge in mir sieht, die meine Mitmenschen nicht wahrnehmen, ... und daß er mehr Verderbnis in mir sieht als ich selbst, ist sicherlich ein gewichtiger Anlaß zur Demut. Er will mich zum Freund haben und wünscht, daß ich sein Freund bin, und er hat seinen Sohn in den Tod dahingegeben, um dieses Ziel zu erreichen.

Gründen Sie sich in Gott, um sich selbst anzunehmen

Eine beispielhafte Lektion über die Selbstannahme finden wir im Hebräerbrief:

> Kein Geschöpf ist vor ihm verborgen, sondern es liegt alles nackt und aufgedeckt vor den Augen Gottes, dem wir Rechenschaft geben müssen. (Heb.4, 13)

An den Rand meiner Bibel habe ich neben diesen Vers geschrieben: „Das Spiel ist aus!“ Wir können Gott nicht zum Narren halten. In seinen Augen können wir nichts mehr und nichts weniger sein, als wir tatsächlich sind. Gott nimmt uns unsere Anstrengungen, uns zu verstecken, nicht ab, und er glaubt auch nicht unseren falschen Reden und den großartigen Versuchen, Selbstvertrauen zu gewinnen. Der Vers drückt es sehr klar und offen aus, daß wir vor Gottes Augen „nackt und aufgedeckt“ sind.

Wenn Ihnen bekannt wäre, daß einige Leute in der Stadt alles über Sie wissen, daß sie Ihre verborgensten Gedanken und die Motive Ihres geheimen Ichs kennen, dann würden Sie höchstwahrscheinlich alles tun, um ihnen aus dem Weg zu gehen. Der Gedanke, mit ihnen in einer Gruppe zusammen zu sein, wo sich das Wissen, das sie mit sich herumtragen, schnell verbreiten könnte, wäre unerträglich. Die Angst vor der Bloßstellung würde Sie vertreiben. Doch Gottes Antwort auf uns ist genau das Gegenteil.

Gott will unsere Gemeinschaft trotz allem, was er über uns weiß

> Darum laßt uns mit Zuversicht vor den Thron der Gnade treten, damit wir Barmherzigkeit empfangen und Gnade finden, wenn wir Hilfe nötig haben. (Heb.4, 16)

Viele Frauen bringen, wie Abigail und Melanie, ihr ganzes Leben damit zu, Konflikten aus dem Weg zu gehen. Sie fürchten, eine Auseinandersetzung könnte nur die Schwäche an den Tag bringen, mit der sie der eigenen Überzeugung nach behaftet sind. Sie haben fälschlicherweise gelernt, daß Schwäche Verletzlichkeit bedeutet, und daß Verletzlichkeit Schmerzen mit sich bringt. In ihren frühen Jahren hätten sie eine beschützende Liebe gebraucht, die sie durch die Stöße und Knüffe hindurchsteuerte und sie aufhob, wenn sie fielen – eine Liebe wie die unseres himmlischen Vaters. Der Schreiber des Hebräerbriefes versichert uns, daß wir gerade diese „unverdiente Gnade" haben dürfen. Diese Art der Liebe setzt „Mut" an die Stelle von Furcht und Schmerz.

Es ist kein Zufall, daß wir mitten zwischen den Versen 13 und 16 im 4. Kapitel des Hebräerbriefes lesen:

> Weil wir denn einen großen Hohenpriester haben, der die Himmel durchschritten hat, Jesus, den Sohn Gottes, so laßt uns am Bekenntnis festhalten. Denn wir haben ja nicht einen Hohenpriester, der mit unsern Schwächen kein Mitleid haben könnte, sondern der wie wir in allem versucht worden ist, doch ohne Sünde. (V.14-15)

Wir müssen unsere Überzeugung, angenommen zu sein, einzig und allein auf Person und Werk Christi stützen. Werk und Stellung Christi erlauben uns, daß wir uns Gott voller Vertrauen nähern. Wir schöpfen auch aus der Tatsache Zuversicht, daß unser Gott nicht nur kühl versteht, was wir durchmachen, sondern „mitleidet".

Im Jahre 1971 stand ich mutterseelenallein auf dem Rasen eines riesigen Krankenhauskomplexes. Ich war gerade vom Sterbebett meiner ersten Frau gekommen. Nach ihrem Tode baten mich die Ärzte, einige Papiere zu unterschreiben. Man übergab mir ihren Ehering. Als ich da auf dem Rasen stand mit dem Ehering in der Hand, kam ich mir vor, als sei ich über den Rand der Welt hinausgestoßen worden.

Meine Kehle fühlte sich an, als hätte ich eine Rasierklinge verschluckt. Meine Seele war taub. Doch da legte mir Gott diesen Gedanken in den Sinn: „Denn wir haben ja keinen Hohenpriester, der mit unsern Schwächen kein Mitleid haben könnte..." Mein Gott fühlte mit mir, was ich empfand, und er weinte mit mir. Unser Vertrauen in jeder Situation kommt von Christus und unserer Beziehung zu ihm.

Sind Ihre eigenen Normen höher als die Normen Gottes?

Wenn es wahr ist, daß Gott alles sieht (und es ist wahr), wenn es wahr ist, daß Gott uns durch das Wirken Christi vollständig annimmt (und er tut das), wer sind wir dann, daß wir uns selbst nicht annehmen? Meist führen wir unser Leben so, als spiele es überhaupt keine Rolle, daß wir von Gott angenommen sind. Das einzige, was für uns zählt, ist das, was wir im Spiegel sehen oder in den Augen unserer Freunde zu sehen glauben. Gottes Wort zielt nicht nur auf eine Veränderung unserer Theologie, sondern auch unseres Denkens und unseres Lebens.

Kultivierung von täglichen Gewohnheiten

Die Behandlung von Problemen, die sich während eines ganzen Lebens entwickelt haben, erfordert eine Lösung, die unseren gesamten Lebensstil umkrempelt. Der Wachstumszyklus schließt Einsicht, Gehorsam und Verantwortlichkeit ein. Er könnte etwa folgendermaßen aussehen:

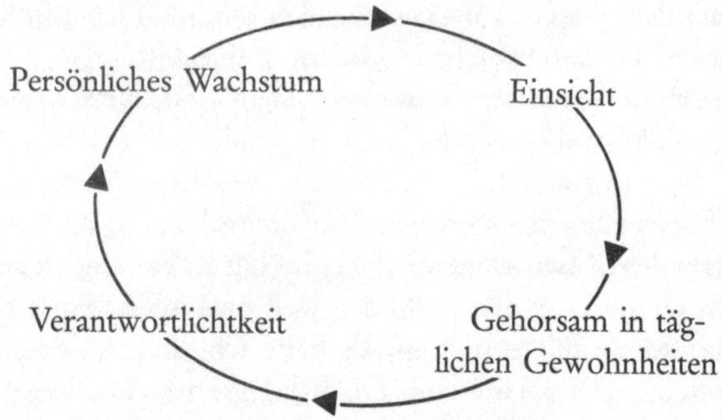

Folgende Schritte gehören dazu:

Kultivierung der Wahrheit im täglichen Leben

Melanie hatte kaum je der Wahrheit gemäß gelebt. Was sie von sich selbst glaubte, war eine Serie von Lügen. Doch als sie anfing, täglich in der Heiligen Schrift zu lesen, wurde die objektive Wahrheit der Bibel in zunehmendem Maße ein Standard für das, was wahr ist. Neue Einsichten erschlossen sich ihr auf den Seiten der Bibel.

Eines Tages stürmte sie in mein Büro. Sie deutete auf Jer.31, 3 und las: „Ich habe dich je und je geliebt, darum habe ich dich zu mir gezogen aus lauter Güte."

„Können Sie sich das vorstellen!" rief sie. „Gott hat mich immer geliebt, auch als ich glaubte, daß keiner mich liebhat. Ist das nicht wundervoll?"

In der Tat war das wundervoll, umso mehr, als es ihre eigene Entdeckung war.

Lernen Sie, zu anderen „Nein" zu sagen

Wenn wir zu Gott „Ja" sagen, bedeutet das gelegentlich auch, zu anderen „Nein" zu sagen. Die Abigails und Melanies haben es schwer mit diesem Nein. Die Zustimmung anderer zu erhalten, war für sie immer frustrierend und lag ein wenig außerhalb ihrer Reichweite. Die Gewohnheit, das Nein hinunterzuwürgen und ein Ja zu murmeln, ist ihnen zur zweiten Natur geworden. Wenn ich Melanie sah, fragte ich sie gewöhnlich: „Zu wem haben Sie heute nein gesagt?" (Was es wert ist, getan zu werden, ist es auch wert, täglich getan zu werden). Je öfter wir über das sprachen, worum sie gebeten worden war, was sie darüber wirklich empfand und wie sie sich selbst bei der Erfüllung der Aufgabe sah, desto größer wurde ihre Entschlossenheit. Mehr und mehr riskierte sie es, sich zu „wehren", und lernte dafür, sich auf Gottes Zuwendung zu verlassen.

Lernen Sie, zu sich selbst „Nein" zu sagen

Die allzu unterwürfige Frau ist selbst auf der Flucht vor der Wirklichkeit. Wenn wir sie und das Leben, das sie führt, beobachteten, kämen wir zu dem Schluß, daß sie ständig zu sich selber „Nein" sagt. Doch das Gegenteil ist der Fall. Sie macht Dinge für andere, um ihre Zuwendung zu bekommen und die Leere in ihrem eigenen Leben auszufüllen. Sie braucht diese Art der Zuwendung weit mehr, als andere sie brauchen.

Für die allzu unterwürfige Frau besteht die große Gefahr von Freßsucht, Alkoholismus oder Arbeitssucht. Essen, Trinken und ständige Aktivität dienen alle dazu, die Pein von Zurückweisung und Kränkung abzutöten. Wie bei vielen von Zwängen beherrschten Menschen fiel auch bei Melanie das, was sie sich am meisten im Leben wünschte, dem zum Opfer, was sie gerade im Augenblick wollte. In ihrem Falle war das, was sie sich im Augenblick wünschte, Schokolade. Sie hatte zwar keine besonderen Figurprobleme, doch ihr lebenslanges Problem war, nein zu ihren Gefühlen zu sagen. Daher fingen wir an, ihre täglichen Erfolge im Nein-Sagen zu etwas, was sie zu wünschen „glaubte", zu zählen.

Melanies Lebensstil veränderte sich derart, daß alle, die sie kannten, überrascht waren. Nicht jedem gefiel das. Sie konnte nun Bernd direkt in die Augen schauen, wenn er seine Stimme erhob. Sie begann, von den Kindern die Übernahme von Pflichten zu verlangen, und die Leute in der Gemeinde, die dachten, sie könnten sie jederzeit zu irgendeiner Arbeit heranziehen, mußten sich nun gelegentlich anderswo umsehen. Das Wichtigste jedoch war, daß Melanie mit sich selbst viel mehr im Einklang lebte.

Ich wußte, daß wir es geschafft hatten, als sie zu unserer üblichen Dienstagssitzung kam und verkündete: „Gestern hab' ich einen neuen Türvorleger gekauft. Jedesmal, wenn ich darauftrete, werde ich daran erinnert, daß ich mir's nicht gefallen lassen muß, wenn man auf mich tritt. Ich kann mich dafür entscheiden, Menschen zu dienen, weil Gott das von mir wünscht, aber nicht, weil ich es tun muß."

Wenn der Bauer im Himalaya dem stolzen Bären begegnet,
erschreckt er das Ungeheuer mit Schreien.
Doch das Weibchen, dem er sich nähert,
greift ihn mit Klauen und Nägeln an.
Denn das Weibchen dieser Art ist gefährlicher als das Männchen.

Kipling

10. Die Frau auf dem Kriegspfad

Vor einigen Jahren stieß ein junger Vertreter in Kalifornien morgens beim Durchstöbern der Zeitung auf folgende Kleinanzeige: VERKAUF: NEUER PORSCHE, $ 50....

Er rief sofort an, und wenig später schon war er mit seinem klapprigen Ford auf dem Weg in eine der besseren Wohngegenden. Eine elegant gekleidete Frau begrüßte ihn und öffnete das Garagentor, das den Blick auf einen glänzenden tornadoroten Porsche freigab. Der Kilometerstand betrug 6758 Meilen.

„Kann ich mal eine kurze Probefahrt machen?" fragte er. Die Frau nickte lächelnd.

Der Wagen war ein Traum. Der junge Mann überlegte krampfhaft, ob die Preisangabe in der Anzeige wohl ein Druckfehler war. Als er zurückkam, empfing ihn die noch immer lächelnde Frau. „Er sieht phantastisch aus. Aber ist das richtig in der Zeitung? Sie wollen nur fünfzig Dollar dafür haben?"

Die Dame sagte: „Das ist richtig. Eben hatte ich einen weiteren Anruf, während Sie zu Ihrer Probefahrt unterwegs waren."

Rasch schrieb er einen Scheck aus, und sie ging inzwischen ins Haus, um Fahrzeugbrief und Fahrzeugschein zu holen.

Als sie zurückkam, rückte der Vertreter mit der Frage heraus, die ihm auf der Zunge brannte. „Verzeihen Sie, aber warum verkaufen Sie diesen herrlichen Wagen für fünfzig Dollar?"

Ihr Lächeln vertiefte sich. „Das ist der Wagen meines Mannes. Vor zwei Wochen ist er mit seiner Sekretärin aus der Stadt verschwunden. Gestern bekam ich einen Brief von ihm, in dem er mir mitteilt, daß er die Scheidung einreiche. Er schrieb mir, ich könne das Haus behalten, solle aber den Wagen verkaufen und ihm das Geld schicken. Und genau das tue ich!"

Das Weibchen ist in der Tat gefährlicher als das Männchen...

Michal: Die zurückgestoßene und zornige Frau

Wie kann sich eine Ehe, die scheinbar im Himmel geschlossen wurde, in eine Hölle auf Erden verwandeln? Diese Frage haben sich Ehepaare in allen Jahrhunderten gestellt.

Zu ihnen gehörten auch David und Michal. Sie hatten eine Bilderbuch-Romanze hinter sich: die wunderschöne Prinzessin, die sich in den hübschen Kriegshelden verliebt. Selbst dem eifersüchtigen König blieb die Liebe seiner Tochter zu dem jungen Kämpfer nicht verborgen. Er segnete ihren Bund. Hätte es damals schon Zeitungen mit Gesellschaftsspalten gegeben, sie hätten sich sicher überschlagen mit den Schilderungen von Davids und Michals Hochzeit. Es war eine Liebesgeschichte, die alle anderen übertraf. Bei der Lektüre der biblischen Erzählung über ihre Heirat brauchen wir jedoch nur wenige Seiten weiterzublättern, um zu sehen, wie schnell die Flitterwochen vorüber waren.

Im 2. Buch Samuel lesen wir in Kapitel 6 von Davids Feier anläßlich der Rückkehr der Bundeslade nach Jerusalem. Er legt seine königlichen Gewänder ab und tänzelt mit den anderen inmitten des Festzuges. Ob Michal nun über seinen Mangel an Würde in Verlegenheit geriet oder ihre Reaktion einfach daraus resultierte, daß er ihr gegenüber seit langem keine Begeisterung mehr gezeigt hatte – sie ließ jedenfalls dem schwelenden Zorn einer Frau freien Lauf, die mit ihrem Mann auf Kriegsfuß steht:

> ... da guckte Michal, die Tochter Sauls, durchs Fenster und sah den König David springen und tanzen vor dem Herrn *und verachtete ihn in ihrem Herzen.* (2.Sam.6, 16)

Der darauf folgende Dialog ist recht aufschlußreich:

Michal: „Wie herrlich ist heute der König von Israel gewesen!" (V.20). (Übersetzung: „Mann, du hast dich heute wirklich zum Narren gemacht!")

Michal: „...als er sich vor den Mägden seiner Männer entblößt hat, wie sich die losen Leute entblößen!" (V.20). (Übersetzung: „Du hast mich wirklich in Verlegenheit gebracht, wie du da mit dem niedrigsten Gesindel herumgezogen bist. Du hast dich aufgeführt, als wenn du in eine Irrenanstalt gehörst!")

David: „Ich will vor dem Herrn tanzen, der mich erwählt hat vor deinem Vater und seinem ganzen Haus, um mich zum Fürsten zu bestellen über das Volk des Herrn, über Israel" (V.21). (Übersetzung: „Ich schere mich nicht drum, was du denkst, wenn ich theologisch im Recht bin. Außerdem hat Gott mich über deine ganze Familie gesetzt; damit ist die Sache erledigt.")

David: „Ich will noch geringer werden als jetzt und will niedrig sein in meinen Augen..." (V.22). (Übersetzung: „Dir werden noch die Augen aufgehen...")

David: „...aber bei den Mägden, von denen du geredet hast, will ich zu Ehren kommen" (V.22). (Übersetzung: „Ich habe vor, auf deine Mägde noch viel mehr Eindruck zu machen. David mag aber, als er seiner Frau diese Schmähung ins Gesicht schleuderte, eine tiefere Absicht im Sinn gehabt haben.")

Vers 23 enthält die für Michal frostigste Aussage: „Aber Michal, Sauls Tochter, hatte kein Kind bis an den Tag ihres Todes." In der Kultur ihrer Tage wurde Kinderlosigkeit als Fluch betrachtet. Dies kann aber auch eine kummervolle Anklage gegen ihre Ehe gewesen sein, die auf eine kalte oder gar nicht existierende körperliche Beziehung hinweist. Aller Wahrscheinlichkeit nach wird David sich von ihr ferngehalten haben.

Was hat diese Ehe, die mit soviel Verheißung begann, derart vergiftet? Einige Antworten gelten genauso für heutige Frauen wie für Michal. Jede Frau, deren Mann mit seiner eigenen Welt beschäftigt ist – einer Welt, zu der sie nicht gehört –, gerät schnell in Groll vor dem bohrenden Gefühl, betrogen worden zu sein. Die Leidenschaft ihres Mannes, die sich in andere Richtungen erstreckt, dient ihr als ständige Mahnung, daß er wenig Appetit auf sie verspürt.

Eine Ehefrau, die von den Gedanken ihres Mannes ausgeschlossen ist, erzwingt sich unweigerlich ihren Weg in seine Gedanken – oft genug auf dem einzigen Weg, den sie zur Erringung seiner Aufmerksamkeit vor sich sieht: Indem sie ihm den Krieg erklärt!

Wodurch wird der Zorn ausgelöst?

Bei vielen Frauen lauert der Zorn unter der Oberfläche. Man läßt ihn schwelen, und wenn er einmal zutage tritt, wird er oft als momentane Entgleisung abgetan. „Schließlich", so überlegt sich manche Frau, „verschwindet der Zorn, wenn die Quelle des Zorns verschwunden ist." Doch das ist ein Irrtum.

Der Zorn explodiert durch verborgene Minenfelder, die vor langer Zeit gelegt wurden und in Vergessenheit geraten sind. Wer hat das Minenfeld gelegt? Im allgemeinen einer oder mehrere der Menschen, die in den Jahren der Kindheit wichtig waren.

In jedem Leben gibt es drei Elemente von fundamentaler Bedeutung, die unserem Inneren Form und Gestalt gegeben haben. Gott hat uns mit einem Vater, einer Mutter und unserem eigenen inneren Spiegelbild ausgestattet. Das Urteil dieser drei hat uns geholfen, schon früh zu bestimmen, wer wir sind. Ihr dreifaches Urteil bleibt für das ganze Leben in uns eingegraben und beeinflußt unsere Reaktion auf jeden, der das verborgene „Minenfeld" betritt.

Wenn man Ihnen zum Beispiel schon von klein auf gesagt hat, Sie seien häßlich, dann können Komplimente über Ihr gutes Aussehen die tiefsitzende Kränkung nicht tilgen, die zurückblieb. Wir konzentrieren uns auf das Negative, weil wir es tief im Inneren glauben.

Geister und Schatten

Das Bild, das wir uns von uns selbst machen, wird oftmals von zwei geistigen Bildern verdunkelt. Eines entstammt keineswegs der Bibel, sondern hat seinen Ursprung in Filmen, Schönheitsidolen, Fernsehen, Barbie-Puppen und Muskelmännern, nicht zu reden von den ungerechten Vergleichen mit anderen. Wir tragen dieses Behelfsideal dessen, was wir sein möchten, mit uns herum, und wenn einer diese innere Vision mit einer Dosis Realität vermischt, dann kann es leicht geschehen, daß wir „explodieren".

Das zweite Bild ist jener Geist, der uns zuflüstert: „Du wirst dein Ideal nie und nimmer erreichen." Das Problem liegt darin, daß auch dieser Geist für gewöhnlich nur ein Geschöpf unserer Einbildung ist, das aus verdrehten Vorstellungen über das, was es heißt, als Mensch wertvoll zu sein, entspringt. Wir sind uns selbst gegenüber viel kritischer, als die Realität es erfordert, aber wir glauben diesen „Geistern" und ringen darum, ihren widerstrebenden Forderungen gerecht zu werden.

Wir wenden eine Menge Energie auf, um zu beweisen, daß das unserer Einbildung entsprungene Schatten-Ich echt ist. Wir können uns mit aller Energie bemühen, erfolgreich zu sein – im Sport, auf geistigem Gebiet oder im Flirt mit dem anderen Geschlecht. Doch irgend etwas kommt immer daher, um dieses Schatten-Ich aufzuspießen.

Auch für mich trat eines Tages dieser Fall ein. In meinem letzten Jahr am Seminar entwickelte ich ein fast übermenschliches Arbeitstempo. Ich hatte die Gewohnheit, die Dinge „irgendwo" hinzulegen. Auf diese Weise wurden meine Autoschlüssel zum Auslöser beinahe existentieller Krisen.

Ich stürmte ins Zimmer und rief: „Wo sind meine Schlüssel? Hat jemand meine Schlüssel gesehen?" Und dann setzte ich dem die Krone auf: *„Wer hat meine Schlüssel weggenommen?"* Der einfache Vorgang, etwas verlegt zu haben, machte aus einem verantwortungsbewußten, liebevollen Ehemann und Vater (der für das geistliche Amt studierte!) ein feuerspeiendes Ungeheuer. Die Kinder verkrochen sich, und Joyce blickte einfach auf die Szene, die ich veranstaltete, wobei sie hilfreiche Vorschläge anbot, wo ich in Zukunft die Schlüssel aufbewahren sollte. Vernünftige Vorschläge waren allerdings das letzte, was ich in einer solchen Situation brauchen konnte.

Zuguterletzt fand ich meine Schlüssel und fuhr los. Doch dann mußte ich mit dem Gedanken an das leben, was ich angerichtet hatte. „Warum", so betete ich, „habe ich mich wie ein Vollidiot benommen? *Wie kann man nur so blöd sein! Du nennst dich einen schlauen Menschen, und dann sowas? Was bist du doch für ein Idiot!"*

Mein Schatten war das Image eines Mannes, der jederzeit „die Fäden in der Hand hatte". Ich durfte nie zu spät dran sein – und niemals konnte ich zugeben, daß ich meine Autoschlüssel verlegt hatte. Wie sollte ich diesem schwer faßbaren Traumbild gerecht werden, wenn ich eine Viertelstunde zu spät zu einer Sitzung kam, die ich selbst einberufen hatte! Ein simpler Schlüsselbund zeigte mir die falschen Vorstellungen über mich selbst und meine Forderung nach totaler Kompetenz. Sooft ich herumging und nach meinen Schlüsseln suchte, war allein dieser Vorgang Beweis für meine Unfähigkeit zu denken. Bedauerlicherweise traf es auch die Unschuldigen, wenn ich daheim explodierte.

Für mich ist Zorn ein Zeichen, daß das Schatten-Ich quicklebendig ist – auch wenn die richtige Person sich nicht wohlfühlt. Zorn führt zu Magengeschwüren, hohem Blutdruck und frühem Tod. Unsere Welt ist voll von zornigen Menschen, die nirgendwo Hilfe finden. Wenn ich jemand beobachte, der die Beherrschung verliert, dann frage ich mich oft: „Auf welchen Schatten hört der wohl?“

Vor einigen Jahren nahm ich an einem Sonntagnachmittag den Telefonhörer ab und hörte eine mir nicht bekannte Stimme fragen: „Ist Jimmy Walker am Apparat?“

„Ja“, erwiderte ich. „Kann ich Ihnen helfen?“

„Nein“, antwortete er. „Ich hab ein Schießeisen auf meinen Kopf gerichtet und werde mir gleich das Hirn ausblasen.“

Damit begann einer der denkwürdigsten Sonntage meines Lebens. Während der gequälte Mann und ich miteiander sprachen, entrollte sich die Geschichte einer lebenslangen Wut. Nach außen hin war er erfolgreich: Präsident einer Gesellschaft, ausgezeichnet mit Magister- und einem Doktortitel. Doch seine Ehe war am Ende, und der Zorn, der in ihm tobte, war dabei, auch sein eigenes Leben zu beenden.

Als ich mit ihm über sein Leben und den Wert dieses Lebens sprach, fragte ich: „Sagen Sie mir, wie kamen Sie zu dem Beschluß, Physik zu studieren?“

Er erwiderte: „Als ich in die Schule kam, wollte ich wissen, welcher Doktortitel am schwersten zu schaffen ist. Man sagte mir, das sei in Physik. Damit stand mein Entschluß fest.“

Ich erfuhr, daß seine Mutter oft zu ihm gesagt hatte: „Du bist so dumm. Du wirst's im Leben nie zu etwas bringen.“ Seine Reaktion darauf war, sich ein hochintelligentes, erfolgreiches Ich vorzustellen, das ihn sein ganzes Leben lang verfolgte. Nun trieb ihn das Scheitern seiner Ehe in eine solche Wut, daß er nach einer Schußwaffe griff und sich in den Kopf schießen wollte. Er war wütend auf sich selbst.

Zum Glück wurde das Schießeisen niemals benutzt.

Der Umgang mit der Wut

Die Quelle der Wut liegt in uns selbst; sie ist nicht in äußeren Umständen oder schwierigen Menschen zu suchen. Sie entspringt einer von Grund auf sündhaften Haltung: Wir ziehen es vor, auf Schatten zu lauschen und einen Plan auszudenken, um unsere eigenen Bedürfnisse zu erfüllen. Der erste Schritt zur Behebung der Wut ist, die Wahrheit zu suchen: Was sagt unsere Wut über uns selbst aus? Meistens befassen wir uns nur mit dem Gegenstand unseres Zorns, doch er enthüllt weit mehr über uns selbst.

In Epheser 4, 26 heißt es: „Zürnet ihr, so sündiget nicht; laßt die Sonne nicht über eurem Zorn untergehen." Zorn hat seine Berechtigung, wenn der Grund Ungerechtigkeit gegen andere oder Sünde ist. Bricht der Zorn jedoch aus, um uns selbst zu schützen, dann ist er Sünde. Um diesen Vers in die richtige Perspektive zu bringen, müssen wir uns den vorausgehenden Vers ansehen, der sich mit dem „falschen" Zorns befaßt. In Eph.4, 25 schreibt Paulus: „Darum *legt die Lüge ab und redet die Wahrheit, ein jeder mit seinem Nächsten, weil wir untereinander Glieder sind*" (Hervorhebung vom Verfasser).

Eine Reihe von Faktoren helfen uns dabei, chronischen Zorn zu bekämpfen:

Wir müssen uns der Wahrheit stellen.

Wir müssen die verkehrten Vorstellungen ablegen, die unsere Wut entstehen lassen, die Schatten, die uns quälen. Nehmen Sie sich die Zeit, herauszufinden, was Ihre emotionalen Ausbrüche auslöst.

Wir sollten einer Gemeinschaft von Gläubigen Rechenschaft ablegen, die uns bei diesem schwierigen Problem in unserem Leben helfen kann.

„. . .weil wir untereinander Glieder sind." Wir brauchen jemanden, der sich um uns sorgt und uns darauf hinweist, in welchem Maße der Zorn unser Leben im Griff hat, und der uns behutsam daran erinnert, daß wir an eine Lüge glauben. Der Mensch, der diese Rolle am besten auszufüllen vermag, könnte Ihr Ehepartner sein.

Selbstdisziplin in diesem Bereich sollte regelmäßig und systematisch erfolgen.

„Laßt die Sonne nicht über eurem Zorn untergehen." Welch ein wunderbarer Rat! Wenn Wut zur Gewohnheit wird, schließt das Denkmuster und Handlungsweisen mit ein, die über Jahre hinweg methodisch praktiziert wurden. Mit ein oder zwei Beratungsstunden lassen sie sich nicht ausradieren. Sie müssen durch neue, auf die Schrift gegründete Denkweisen ersetzt werden. Die Gewohnheit einer täglichen Bibellese ist ein guter Ausgangspunkt.

Lernen Sie es, darauf zu vertrauen, daß Gott Sie genauso geschaffen hat, wie Sie sind. Das Schatten-Ich, das Sie sein möchten, dient Gottes Zielen nicht so wie Ihr wirkliches Ich. Finden Sie heraus, was Ihr wirkliches Ich ist.

Pflegen Sie eine dankbare Einstellung zu dem, wie Gott Sie geschaffen hat. In Psalm 139, 14 heißt es: „Ich danke dir dafür, daß ich wunderbar gemacht bin; *wunderbar* sind deine Werke; das erkennt meine Seele." Das ist das Ziel: Ihre eigene Seele davon zu überzeugen, daß Gottes Werke – und dazu gehören auch Sie – wunderbar sind.

Was brachte Michal dazu, eine zornige Frau auf dem Kriegspfad gegen ihren Mann zu werden? Welcher Schatten flüsterte ihr die Lügen ein, die sie in die Wut trieben? Verschiedene Faktoren spielen hier mit; wir finden sie immer wieder bei unzähligen Frauen vor, die ihr Leben voller Zorn gegen Männer verbringen.

Ein dominierender Vater und eine eingeschüchterte Mutter.

Michals Vater, König Saul, war ein düsterer Mann, der sich nur als Schrecken für seine Familie beschreiben läßt. Seine lautstarken Anfälle terrorisierten den ganzen Palast, und seine tiefe Depression war der Anlaß, daß David mit seiner Harfe ursprünglich an den Hof gerufen wurde (siehe 1.Sam.16, 14-23). Seine Wut war von solcher Heftigkeit, daß sich ihm nur wenige nähern konnten, und seine Stimmungsumschwünge waren der Dreh- und Angelpunkt, um den sich der gesamte Haushalt drehte. Sauls Meinungen waren Gesetz, das nicht bestritten oder in Frage gestellt werden konnte. In Familien, in denen der Vater ein Tyrann ist, verbringt ein kleines Mädchen seine Tage in Angst und entwickelt eine Abneigung gegen die Vorstellung, eine Frau zu werden – jemand, der alles nur Mögliche unternehmen sollte, um über einen Mann den Sieg davonzutragen.

Ein verkehrtes Selbstwertgefühl.

Das Werturteil eines Vaters über sein Kind und seine allgemeine Ansicht über die Rolle der Frauen kann von weitreichenden Auswirkungen sein. Wir wissen, daß Saul Michal wenig Wert beimaß. Er betrachtete sie als eine Art bewegliches Eigentum und glaubte, er könne sie dazu benutzen, seine Rechnung mit dem jungen Rivalen David zu begleichen, wenn er ihm gestattete, sie zu heiraten. „Und Saul sagte sich: Ich will sie ihm geben, damit sie ihm zum Fallstrick wird. . ." (1.Sam.18, 21a).

Ich hörte einmal zufällig mit an, wie ein Vater zu seiner Tochter sagte: „Der Mann, der dich einmal bekommt, wird seines Lebens nicht mehr froh." Was als korrigierendes Wort gedacht sein mochte, erfüllt sich nur allzu oft in der Wirklichkeit.

Sie berührt den „wunden Punkt" in ihrem Leben.

Angesichts ihres Elternhauses sieht sie vielleicht alle Männer durch den Filter der Kritik, ein Produkt ihres wilden Zorns gegen ihren Vater. Höchstwahrscheinlich unterzieht sie ihren Mann einer gründlichen Prüfung und studiert jedes Detail, das sie an zu Hause erinnern könnte. Damit aber berührt sie fortwährend den „wunden Punkt", den sie seit Jahren mit sich herumschleppt.

Als Michal auf dem Balkon stand und David zuschaute, wie er vor der Bundeslade hertanzte, war die Verlegenheit wahrscheinlich nur ein Faktor in einem Wirbel von Gefühlen. Gewiß, ihr Vater hatte viele Dinge getan, über die seine Familie sich beschämt fühlte – Akte unmännlichen Zorns und Launenhaftigkeit.

Ich glaube, dieser Aspekt ihrer Kränkung lag in dem Gefühl, im Leben ihres Mannes nur Zuschauerin zu sein. Sie beobachtete, aber sie war machtlos, sein Denken oder seine Handlungen zu beeinflussen. Michal fühlte sich als nutzloses Einrichtungsstück des Palastes, als Außenseiterin in dem Heim, in dem sie aufwuchs, und als Fremde in der einflußreichen Position, für die sie geboren war. Sie war Vorläuferin der unzähligen modernen Frauen, die sich in ihrer eigenen Familie „überflüssig" vorkommen.

Für die Frau, die sich auf den Kriegspfad begeben hat, ist das Gefühl der Vernachlässigung vertraut, und sie hatte wohl nie gedacht, sich noch einmal damit auseinandersetzen zu müssen. Sie sah, wie ihre Mutter davon betroffen war. Sie schwor, ihr würde das niemals passieren. Während der romantischen Zeit ihrer ersten Liebe dachte sie, es sei ihr gelungen, der Qual zu entgehen, die sie stets in den Augen ihrer Mutter gesehen hatte, wenn ihr Vater sie zur Schnecke machte oder nicht zur Kenntnis nahm. Aber wieder hat es sich eingestellt – frisch, roh und diesmal mit ihrem eigenen Namen verbunden. Eine

Zeitbombe wird geschärft, die Jahre hindurch unter der Oberfläche ticken kann.

Wenn dieses Gefühl der Vernachlässigung in die Seele einer Frau eindringt, kann es eine Reihe negativer Reaktionen auslösen. Eine der bedeutsamsten ist Depression.

Vernachlässigung kann Zweifel an sich selbst hervorrufen. Dann kommt es dazu, daß eine Frau sich die falschen Fragen stellt: „Was stimmt mit mir nicht?" „Warum liebt er mich nicht mehr?" „Hab' ich etwas falsch gemacht?" Das Resultat ist die verkehrte Schlußfolgerung: „Ich bin schlecht, deshalb verdiene ich, daß man mich vernachlässigt."

Vor kurzem saß ich mit einem jungen Paar zusammen, Tony und Ann, die sich in einer Gemeinde sehr für andere Menschen engagiert haben. Um ihre Beziehung besser verstehen zu können und wie sie sich auf das Werk auswirkte, das sie für andere Menschen zu unternehmen versuchten, fragte ich Ann: „Wenn Sie in dieser Woche sterben würden, wie würde sich das Wirken und Leben Ihres Mannes dann verändern?"

Schweigen breitete sich im Zimmer aus. Mit Tränen in den Augen sagte sie schließlich: „Ich glaube eigentlich nicht, daß sich *überhaupt* etwas ändern würde."

Tony saß da, rang die Hände und wünschte sich wahrscheinlich, weit weg zu sein. Er brauchte keinen Vortrag darüber, daß Gott Mann und Frau zusammenfügt, um ihre Leistungsfähigkeit zu erhöhen. Was er jedoch nötig hatte, das war eine gelegentliche Pause in seinem halsbrecherischen Tempo, um Ann zuzuhören. Er meinte: „Ich weiß, ich sollte sie öfter wissen lassen, daß ich sie brauche, aber wie soll ich das machen?"

Meine Antwort war einfach: „Indem Sie sie wirklich brauchen."

In 1. Petrus 3, 7 faßt Petrus seine Ermutigung für die Männer in ihren Beziehungen zu ihrer Frau mit folgenden Worten zusammen: „Desgleichen, ihr Männer, lebt rücksichtsvoll mit euren Frauen zusammen und gebt dem weiblichen Geschlecht als dem schwächeren (wörtlich: zarteren) seine Ehre, damit euer gemeinsames Gebet nicht behindert wird." Petrus stellt klar, daß Frauen gleichwertige Partnerinnen an Gottes Gaben und seiner Gnade sind. Dieser Gedanke wird so stark hervorgehoben, daß selbst das Gebetsleben eines Mannes von dem angemessenen Umgang mit seiner Frau abhängt.

Sie hat ein geistliches und seelisches Leben „für sich"

Viele Männer meinen achselzuckend: „Frauen! Wer kann sie schon begreifen?" Doch in 1.Petr.3, 7 wird gesagt, daß ein Mann seine Frau „verstehen" soll. Das beginnt mit dem einfachen Zuhören. Wenn ein Mann das Bedürfnis seiner Frau nach Aufmerksamkeit als Unterbrechung empfindet, dann können ihr auch die größten Geschenke oder flotten Komplimente kein Gefühl wahrer Sicherheit geben. Wenn ein Mann sich mit seiner Frau bespricht und sie um ihre Meinung fragt, dann garantiert er ihr, daß sie in seinem Herzen einen besonderen und bedeutsamen Platz einnimmt.

Gewiß kann eine Frau ihrem Mann „vermischte Botschaften" zukommen lassen. Eine Botschaft besagt vielleicht: „Ich brauche deine Unterstützung nicht und du brauchst auch keine Verantwortung für mich zu übernehmen." Gleichzeitig will sie aber auch zum Ausdruck bringen: „Kannst du nicht ein bißchen Interesse für mein Leben aufbringen? Kümmert es dich nicht, daß unsere Beziehung als Ehepaar aus dem Gleis geraten ist?"

Manchem Ehemann erscheint die Beziehung zu seiner Frau und ihre Wünsche an ihn wie ein Irrgarten. Viele haben den Eindruck, daß sie stets irgendwo auf eine weibliche Zehe treten, wohin sie sich auch wenden. Der einfachste Kurs scheint ihm daher, sich der Zügel zu entledigen, sein eigenes Leben zu führen und die Ehefrau nur gelegentlich in Kenntnis zu setzen, wo er sich gerade aufhält. Man braucht nicht besonders zu betonen, daß eine solche Konfusion in vollständigem Gegensatz zum Plane Gottes steht.

Wenn eine Frau ihren Zorn ausspielt, dann gibt es eine weite Spanne von Verhaltensweisen, von denen jede eine Bitte um Beachtung und ein Mittel der Verteidigung darstellt. Eine Frau wiederholt die Muster, die ihr am besten liegen und die aus ihrer Perspektive die besten Resultate zeitigen. Das Ziel liegt in kurzzeitigem Nutzen ohne den geringsten Gedanken an den langfristigen Schaden.

Herausforderung

So manche Frau nimmt die Rolle eines Gegners an. Sie beschließt, mit dem Mann in ihrem Leben in Konkurrenz zu treten. Wenn sich das, was er allein versteht, außerhalb der Familie abspielt, dann macht sie das besser als er und vermittelt ihm das Gefühl, daheim ein Bürger zweiter Klasse zu sein.

Damit errichtet sie unabhängig von seiner Welt ihre eigene. Manchmal nimmt sie eine berufliche Tätigkeit an, nicht weil sie das gern möchte, sondern einfach, um ihm zu zeigen, daß sie ihn oder sein Einkommen nicht braucht. Das Resultat ist bestenfalls wachsende Distanz und Entfremdung.

Julie, eine junge Frau, war aggressiv und strebte auf Biegen und Brechen den Sieg an. Ihr Vater war ein bedeutender Ingenieur, der auf alles die richtigen Antworten wußte und verlangte. Schon in frühen Jahren hatte er damit begonnen, Julie zum Tennisstar heranzuziehen. Nun behandelte Julie alle Dinge als Gewinn-und-Verlust-Unternehmen, vom Schachspiel angefangen bis zu einer einfachen Unterhaltung. Immer mußte sie an der Spitze sein, das letzte Wort haben.

Kein Wunder also, daß sich ihre Ehe mit Mark in einen Kriegszustand wandelte. Julie erläuterte mir das in seiner Gegenwart folgendermaßen:

„Als ich anfing, mich mit Mark zu treffen, wußte ich, daß ich jeden anderen Jungen verscheucht hatte, mit dem ich je zusammen war. Mein Problem bestand nach meiner Vorstellung einfach darin, daß ich keinen Mann finden konnte, der stark genug war. Mark schien so stark zu sein, daß ich dachte, es gebe kein Problem. Gewiß, ich konnte ihn auf dem Tennisplatz besiegen, aber er war in anderen Dingen gut und schien so selbstsicher."

„Mark", fragte ich ihn, „wußten Sie, daß Sie eine derartige Konkurrentin zur Frau bekommen würden?"

„Sicher", erwiderte er. „Ich wußte nur nicht, daß sie niemals nachgeben würde. Es ist so, als ob sie ihren Fuß auf meinem Nacken gestellt hat und ihn ständig niederdrückt. Was ist eigentlich mit ihr los? Jedesmal, wenn mir etwas schiefgegangen ist, erinnert sie mich daran, selbst in Gegenwart meiner Freunde."

Er nannte ein Beispiel: Drei Abende vor unserer Sitzung hatten Mark und Julie Freunde zum Abendessen eingeladen. Später schlug Julie ein Kartenspiel vor. Den ganzen Abend hindurch war Mark Gegenstand unaufhörlicher Kritik. Julie eröffnete das Spiel mit der Bemerkung: „Ich glaube, es ist besser, wenn Mark und ich nicht Partner sind. Ich hasse es, im nachhinein zu kritisieren, was er ausgespielt hat." Der Bericht über diesen Abend enthüllte deutlich, daß Mark vor seiner Frau keine Achtung empfand und glaubte, sie sehe ihn als minderwertig an.

Ich erfuhr auch, daß Julies allmächtiger Vater ein Mann war, den sie als vollkommen betrachtete. Ihre Mutter dagegen war zurückhaltend und ruhig und setzte sich ständig selbst vor ihrer Familie und Freunden herab. Julie sagte sich selbst: „Niemals will ich so werden. Wenn eine Frau so sein muß – dann nein danke!" Von Kindheit an ging ihr Streben danach, so zu sein wie Dad und zu verhindern, daß sie so wurde wie ihre Mutter.

Während sie in meinem Wohnzimmer saß, sagte sie in Marks Gegenwart: „Vielleicht wäre es das beste gewesen, wenn ich nie geheiratet hätte." Ich konnte direkt spüren, wie Mark immer tiefer in seinen Sessel rutschte.

Tief drin war Julie immer noch ein kleines Mädchen, das sich davor fürchtete, verletzt zu werden. Sie gestattete sich auch nicht, irgendwelche Bedürfnisse zuzugeben.

Feuer und Eis – die sexuellen Knüppel

Bedauerlicherweise ist für viele zornige Frauen die sexuelle Beziehung kein Anlaß der Beglückung, sondern etwas, was sie einsetzen, um den Ehemann zu demütigen und zu frustrieren. Der Sexualakt schafft dann nicht mehr Abenteuer und Freude, die ein Paar vereinigt, sondern erzeugt Angst und treibt die Partner auseinander. Manche Männer leiden unter Leistungsängsten, und was vielleicht nur als momentane Erschöpfung erscheinen mag, wird zu einem Test für seine Männlichkeit.

Die Diskussion über die Frigidität der Frau füllt Bücher. Die Frau ohne Leidenschaft ist jedoch nicht das Thema, mit dem wir uns befassen. Ich möchte vielmehr das oberste Ziel untersuchen, das für die zornige Frau hinter dem Sexualakt steht, nämlich das Bedürfnis, ihren Mann zu bestrafen.

Wenn wir erst einmal körperliche oder seelische Narben ausschließen, die eine Frau dazu führen können, sexuelles Vergnügen abzulehnen, kann ein tiefsitzendes Bedürfnis vorhanden sein, sich die Kontrolle zu verschaffen. Für manche ist Sex gar nicht das Problem. Wenn eine Frau auf jedem anderen Gebiet ihrer Ehe das Gefühl hat, keinerlei Kontrolle zu besitzen, bleibt ihr nur die sexuelle Beziehung als einziger Bereich, um sich ihrer selbst zu versichern und ihren Mann daran zu erinnern, daß auch sie ein Faktor ist, mit dem gerechnet werden muß. Für manche Frau wird daraus ein Ruf nach Identität, ein Schrei: „Nimm Notiz von mir. Ich bin auch eine Person."

Die sexuelle Vereinigung ist jedoch der falsche Ort für Verhandlungen über Anerkennung. Ehepaaren, die solche Frustrationen durchleben, fehlt die Fähigkeit zur umfassenden Kommunikation. Die sexuelle Beziehung ist ein Geschehen, in dem ein Paar vollkommene Kommunikation ausübt. Der erste Platz, an dem sich ein Zusammenbruch der Kommunikation zeigt, ist daher auch das Bett. Dinge, die eine Frau unausgesprochen läßt, drängen sich während des Sexualaktes in ihre Gedanken. Das kann schwanken von einfachen Fragen wie – „Ist die Tür abgesperrt?" „Haben wir die Katze rausgelassen?" „Ob die Kinder schon schlafen?" „Haben wir vergessen, die Rechnungen zu bezahlen?" bis zu vielschichtigen und ungelösten Konflikten wie: „Dieser Kerl hat heute noch nicht zwei freundliche Worte zu mir gesagt" oder „Mir hat seine Haltung die ganze Woche schon nicht gepaßt, und nun mag ich sie auch nicht".

Oftmals schwelen diese Gedanken unter der Oberfläche, bleiben aber unausgesprochen. Wenn ein Mann diese Dinge überhaupt spürt, kann das eine eisige Distanz gerade in dem Augenblick schaffen, in dem er von seiner Frau eine besonders intensive Reaktion wünscht.

Sie reagiert durchaus, doch sie reagiert auf alles, was ihr Tag mit sich brachte, und nicht nur das kurze Vorspiel im Bett. Wenn eine Frau liebt, dann schließt ihre Reaktion den gesamten Tag ein, vielleicht eine viel längere Zeit, und den gesamten Rahmen ihrer Beziehung zu ihrem Mann.

Wenn eine Frau zuläßt, daß ihre ungelösten Konflikte ein körperliches Desinteresse an ihrem Mann vermitteln, dann ergeben sich weitere Komplikationen. Männer betrachten ihre sexuelle Leistungsfähigkeit als Beweis für ihre Jugend und Männlichkeit. Diese verkehrten Botschaften schaffen eine Atmosphäre, in der ein Ehemann wegen des zunehmenden Schmerzes über seine Unzulänglichkeit das Bedürfnis größerer Distanz zu seiner Frau empfindet. Er schreibt diese Kränkung – von seinem Standpunkt aus eine Katastrophe – seinem eigenen sexuellen Versagen und nicht den ungelösten Konflikten zu, die seine Frau vielleicht beschäftigen. Er sieht es in dieser Weise, denn das ist der Bezugsrahmen, in dem ihm das Problem entgegentritt.

Die andere Waffe, die eine Frau gegen ihren Mann einsetzen kann, ist das „Feuer" als sexueller Knüppel. Ihre Taktik liegt hier darin, die Befriedigung herunterzuspielen, die sie aus der sexuellen Vereinigung empfängt, und in der schroffesten Weise und oftmals im demütigendsten Augenblick ihrer Unzufriedenheit Ausdruck zu geben. Diese Form der feindseligen Konfrontation offenbart größte Herzlosigkeit.

Claudia und Larry waren seit vier Jahren verheiratet. Unverblümt erzählte sie mir in seiner Gegenwart: „Ehe ich Christin wurde, war ich auf sexuellem Gebiet recht aktiv. Als ich Larry begegnete, dachte ich, diese ganze Erfahrung würde sich in der Ehe fortsetzen."

Ich beobachtete, wie Larry den Kopf leicht senkte und unter dem Stuhl mit den Füßen scharrte, als sie weitersprach. „Aber nie ist er bereit, wenn ich dazu aufgelegt bin. Sollten nicht alle Männer immer bereit sein?" Sie unterstellte damit, daß Larry kein vollständiger Mann war, eine Andeutung, die Larry nicht entging. Ich sah, wie sein Kopf noch tiefer sank. „Wenn wir's wirklich mal zustande bringen, dann stellt er sich an, als ob er's nicht erwarten könne, bis alles vorbei ist – so, als ob er noch eine weitere Verabredung oder ähnliches hat."

Larry räusperte sich und erwiderte: „Ja – vor zwei Wochen fragte sie mich, ob ich nicht etwas mehr Leidenschaft an den Tag legen könne..."

„Das war nicht vor zwei Wochen", fiel ihm Claudia ins Wort. „Das war eher vor anderthalb Monaten."

Ich fragte: „Was haben Sie sonst noch zu hören bekommen, Larry?"

Er gab eine ganze Liste ähnlich vernichtender Feststellungen von sich, die ihm wohl in seiner kurzen Ehe in den Ohren geklungen hatten. „Ich sage nicht das Richtige. Ich bin nicht aggressiv genug. Ich bin nicht langsam genug."

Ich mußte Claudia mit einer Handbewegung daran hindern, ihn zu unterbrechen. „Ich kann sie in keiner Weise befriedigen. Ich bin nicht so gut wie viele ihrer früheren Liebhaber. Dann wird mir auch eine Liste ihrer früheren Gepflogenheiten präsentiert. Sie erwartet von mir, daß ich Anweisungen befolge und das tue, was manche ihrer alten Freunde taten."

Dazu kam noch, daß es nach Claudias Ansicht „fair" war, Larrys „Problem" jederzeit anzusprechen, selbst in Gegenwart von Bekannten, um ihn damit zum Schweigen zu bringen und ihm ein Gefühl totaler Ablehnung zu vermitteln. Sex war Claudias schwerstes Geschütz geworden, die Vergeltung für alles und jedes, ob Larry nun einen Laib Brot mitzubringen vergaß oder spät zum Abendessen kam. Manchmal war es auch nur die „Erstschlagswaffe", wenn sie einen harten Tag hinter sich hatte. Wenn sie mit ihm abrechnete, dann beglich sie gleichzeitig alle anderen Rechnungen.

Claudia war nun keineswegs völlig gefühllos. Sie sah sich selbst als Menschen, der tiefes Mitempfinden mit anderen hatte. Sie schleppte nur einfach diesen Zorn mit sich herum und hatte das Gefühl, sich jeden Mann, der ihr nahekam, vom Leibe halten zu müssen. Sie weigerte sich, die Kontrolle über ihr Leben aufzugeben und wollte der beherrschende Faktor sein, gleichgültig, zu welchem Preis. In ihrem Fall kostete sie das einen Ehemann, der sie liebte. Letzten Endes machte sie dieses Streben zu einer sehr einsamen Frau.

Lächerlichkeit

Die Fähigkeit, verbale Schläge auszuteilen und einen Streit bis aufs Blut zu führen, wird von vielen zornigen Menschen zur Perfektion gebracht. Sie entwickelt sich wie jede andere oft durch „Übung, Übung, Übung".

Vor einer Reihe von Jahren, als ich noch studierte, lud mich ein Freund zum Abendessen nach Hause ein. An der Haustür erteilte er mir folgende Warnung: „Jim, sei vorsichtig. Du betrittst Kriegsgebiet. Jeder muß auf sich selbst achtgeben."

Was sich danach abspielte, war alles andere als ein Tischgespräch. Beißende Bemerkungen wurden ausgeteilt. Die Kunst des verbalen Totschlags war bis zur Vollkommenheit entwickelt worden. Auf dem Heimweg fragte ich meinen Freund: „Passiert das bei euch immer?" Er erwiderte: „Jeden Abend."

Manche Menschen lernen nur, mit kriegerischen Begriffen miteinander umzugehen. Die Starken überleben und die Schwachen – nun, die verkriechen sich zum Sterben. Die unbewußte Bürde, die wir vom Elternhaus her mit uns herumschleppen, kriecht zusammen mit Braut und Bräutigam über die Schwelle der ehelichen Wohnung. Wer in einer kriegerischen Atmosphäre aufwuchs, der nimmt nie den Helm ab. Sie haben solange damit gelebt, daß sie das als normal ansehen. „Die Familie, die zusammen an die Decke geht, bleibt zusammen."

Nun, wenn solche Menschen zusammenbleiben würden, wäre der Schaden ja noch gering. Aber sie heiraten ahnungslose friedliche Partner – Menschen, die nicht mit einem Helm geboren sind!

Liebe, die zur Verantwortlichkeit führt

Als Familie dürfen wir nicht nur von dem Wunsch beseelt sein, einander zu lieben; die Verpflichtung, für die Erfüllung der Liebe in ihren Einzelheiten verantwortlich zu sein, muß hinzukommen. Liebe verlangt bestimmte „Hausaufgaben". Sie mögen unangenehm erscheinen und uns manchmal sogar als Schinderei vorkommen, aber nichtsdestoweniger müssen sie erledigt werden. Gleichgültig, welchen Spaß wir dabei empfinden, mit dem Baby zu spielen, gelegentlich müssen auch die Windeln gewechselt werden. Dieser Grundsatz gilt auch für die Liebe der Erwachsenen. Verantwortlichkeit ist eine dieser „Hausaufgaben", durch die die Liebe ständig weiter wächst.

Vor einer Reihe von Jahren erzählte mir ein befreundeter Pastor folgende Erfahrung. Er hatte seinen Kindern diese „Verantwortlichkeit" in den Familienbeziehungen beigebracht. Wie es so geschieht, fand er eines Tages den Spieß gegen sich selbst gerichtet.

Sie hatten mit einem anderen Pastor Wohnung und Kanzel getauscht und den Sommer auf einer Insel vor der kanadischen Küste verbracht. Für meinen Freund und seine Familie erwies sich das jedoch als weit größerer Streß, als sie vermutet hatten. Eine unerwartete Krise nach der anderen tauchte auf, und als Krone des ganzen wandelte sich ein „kurzer Besuch von Verwandten" in einen längerdauernden Aufenthalt. Mein Freund war am Rande seiner Nervenkraft.

Als sie eines Abends beim Essen saßen, beobachtete er, wie seine Frau eines der Kinder in einer Weise bestrafte, die ihm nicht paßte, und er sagte ihr das auch. Sie fuhr aus der Haut und sagte ihm unverblümt, wohin er sich mit seinen Ratschlägen scheren könne. Die Kinder brachen in Tränen aus und liefen weinend vom Tisch fort in ihre Zimmer.

Mein Freund suchte sie eins nach dem anderen in ihren Zimmern auf und versicherte ihnen, daß der Familie keine Gefahr drohe. Es könne keine Rede von Scheidung sein, und er habe nicht die Absicht, dahin zu gehen, wohin ihn Mama schicken wollte. Endlich kam er zu seiner jüngsten Tochter, der fünfjährigen Tiffany.

Sie kuschelte sich auf seinen Schoß und fragte: „Daddy, warum gehst du nicht zu Mummy und sagst ihr, daß es dir leid tut?"

Er erwiderte ernsthaft: „Das mach' ich, mein Liebling. Ich weiß, daß ich das tun sollte. Aber weißt du, Daddys Herz ist hart, und ich habe nicht das Gefühl, daß ich's jetzt im Augenblick tun kann."

Tiffany warf ihm einen vielsagenden Blick zu und antwortete: „Dann werde ich zu Jesus beten, daß er dein Herz erweicht."

Sie legte ihm ihre Hand auf den Kopf und betete. „Lieber Herr Jesus, bitte laß Daddys Herz wieder weich werden und hilf ihm, Mummy liebzuhaben. Amen."

Sie sah ihm in die Augen und gab ihm eine einfache Lektion in Verantwortlichkeit. „Daddy, ich sag' dir jetzt, was du tun sollst. Du gehst zu Mummy und sagst ihr, daß du sie liebhast. Dann sagt sie dir, daß sie dich auch liebhat. Du gibst Mummy einen Kuß, und dann küßt sie dich auch. Danach kommst du wieder zu mir und sagst mir, was du gemacht hast. OK?"

Tiffany hatte erfaßt, wie das Problem des Zorns am besten zu lösen ist. Sie hatte die Basis des Problems ihres „Klienten" herausgefunden. Sie forderte ihn auf, ein Verfahren in Gang zu setzen, für das sie ihm die Verantwortlichkeit auferlegen konnte. Das gelöste Lachen, das die Entschuldigung ihrer Mutter und ihres Vaters bekräftigte, wurde Teil einer wunderbaren Erinnerung, die sie niemals mehr vergessen würden.

Mein Liebling, vergiß nie – der Mann ist der Kopf der Familie, aber die Frau ist der Hals, und er ist's, der den Kopf bewegt.

Ratschlag einer Mutter am Hochzeitstag ihrer Tochter

11. Bathseba, die Manipulations-Künstlerin

Das Problem der Manipulation ist deshalb von entscheidender Bedeutung, weil es das Werte- und Sicherheitssystem des jeweiligen Partners direkt berührt. Wie wir bereits gesehen haben, verliert ein Ehemann, der den Anspruch auf Führung preisgibt, den Respekt vor sich selbst im Hinblick auf seine männliche Rolle als Beschützer und Versorger. Da er sich zu Hause weit weniger als Mann fühlt als bei der Arbeit oder beim Spiel, beschließt er einfach, nicht nach Hause zu gehen. Wenn er gezwungen ist, daheim zu sein, bereitet es ihm viel weniger Schmerzen, wenn er auf Kommunikation verzichtet und auf Distanz bleibt. Er vermeidet die Qual, sich seinem Mangel an Einfluß zu stellen.

Andererseits halten sich manche Frauen selbst für völlig unfähig, über ihr eigenes Leben zu bestimmen. Wenn sie den Eindruck haben, ihre Chancen vergeben zu haben, reagieren manche mit verbitterter, stummer Unterordnung, andere mit offener Kriegsführung. Eine nicht unbedeutende Zahl dieser Frauen entschließt sich jedoch zur Manipulation, wobei sie ein „Geschick" entwickeln, das ich als seelische Fernbedienung bezeichnen möchte. Sie geben die gottgewollte Nähe zu ihrem Ehepartner auf, gehen auf Distanz und lassen es an Achtung für den Partner und letztlich auch für sich selbst fehlen.

Ich glaube, Bathseba ist ein ausgezeichnetes Beispiel für eine Frau dieser Art. Wir können eine Menge lernen, wenn wir ihre Manipulationskünste gründlich unter die Lupe nehmen.

David und Bathseba

Interessant ist vor allem die Feststellung, daß David seine lebensbestimmenden Entscheidungen unter Bathsebas „Einfluß" traf, nämlich:

- seine Entscheidung zum Ehebruch (2.Sam.11, 1-4).
- die Ermordung von Bathsebas Mann (2.Sam.11, 5-24).
- Davids und Bathsebas Sohn Salomo wird zum Nachfolger bestimmt, nachdem David Bathseba ein Versprechen gab (1.Kön.1, 11-31).

Bei keinem dieser Vorgänge fällt auf Bathseba der Schatten eines Vorwurfs. Viele bringen ihrer Haltung sogar große Sympathie entgegen. Sie argumentieren, daß sie ohne Zweifel nichts gegen seine Werbung unternehmen konnte, da sie es schließlich mit einem Mann zu tun hatte, der Gesetz und Befehl im Lande repräsentierte. Doch Ehebruch ist eine Straße mit zwei Bahnen. Es gehören Ermunterung und Zustimmung dazu. Der sexuelle Einfluß einer Frau auf einen Mann ist nicht zu unterschätzen. Das Gefühl, am entscheidenden Hebel zu sitzen, kann für manche Frauen zerstörerisch werden.

Ein solcher Fall bietet sich uns in einer Frau, die ich Dorothe nennen möchte.

Anatomie einer Affäre

Dorothe war Anfang vierzig und Mutter von drei Kindern. Sie war in einem strenggläubigen Elternhaus aufgewachsen. Ihren Mann Brian lernte sie in der Gemeinde kennen. Nach sechzehn Jahren als Ganztags-Hausfrau und Teilzeit-Babysitter war sie als Computerprogrammiererin wieder ins Berufsleben zurückgekehrt.

Während einer Konferenz bat sie mich um ein Gespräch. Mit niedergeschlagenen Augen blickte sie mich an und sagte: „Ich hab' immer schrecklich gern geflirtet. Für mich war das stets ein harmloser Spaß, wissen Sie, damit die Jungs auf mich aufmerksam werden. Jetzt stecke ich ziemlich in Schwierigkeiten. Können Sie mir helfen?"

Dorothe, eine gutaussehende, schlanke Frau, erzählte, daß ihr drei Schwangerschaften und falsche Ernährung eine Gewichtszunahme von fünfzig Pfund beschert hätten. „Ich kam mir vor wie eine Vogelscheuche. Wenn ich in den Spiegel guckte, konnte ich nichts Weibliches mehr entdecken."

Brian, sagte sie, sei ein „geradliniger, treuer Mensch". Selten bekam Dorothe von ihm eine Klage wegen ihres Gewichts zu hören. Das Problem lag darin, daß sie auch nie ein Kompliment von ihm hörte. „Er sagt niemals: 'Du siehst prima aus. Das Kleid steht dir ausgezeichnet. Danke für das fabelhafte Dinner.' Wenn ich versuche, ihm mit Gewalt ein Kompliment zu entlocken, dann komme ich mir richtig blöd vor, weil's ja nicht in erster Linie seine Idee war."

Jahrelang hatte Dorothe über den Mangel an Aufregung und Romantik in ihrem Leben nachgedacht. Ihre ganze Kindheit hindurch und als Teenager war sie es gewöhnt gewesen, die „Ballschönheit" mit den blauen Augen zu sein, ein Gefühl, das ihr seit dem Ende ihrer Flitterwochen fremd war. „Ich wußte nicht, was ich tun sollte, damit er von mir Notiz nimmt."

Vor drei Jahren war sie ihre lästigen fünfzig Pfund endlich losgeworden. Sie war einer Aerobics-Gruppe beigetreten und hatte schließlich zwei Jahre lang andere Frauen in den Segnungen des Abnehmens unterrichtet. Doch in ihrem eigenen Heim und in der romantischen Beziehung zu ihrem Mann fand sie keine dieser Segnungen. „Wenn ich einen schicken Badeanzug oder ein schönes Nachthemd anziehe, dann ernte ich höchstens einen erstaunten Blick von Brian, aber das ist auch alles. Wenn ich frage: 'Nun, wie schaue ich aus?', dann kriege ich die gleiche langweilige Antwort: 'Prima.' Ich hab's so satt, einfach nur prima auszusehen." Dorothe war langsam zu einem Pulverfaß an Unzufriedenheit geworden.

Vor kurzem hatte sie wieder zu arbeiten begonnen, und zwar in einer kleinen Marketing-Firma. Ihr Chef Omar war Ende vierzig, kahlköpfig und untersetzt. Doch er besaß eine Eigenschaft, die Dorothe niemals zu finden erwartete, als sie die Stelle antrat: Er nahm von ihr Notiz. Sie fing nun wieder an, ihre schlummernden Fähigkeiten im Flirten zu trainieren.

Erst schien es ein harmloses Spiel zu sein. Wem konnte es schon schaden, wenn sich im Büro ein paar Köpfe nach ihr umdrehten? Und was war dabei, wenn sie ihrem Chef ein bißchen länger in die Augen sah als gewöhnlich? Schließlich wußte er ja, daß sie eine verheiratete Frau war und welche Gemeinde sie besuchte. Sie legte ihr „persönliches Zeugnis" offen dar. Omar hatte angefangen, sie als seine Spitzenkraft und „Lieblings-Christin" vorzustellen. Häufig bat er sie in sein Büro, um etwas Lobendes über ihre Arbeit zu sagen, und kein Tag verging, ohne daß er eine Bemerkung über ihr Aussehen machte. In Anwesenheit von Kunden oder Vertretern pflegte Omar festzustellen: „Meine Liebe, Sie bringen hier Licht ins Zimmer, wenn Sie über die Schwelle treten."

Allmählich freute sie sich darauf, zur Arbeit zu gehen, nicht wegen der Bezahlung, sondern weil sie sich dort weiblicher vorkam - begehrenswerter, lebendiger.

Nun bekannte sie mir: „Vor zwei Monaten, an meinem Geburtstag, hatten wir eine kleine Feier. Nachdem alle gegangen waren, gab mir Omar einen Kuß. Nur ein Küßchen - und eine Umarmung. Er hielt mich ein bißchen zu lange fest. Er sagte: 'Alles Gute zum Geburtstag, Liebling', und drückte mir ein Kuvert mit einhundert Dollar in die Hand. 'Das ist eine Geburtstagsgratifikation', meinte er. 'Sie brauchen Brian nichts davon zu sagen; erfüllen Sie sich einfach einen kleinen Wunsch damit. Und das bleibt zwischen uns beiden, OK?' Beim Heimfahren konnte ich an nichts anderes denken als an den Blick in Omars Augen und den Kuß und die Umarmung, die ich gestattet hatte. Es gab da etwas, was mir Angst machte, und doch zugleich auch etwas, daß mich wieder wie sechzehn fühlen ließ."

Ich fragte Dorothe: „Gab es zwischen Ihnen und Omar noch weiteren körperlichen Kontakt?" Seufzend gab sie zu: „Ja. Nichts Sexuelles, wir saßen nur zusammen und hielten Händchen. Ich weiß, wenn ich in sein Büro gehe und mich auf die Couch setze, steht er auf, kommt zu mir, und dann fängt es an. Jedesmal, wenn ich zur Arbeit fahre, sage ich mir: ich lasse das. Ich weiß, was passieren wird. Ich will meine Ehe nicht aufs Spiel setzen. Ich will Gott nicht enttäuschen. Ich setze mich an meinen Schreibtisch und stürze mich auf meine Arbeit. Aber allmählich gebe ich nach, gehe in Omars Büro und setze mich hin. Ich weiß nicht, warum ich das tue. Es ist wie eine Droge. Ich weiß, es wird mich umbringen, aber ich brauche es einfach."

Brians Reaktion

Nachdem ich ihr zugehört hatte, war meine erste Frage: „Haben Sie Brian gesagt, was sich bei Ihnen im Büro tut?" Ihre Antwort überraschte mich. „Ja. Nachdem Omar anfing, sich zu mir zu setzen, erzählte ich Brian, daß mein Chef mit mir flirte und daß mir das irgendwie Spaß mache. Ich sagte, wahrscheinlich hätte ich selbst Anlaß dazu gegeben, weil ich lustig und humorvoll sei, und es sei also nicht allein Omars Schuld. Natürlich sagte ich nichts mehr, nachdem die Küsserei angefangen hatte." Ihre Augen füllten sich mit Tränen. „Brian schaute mich nur an und sagte, er hoffe, daß das nicht meine Entlassung bedeute, schließlich hätten wir das Geld dringend nötig. Ich war so wütend, daß ich ihn hätte prügeln können."

Die Fähigkeit, die Aufmerksamkeit eines Mannes durch sexuelle Anziehungskraft zu manipulieren, ist wie Elektrizität, die Frauen wie Dorothe die Macht und Beherrschung verleiht, die sie brauchen. Meist beginnt es im Kindesalter damit, daß man dem Papa gegenüber „schlau" ist, mit den Augen zwinkert und kleine Dinge tut, um sein Gefallen zu erregen. Wenn das andere Geschlecht in den Blickpunkt des Interesses tritt, richtet sich das Bemühen darauf, gesellschaftliche Zustimmung und die Bewunderung von Freundinnen über die „besonderen Fähigkeiten", die Jungen auf sich aufmerksam zu machen, zu erlangen. Nach der Heirat ist es nur natürlich, daß die Frau ihren Charme auf ihren Ehemann richtet. Wenn er allerdings nicht reagiert oder wenig Begeisterung zeigt, empfindet sie vielleicht nicht mehr dieselbe Macht wie früher, doch sie bleibt nach wie vor dafür „ausgelegt". Weiblichkeit kann einfach zum „Power Trip" werden, eine Macht, die sich einsetzen läßt.

Außer der sexuellen Manipulation ist „Bestrafung" eine weitere von Frauen benutzte Strategie der Manipulation. Sie wird auf verschiedene Weisen ausgeteilt:

Beschämung

Den meisten Frauen entgeht nicht, daß die größte Schwäche eines Mannes im Bereich seines Ego liegt. Wenn sie sich über den Mann in ihrem Leben erhebt und seinen Mangel an Denkvermögen, seine finanziellen Schwächen, seine kindischen Angewohnheiten oder andere Unsicherheiten bloßstellt, dann trifft ihre Rache ihn in einer Weise, wie es sonst kaum möglich wäre. Diese kleine Routine wird zu den ungelegensten Augenblicken ausgespielt: Bei gesellschaftlichen Anlässen, wenn der Chef zum Essen kommt, am verheerendsten jedoch im Bett. Sie kann zur letzten Waffe in einem Ehekonflikt werden, zum Gericht letzter Instanz. Wenn eine Frau diese Waffe schwingt, wird sie zu einer Art Kreuzung zwischen der „Drachendame" und einer Erinnerung an die Mutter ihres Mannes. Beide Charakteristiken sind abstoßend, doch bieten sie einer Frau, die bei ihrem Mann keine Aufmerksamkeit findet, eine Art „Erlösung" - nämlich Macht!

Koketterie

Selbst in christlichen Kreisen trifft man sie an. Mehr als einmal habe ich mit angehört, wie Ehemänner darüber klagten, daß ihre Frau ein kokettes Wesen habe. Wenn das außerhalb seiner Sichtweite geschieht, wie er vermutet, dann wird sie zu einer vorrangigen Kandidatin für eine Liebesaffäre. Spielt sich das jedoch in seiner Gegenwart ab, dann dient Koketterie als Kränkung, die darauf abzielt, seine Aufmerksamkeit oder die eines anderen Mannes zu erregen. In jedem Fall ist das ein öffentlicher Schlag gegen seine Männlichkeit.

Im Buch der Sprüche findet sich ein drastisches Bild für ein solches Verhalten: „Ein schönes Weib ohne Zucht ist wie eine Sau mit einem goldenen Ring durch die Nase" (Spr.11, 22). Schönheit und Anziehungskraft einer solchen Frau sind vergebens. In ihrem übermäßigen Bedürfnis nach Aufmerksamkeit verrät sie nur eine Seele, die dringend der Hilfe bedarf.

Verweigerung von Liebe

Manche Frauen wuchsen in einem Elternhaus auf, wo es zur Erziehung gehörte, die „kalte Schulter" zu zeigen. Für sie scheint es ganz natürlich, das gleiche Mittel einzusetzen, um ihren Mann wissen zu lassen, daß er in Ungnade gefallen ist. Für den betroffenen Ehemann wird es zu einem mühseligen Ratespiel, herauszufinden, was er nun wieder falsch gemacht hat. Die meisten Männer empfinden das so frustrierend, daß ein solches Verhalten sie nur weiter forttreibt.

Wenn es darum geht, sexuellen Verkehr zu verweigern, haben die meisten Frauen einfach „umwerfende" Begründungen. Eine Frau erklärte mir ganz ruhig: „Wenn er vergißt, mich anzurufen, wenn er eine Viertelstunde später zum Abendessen heimkommt, dann bin ich einfach nicht in Stimmung für die Liebe. Wenn ich oft genug nicht in Stimmung bin, kapiert er es vielleicht und zeigt etwas mehr Rücksicht."

Aus dieser Begründung ergeben sich eine Reihe von Problemen. Unterbewußt vermittelt diese Frau, daß sie die sexuelle Beziehung zu ihrem Mann eigentlich nicht als beglückend empfindet. Für sie ist sie nur ein Instrument, mit dem sie ihren Willen durchsetzt oder ihren Mann belohnt, wenn er „artig“ war.

Dr. Dan Kiley schreibt über den Einsatz von Sex zur Manipulation und den Schaden, der dabei angerichtet wird:

> Die Vorstellung der Frau von sich selbst als „nur“ sexuellem Geschöpf wird bekräftigt; ihre Fähigkeit, den sexuellen Verkehr lustvoll zu erleben, nimmt ab; Ruhelosigkeit und Verlangen nehmen ebenso zu wie ihr Zorn, und ihre Verbitterung dem Leben gegenüber konzentriert sich auf ihren Mann oder in manchen Fällen auch auf die Männer im allgemeinen. Damit sperrt sie sich selbst in eine pessimistische Ansicht von der Liebe ein.

Mit dieser Strategie wird also ein Keil zwischen Frau und Mann getrieben. Die sexuelle Vereinigung ist allerdings mehr ein Umfangen der Seelen als die Berührung der Körper. Sex ist ein Geschenk Gottes an die Ehepartner, das ihr Einssein bekräftigt. „Und sie werden sein ein Fleisch“ (1.Mose 2, 24). Gottes Anweisungen hierzu sind klar:

> Der Mann leiste der Frau die eheliche Pflicht, ebenso die Frau dem Mann. Die Frau verfügt nicht über ihren Leib, sondern der Mann. Ebenso verfügt der Mann nicht über seinen Leib, sondern die Frau. Entzieht euch einander nicht, es sei denn nach Übereinkunft für eine Zeitlang, damit ihr zum Beten Ruhe habt; und dann kommt wieder zusammen, damit euch der Satan nicht versucht, weil ihr euch nicht enthalten könnt. (1.Kor.7, 3-5)

Eine dritte Form der von Frauen benutzten Manipulation ist die „falsche Verletzlichkeit“. „Männer schmelzen dahin, wenn sie Tränen sehen“, sagte mir eine Frau. Auf diese Weise lenkte sie die Aufmerksamkeit ihres Mannes auf sich. „Ich weiß, wenn ich mich nur genügend hineinsteigere, damit ich weinen muß, brauche ich nichts weiter, um seine Aufmerksamkeit zu finden. Im Innern ist er ein verspieltes Kätzchen, nur weiß er es nicht.“

Ich fragte sie: „Und wie steht’s mit Ihnen? Wie wissen Sie, wie es in Ihrem Innern aussieht? Wie können Sie wirklichen Schmerz von diesem Theater da unterscheiden?“ Darauf blieb sie die Antwort schuldig.

Eine Kommunikation unter falschen Vorzeichen, die Nutzen von einem anderen ziehen soll, führt nur dazu, daß die Person, die sich ihrer bedient, zunehmend die Beziehung zu ihren wahren Gefühlen verliert. Sie kann, wenn der Ehemann merkt, was ihm angetan wird, zu einem Schuß nach hinten werden. Der kleine Junge – oder das kleine Mädchen –, der ständig falschen Alarm gibt, muß das ebenfalls erkennen.

Ein viertes Mittel der Manipulation ist das „Märtyrertum". Das „rechtschaffene Opfer" wird zu einem Rollenverhalten, um Sympathie zu erlangen. Mitleid läßt sich kaum mit Liebe gleichsetzen, doch es gibt Frauen, die sich für diese unattraktive Rolle ausstaffieren. Gewöhnlich ist sie von einem Gefühl der Wertlosigkeit und Minderwertigkeit begleitet. Unglücklicherweise führt sie jedoch nicht zu echter Aufmerksamkeit und Zuneigung des Mannes, sondern bewirkt nur seine weitere Distanzierung. In der Familie entwickelt sich ein Gefühl, daß „mit Mama etwas nicht stimmt".

Die „Märtyrermutter" führt bedauerlicherweise bei ihren Töchtern zur Verkrüppelung. Die Jungfrau von Orleans macht sich gut in Geschichtsbüchern, aber Mädchen aus solchen Elternhäusern wachsen mit einer verdrehten, verzerrten Vorstellung von dem heran, was es heißt, weiblich zu sein.

Während einer Konferenz für Alleinstehende in Colorado kam eine strahlende, attraktive junge Frau auf mich zu, die auf den ersten Blick den Eindruck machte, als werde sie nicht lange auf Veranstaltungen für Alleinstehende zu finden sein. Als wir über ihre Zukunft sprachen, fragte ich sie: „Wie sieht's mit dem Heiraten aus?"

„Ach, ich weiß einfach nicht", meinte sie. „Wenn ich mich mit einem Jungen anfreunde, dann flippe ich aus. Ich versuche, irgend einen Fehler an ihm zu finden, damit wir Schluß machen können."

Als wir über ihren Familienhintergrund diskutierten, zeigte sich, daß sie aus einer Familie stammte, in der die Mutter die Rolle einer Märtyrerin spielte. Für die junge Frau war Unabhängigkeit von einem Mann zum Lebensziel geworden. Sie war bereit, alles zu tun, um nicht so zu werden wie ihre Mutter.

Das fünfte, häufig zur Manipulation benutzte Instrument ist das „Schuldgefühl". In manchen Familien wird das bis zur Perfektion praktiziert. Mit einem eisigen Blick, Schweigen oder kalten Worten wird der Gatte, der eine Kränkung verschuldet, in seine Schranken gewiesen. Ein Mann drückte es so aus: „Wenn sie mir diesen Blick zuwirft, dann habe ich das Gefühl, ich werde in die Knie gezwungen. Ich hasse das. Sie hätte keinen Trauschein bekommen sollen, sondern eine Lizenz zur Hundehaltung."

Die Ergebnisse dieser „Psycho-Strategien" sind bei beiden Partnern kontraproduktiv. Bei vielen Männern zucken Erinnerungen an ihre eigene Mutter und die Art von Bestrafung und Maßregelung, die sie von ihr erhielten, auf. Sie mögen ihre Mutter geliebt haben, aber sie wünschten sich gewiß nicht, sie zu heiraten. Schuld führt, wie so manch anderes Instrument der seelischen Manipulation, zu einer negativen Verstärkung. Die Forschung zeigt, daß der Einsatz von Schuldgefühlen vielleicht zu einer Verhaltensänderung führen kann, gleichzeitig aber Groll und Zorn auslöst.

Ein sechstes Instrument der Manipulation ist „Konkurrenz". Da die Welt eines Mannes außerhalb seiner Familie liegt, beschließen manche Frauen, seine Aufmerksamkeit dadurch zu wecken, daß sie zu ihm in Konkurrenz treten und ihn in der beruflichen Laufbahn übertrumpfen. Wenn sie seine Aufmerksamkeit nicht mit Kochen, gutem Aussehen oder ihren Ansprüchen erlangen kann, dann versucht sie eben, ob ihr das nicht mit ihrem Gehaltskonto gelingt. Es gibt Frauen, denen die Arbeit Freude und Erfüllung bringt; wird sie jedoch zur Manipulation mißbraucht, dann ist sie nur eine weitere Waffe für den Endkampf zu Hause.

Auch Kinder können im Spiel der Manipulation eingesetzt werden. So erschreckend es scheinen mag: manche unglückliche Frau weiß, daß zumindest ihr Kind sie braucht, wenn das bei ihrem Mann schon nicht der Fall ist. Das Kind sieht sie liebevoll an, klammert sich an sie und schenkt ihr die herzliche Umarmung, nach der sie sich so verzweifelt sehnt. Viele werdende Mütter haben sich schon gesagt: „Vielleicht hält dieses Baby unsere Ehe zusammen." Das aber geschieht einfach nicht. Gute Ehen sind dafür geschaffen, Kinder aufzuziehen; Kinder sind nicht auf der Welt, um ihre Eltern zusammenzuhalten.

Ein Ehemann nimmt sehr wohl die Sorgfalt wahr, mit der seine Frau die Kinder behandelt, während er von ihrer Zuneigung ausgeschlossen bleibt. Manche dieser Männer, zugegebenermaßen eine kleine Minderheit, wissen, daß ihre Frau nach Zärtlichkeit verlangt. Die überwiegende Mehrheit - die zu dem Schluß kam, daß Zufriedenheit aus der Wahrung einer Distanz von der in ihren Augen anspruchsvollen Frau resultiert - empfindet nur Befreiung von dem ständigen Bedürfnis ihrer Frau nach Gemeinschaft.

Eine Frau, die den Mittelpunkt ihres Selbstwertgefühls verschiebt und ihn auf den Rücken ihrer Kinder verlegt, neigt dazu, ihre Kinder in ihrem Beschützerdrang fast zu ersticken. So manche enttäuschte Frau mit einem erstgeborenen Sohn hat sich größte Mühe gegeben, ihn zu der Art von Mann zu machen, „den ich gerne geheiratet hätte."

Für eine enttäuschte Mutter mit einem kleinen Mädchen kann das Kind zu einer Fortsetzung ihrer selbst werden. Alle Kränkungen und Schmerzen, die die Mutter erleidet, werden auf die Tochter projiziert. Die Mutter kann stellvertretend ihr eigenes Leben im Leben der Tochter erfahren. Sie muß ihren kleinen Liebling um jeden Preis beschützen und verhätscheln. Sie muß dafür sorgen, daß ihr kleines Mädchen niemals die Pein erleben muß, die ihr selbst widerfuhr. In einem ganz realen Sinn ist das kleine Mädchen ein Anhängsel der Mutter, das diese nährt und beschützt. Diese Verhaltensweise ist nicht so ohne weiteres zu bemerken, zeigt sich jedoch in fortdauernder Ängstlichkeit, die eine Mutter dazu bewegt, sich von Zeit zu Zeit in das Leben ihrer Tochter einzumischen.

Wie bewirkt eine Frau Veränderungen ohne Manipulation?

Jede der zuvor geschilderten Manipulationsstrategien bewirkt höchstens eine kurzfristige Veränderung. Der einzige dauerhafte Effekt ist der einer wachsenden Entfremdung zwischen Mann und Frau. Die Gewohnheit einer Frau, ihren Mann einer Reihe von ehelichen Manipulationstricks zu unterziehen, zeigt klar und deutlich, daß sie wenig oder keine Achtung vor ihm hat.

Für eine Frau, die solche Instrumente gebraucht, bleibt die bohrende Frage: „Welche Bedeutung habe ich wirklich für meinen Mann? Kann er mich um meiner selbst willen lieben, oder erweist er mir nur dann Aufmerksamkeit, wenn ich sie ihm mit meiner Guerillataktik abnötige?"

Wie kann eine Frau also am wirkungsvollsten in die Welt des Mannes eindringen und seine Bestätigung, Aufmerksamkeit und Zuwendung gewinnen, ohne zu unlauteren Mitteln der Einflußnahme zu greifen?

Die richtige "Taktik"

Sie beginnt damit, daß sie auf Manipulation verzichtet.

Wenn eine Frau selbst merkt, daß sie sich in einem Zyklus der Manipulation verstrickt hat, muß der erste Schritt darin bestehen, daß sie *ihrem Mann dieses Problem ehrlich bekennt und ihn um Verzeihung und Hilfe bittet.* Damit drückt sie sofort eine neue Achtung vor ihm aus. Gerade das Verfahren, das Thema direkt anzusprechen, kann Hoffnung auf eine Erneuerung der Beziehung bringen, nach der sich eine vernachlässigte Frau so dringend sehnt.

Selbst wenn eine Frau einen einseitigen Versuch unternehmen muß, ihrer Ehe neue Energie einzuflößen, besteht große Hoffnung. Der Apostel Petrus erkannte die Aussichten eines einseitigen Versuchs in der Ehe. Er schreibt an Frauen, die vielleicht nicht nur mit einem Ungläubigen, sondern sogar mit einem Mann verheiratet sind, der offen Gott zuwiderhandelt:

> Ebenso sollt ihr Frauen euch euren Männern unterordnen, damit auch die, die nicht an das Wort glauben, durch die Lebensführung ihrer Frauen ohne Worte gewonnen werden, wenn sie sehen, wie ihr in Reinheit und Gottesfurcht euer Leben führt. (1.Petr.3, 1-2)

Sie verpflichtet sich, für ihn zu sorgen, nicht ihn zu managen

Die Ehe bietet dem Gläubigen Gelegenheit zum Wirken für andere. Oft meinen wir jedoch, daß sich das Leben nur um unser eigenes Glück drehen sollte.

Eine gute Ehe ist aber eine lebenslange Berufung zur Sorge für andere. Das Ziel dieses persönlichen Wirkens ist, im Leben eines anderen eine bedeutsame Veränderung herbeizuführen.

Bedauerlicherweise muß ich sagen, daß ich geistlich reife und außerordentlich begabte Frauen erlebt habe, die in großartiger Weise für andere tätig sind und dabei Ehen und Partner haben, die sie aufgaben und von denen sie nur mit entschuldigenden Worten reden. Ich habe mit den Männern dieser Frauen gesprochen, die schweigend im Hintergrund bleiben und einen eiligen Rückzug von der geistlichen Führung in ihrer Familie und sogar in ihrem eigenen Leben angetreten haben. Die Mißachtung, die diese Männer empfinden, und ihr Unvermögen, ihren Frauen mit eigenen Gedanken näherzukommen, fordern einen schrecklichen Preis. Als Gruppe gehören diese „geistlichen Dronen“ zu den zornigsten Menschen, die mir je begegnet sind.

Die Frau, die ihrem Mann gegenüber Ungeduld an den Tag legt und zu dem Schluß kommt: „Es hat keinen Zweck, ich werde für ihn beten und mit meinen anderen Verpflichtungen weitermachen“, wird selbst inmitten des Erfolges keine Erfüllung finden. Sie muß ein neues Blickfeld gewinnen und ihren Mann als den vorrangigen Teil ihres Wirkens sehen. Ihre Berufung von Gott aus ist in erster Linie, seine „Gehilfin“ zu sein (1.Mos.2, 18).

Eine Frau, die sich ernsthaft als Dienerin Christi sieht, muß sich einige eindeutige Fragen stellen: *„Ich bin vielleicht dieser Ehe verpflichtet - aber widme ich mich auch gleichermaßen dem Mann, dem ich in dieser Ehe verbunden bin?“* Oft empfindet eine Frau glühende Hingabe an die Ehe als solche, doch wenn es um ihren Partner geht, wird ihre Einstellung bitter und schmerzlich. *„Wo liegen die größten Bedürfnisse meines Mannes und wie kann Gott mich einsetzen, um sie zu erfüllen?“* Jeder von uns hat zwei Arten von Bedürfnissen: Diejenigen, wie wir gerne erfüllt haben möchten, und diejenigen, die wir lieber nicht zur Kenntnis nehmen. Viele Frauen beginnen ihre Sorge für ihren Mann, indem sie sich eingehend mit den Bedürfnissen befassen, die ihr Mann eher ignorieren möchte. Doch wie bei jedem anderen Dienst sollten wir damit beginnen, die *wirklich empfundenen Bedürfnisse* in einer Art und Weise zu befriedigen, die dankbar geschätzt wird. Die letzte Frage, die gleichzeitig den anderen zur Glaubwürdigkeit verhilft, lautet: *„In welcher Hinsicht muß ich wachsen und mich weiterentwickeln, um noch wirkungsvoller dienen zu können?“* Menschen, die sich um andere kümmern, sollten zuerst den Normen gerecht werden, die sie für sich selbst aufstellen. Wenn Gott unsere Mängel ausgleicht, dann wächst unser Vertrauen, daß er uns gebrauchen kann, um die Bedürfnisse unseres Partners zu erfüllen.

Sie bekräftigt seine richtigen Entscheidungen

Viele Männer und Frauen haben es einfach aufgegeben, eine sinnvolle Beziehung zu ihrem Ehepartner zu unterhalten und ihm zu gefallen. Sie haben das Empfinden, sie könnten doch nichts richtig machen.

Warum sich also weiter darum den Kopf zerbrechen? In der Tat gibt es aber viele andere positive Instrumente, um das richtige und konstruktive Verhalten in einer Ehe zu stärken. Häufig höre ich Frauen über ihr Verlangen nach Komplimenten sprechen, und zwar ganz zu recht. Doch manchen Frauen entgeht dabei, daß auch ihr Mann ein Verlangen nach Komplimenten empfindet.

Die Frau sollte für ihren Mann eine „Falle“ aufstellen und ihn dabei überraschen, wie er etwas gut macht; dann sollte sie eine große Sache daraus machen und ihm auch verraten, warum sie seine Handlung so schätzt.

Eine Frau kann ihrem Mann einen großen Auftrieb geben, indem sie sich einfach bei ihm bedankt, wenn er im Hause mit Hand anlegt und sich die Zeit nimmt, ihr zuzuhören, wenn sie eine schwierige Zeit durchmacht.

Kleine Dinge in dieser Art, die von echter Wertschätzung sprechen, hinterlassen auch beim härtesten Mann einen Eindruck. Das mag für manche Frauen bedeuten, daß sie ihren Stolz hinunterschlucken müssen; aber ihre Worte werden ihm den ganzen Tag in den Ohren klingen.

Sie teilt seine Werte

Überlegte, von Gebet begleitete Bemühungen sollten unterstützt werden. Wenn jedoch ein Mangel an Reaktion zu verzeichnen ist, wie das bei manchen Männern der Fall sein wird, dann kann ein behutsamer Appell vielleicht einen Wandel herbeiführen. Das Ehepaar sollte sich zusammensetzen und Erwartungen klar aussprechen. Die Frau sollte aber auch ihrem Vertrauen Ausdruck geben, daß er sich ändert, weil sie an ihn glaubt und ihn achtet.

Eine Frau sollte also deutlich aussprechen, was sie braucht und warum. Wichtiger ist jedoch, daß sie an die Werte ihres Mannes, an das, was er darstellt, appelliert. Sie hat ihm kein endgültiges Ultimatum, sondern eine Bitte unter Erwachsenen vorgelegt. Männer reagieren viel eher auf eine gradlinige Feststellung von Tatsachen.

Liebevolle Konfrontation

Zwischen einem unbeherrschten emotionalen Ausbruch und einer liebevollen Konfrontation besteht ein himmelweiter Unterschied. Im ersten Fall hat der Mensch „die Beherrschung verloren“ und dem anderen den „Krieg" erklärt, nur um Frustration und Wut abzulassen. Er mag sich danach wohler fühlen, aber er steht immer noch vor einem Problem, das sich weigert, von der Bildfläche zu verschwinden. Diese Art von Problemlösung zielt nicht auf eine echte Lösung ab, sondern nur auf den Wunsch, eine Rechnung zu begleichen oder jemand „in seine Schranken zu weisen".

Salomo, ein Mann von beträchtlicher Erfahrung mit Frauen, zeigt uns in Spr.21, 19 eine typisch männliche Reaktion auf ein Leben mit einer streitsüchtigen Frau: „Besser in der Wüste wohnen als bei einem zänkischen und zornigen Weibe." Genau das ist die männliche Reaktion auf eine zänkische Frau: Reißaus nehmen und sich in die Isolation begeben. Das Ziel einer Auseinandersetzung sollte nicht nur ein Wandel im Verhalten sein; das wäre zu kurz gedacht. Vielmehr muß ein erneuertes gegenseitiges Verständnis, Nähe und Kommunikation angestrebt werden, durch die die Beziehung sich zu größerer Kooperation und Liebe entwickelt.

Eine zweite Art ehelichen Streits tritt in Form von Kriegführung auf niedriger Ebene an - bekannt als Nörgeln. Das Nörgeln ist eine subtile, jedoch häufig vorkommende Art der Konfrontation. Der Ton einer nörgelnden Person drückt Hoffnungslosigkeit aus: „Ich weiß, daß du das nicht tust, aber ich erinnere dich doch noch einmal daran." Natürlich wird aus dem einen Mal dann doch hundert Mal. Aber der Ehemann ändert sich nicht. Für ihn stellt Änderung eine Kapitulation vor dieser Art verbaler Folter dar, die nach seiner Auffassung nur zu weiterem Mißbrauch ermutigt. Deshalb entscheidet er sich für „zeitlich unbegrenztes Nichthandeln".

Für eine Frau gibt es bessere Möglichkeiten zur Auseinandersetzung.

Vor einer Auseinandersetzung muß sie den eigenen Ärger ablassen.

Sie muß erst eine sorgfältige Bestandsaufnahme ihrer „Selbstgespräche" vornehmen und überlegen, was sie sagt und glaubt. Wenn sie ständig vor sich hinmurmelt: „Der Kerl ändert sich nie", oder „Er kümmert sich keinen Deut um mich und meine Bedürfnisse", oder „Was stimmt nicht mit mir, daß es nie zu einer Zusammenarbeit mit ihm kommt", dann geht sie zornerfüllt in eine Auseinandersetzung und gerät in eine Situation, in der sie nicht gewinnen kann. „Denn im Zorn tut kein Mensch, was vor Gott recht ist" (Jak.1, 20).

Sie muß die legitimen Bedürfnisse erkennen, die sie und ihr Mann haben.

Sie muß sich fragen: „Was will mein Ehepartner von mir oder von unserer Ehe? Kann ich das teilweise oder vollständig erfüllen? Bin ich bereit, auf seine Bedürfnisse zuerst einzugehen, wenn er bereit ist, sich meine eigenen Bedürfnisse anzuhören?" Die Gabe, auf andere zuzugehen und dabei deren Wünsche im Auge zu haben, hat etwas Entwaffnendes an sich. Sie kennzeichnet einen Menschen, der sich anderen in Liebe zuwendet. Bedeutsamer ist jedoch, daß sie einem in jeder Situation Gehör verschafft und das Markenzeichen eines erfolgreichen Menschen wird. Ein äußerst weiser Rat lautet: „Sie können alles im Leben bekommen, was Sie haben wollen, wenn Sie genügend anderen Leuten helfen, das zu bekommen, was sie haben wollen."

Das Spiel muß irgendwo seine Grenzen haben. Die Frau muß klar und deutlich darlegen, was sie braucht und wie es ihr und der Ehe zugute käme. Gleichzeitig sollte sie die anderen Möglichkeiten ansprechen und darauf hinweisen, wohin es führen würde, wenn die Dinge weiter so dahintreiben wie bisher.

Sie kann ihre Feststellung etwa folgendermaßen formulieren:

> „Liebling, ist es dir sehr lästig, wenn ich dich bitte, deine Sachen in den Wäschekorb zu tun? Was denkst du darüber? Wenn du das nicht machst, dann bringst du damit zum Ausdruck, daß es dir einfach gleichgültig ist. Von jetzt ab wird nichts mehr gewaschen, was nicht im Wäschekorb ist. Ich lehne es ab, mich darüber aufzuregen. So kann ich dich weiter liebhaben, ohne deine Sachen zu waschen."

Sie muß eine Krise meistern und nicht ihren Mann.

Gelegentlich braucht es eine ausgewachsene Krise. Es muß eine Linie gezogen und dem Ehepartner klargemacht werden, daß die Dinge nicht so weitergehen können wie bisher.

Wir wollen uns wieder der Situation von Dorothe zuwenden, die am Rande einer Liebesaffäre stand, und ihre Geschichte zu Ende bringen.

Als Dorothe ihre Stelle aufgab und ihren Pastor aufsuchte, um sich Hilfe zur Bewältigung ihrer Situation zu holen, geschah dies, weil sie wenig oder keine Hoffnung auf Hilfe von ihrem Mann hegte. Wie Sie sich erinnern werden, hatte sie sich an Brian gewandt, bevor die Beziehung ernst wurde, und hatte keine Hilfe von ihm erhalten. Vielmehr hatte sie das Gefühl, als selbstverständlich hingenommen und ausgenutzt zu werden. Was sie brauchte, war ein Punkt ohne Wiederkehr, wo sie zum Handeln verpflichtet war, und Brian war dazu verpflichtet, sich ihre seelischen Bedürfnisse anzuhören. Schließlich bestand sie darauf, zu einer Beratung zu ihrem Pastor zu gehen, der beiden die Verantwortlichkeit zuwies, die ihre Ehe auf den Weg zur Genesung führte.

Viele Frauen betrachten die von mir vorgeschlagenen Wege als unter ihrer Würde. „Immerhin", so meinen sie, „wenn der Kerl mich wirklich liebt, dann tut er das doch ganz selbstverständlich, oder? Tut er's nicht, dann bedeutet das doch, daß mit ihm etwas nicht stimmt!" Diese Art der Argumentation entspricht nicht der Wahrheit. Hier kommt vielmehr eine Mentalität der Verachtung zum Ausdruck, die in jeder Ehe zu radikalen Einbrüchen führen muß. Sie beweist auch eine unterschwellige Annahme, daß die Ehe mit Dienst nichts zu tun hat. Eine Frau braucht nicht jeden Wunsch und jede Laune ihres Mannes in den Mittelpunkt ihres Lebens zu stellen, aber sie muß sehr wohl zu einem schöpferischen Dienst an ihrem Mann bereit sein und damit auf das letztliche Ziel hinwirken, im Rahmen der Ehe immer ähnlicher wie Christus zu werden.

Ein Absatz aus der Aussage des Petrus über die Unterordnung der Frau - selbst einem ungläubigen Gatten gegenüber - zielt auf diesen Gedanken der Christusähnlichkeit. Wenn er sagt: „Ebenso sollt ihr Frauen . . .", bezieht er sich auf das, was er weiter oben über das Leben Jesu ausführte. Zweifellos ist dies eine der schwierigsten Textstellen der Heiligen Schrift, wenn es um die Anwendung geht:

> Denn dazu seid ihr berufen; hat doch auch Christus für euch gelitten und euch ein Vorbild hinterlassen, damit ihr seinen Fußstapfen folgen sollt; er, der keine Sünde getan hat und in dessen Munde kein Betrug war; der nicht mit Schmähungen antwortete, als er geschmäht wurde, der nicht drohte, als er litt, sondern es dem anheimstellte, der gerecht richtet. (1.Petr.2, 21-23)

Immer wieder einmal zeigt uns Gott: wenn wir auf ihn vertrauen und die Dinge auf seine Weise und zu seiner Zeit tun, ist der Preis weit lohnender als unsere vorübergehenden, bruchstückhaften Gewinne.

Wenn Sie etwas gut gesagt haben wollen, fordern Sie einen Mann auf. Wenn Sie eine Arbeit gut getan haben wollen, bitten Sie eine Frau.

Margaret Thatcher

12. Die berufstätige Frau

Mit Alice konnte man immer rechnen. Sie war energisch, tüchtig, und nie kam eine Klage aus ihrem Munde. Warum also wollte die Kirchengemeinde sie nicht als Leiterin des Komitees zur Beschaffung von Mitteln für das neue Gemeindehaus berufen?

Als die Diskussion des Nominierungsausschusses sich hinzog, warf ein Mitglied ein: „Aber Alice hat einen Mann, drei Kinder und einen Beruf. Außerdem leitet sie bereits unsere Kindergottesdienst-Arbeit."

Der Vorsitzende des Komitees brachte den alten Ratschlag vor: „Wenn man eine Arbeit getan haben will, muß man jemand suchen, der beschäftigt ist." Die Gruppe nickte kollektive Zustimmung. „Außerdem", fuhr er fort, „wenn Alice es nicht übernehmen will, dann kann sie jederzeit nein sagen."

Zum Unglück für Alice und viele ihresgleichen erlaubt ihr Bedürfnis danach, gebraucht zu werden, nicht, daß sie auch nur einmal nein sagen.

Alices Mann John war begreiflicherweise stolz auf die scheinbar unerschöpfliche Leistungsfähigkeit seiner Frau. Seine eigene Rolle in ihrem Leben empfand er jedoch nur als die eines Zuschauers. Ein Ausspruch Johns lautete: „Ich möchte, daß sie das tut, was sie glücklich macht." Da sie seit achtzehn Jahren verheiratet waren, glaubten die meisten Leute, daß alles, was sie unternahmen, funktionierte.

Die Realität ihres Lebens sah jedoch ganz anders aus als die in der Öffentlichkeit zur Schau gestellte Fassade. Alice und John gehörten zu den einsamsten Menschen in der Gemeinde. Man hätte sie ohne weiteres als „verheiratete Alleinstehende" bezeichnen können. Offiziell waren sie verheiratet, doch ihr Lebensstil und ihr Terminplan trennten sie. Nur wenige Aktivitäten und noch weniger Interessen hatten sie gemeinsam. Aus Gesprächen mit John gewann ich den Eindruck, daß er sie in einer Woche überhaupt nicht zu sehen bekommen hätte, wäre nicht ein Sonntagsessen mit einigen Gästen auf ihrem Plan gestanden. „Oh, ich beklage mich nicht. Ich freue mich, sie so emsig und glücklich zu sehen."

Als ich dieses Paar näher kennenlernte, erfuhr ich, daß sie ihr Leben zu nicht endenwollender Aktivität ausgewalzt hatten – *alles* nur, um Kommunikation zu vermeiden. Tatsächlich war jedes der beiden von der Unfähigkeit des anderen, sich Problemen zu stellen, abhängig geworden. Für Alice war Arbeit nicht etwas, was ihr Erfüllung brachte, nicht einmal etwas, was ihr ein zusätzliches Einkommen bescherte. Es war ein Zufluchtsort, um Schmerz zu umgehen.

Geschäftigkeit wird oftmals zu einem süchtigmachenden Schmerzmittel, das dazu dient, die Qual eines leeren Lebens abzutöten. Zwar bilden Menschen wie Alice *nicht* die Mehrheit unter den berufstätigen Frauen, doch viele unterliegen dem gleichen Denkprozeß. Eine große Zahl leidet an Schuldgefühlen, fehlender Kommunikation und Streß, wie sie auch Alice bedrängten. Heute sind berufstätige Frauen in der Mehrzahl. Man schätzt, daß 1990 in den Vereinigten Staaten rund 65 Prozent der Bevölkerung zu den doppelt verdienenden Haushalten gehören.

Entscheidungen und Spannungen

Die Erwartungen, die heute an Frauen gestellt werden, steigen in alarmierender Weise. Herauszufinden, wo ihre Verantwortung und der damit einhergehende Druck endet, ist für eine Frau, als müßte sie eine Zwiebel schälen. Die neuen Türen, die Frauen heute offenstehen, sind ein Segen und zugleich auch ein Fluch.

Allgemein ausgedrückt werden Frauen seelisch in eine Richtung gezerrt, die der von Männern entgegengesetzt ist. Das führt zu wachsender Spannung zwischen Männern und Frauen.

Häufig werde ich von alleinstehenden Frauen gefragt: „Warum scheuen sich Männer so vor Verpflichtungen?" Die Antwort liegt im Verständnis der Natur des Mannes und seiner Sicht der Welt. Wenn ein Mann auf die dreißig zugeht und intensiver in das für den Aufbau einer Karriere wichtige Stadium seines Lebens eintritt, liegt seine Welt außerhalb seiner Haustür. Um seinen Einfluß „da draußen" zu optimieren, glaubt er oft, er müsse die Wahrung dessen, was sich in der privaten, „unproduktiven“ Sphäre seines Lebens abspielt, vereinfachen. Ehe und Familie schränken seine Zeit und seine Verfügbarkeit darüber ein. Bis über den Kopf in Verantwortung zu stecken führt bei manchen Männern dazu, daß sie das Leben als einengend betrachten, das sie an Verpflichtungen kettet, für die sie sich noch nicht bereit fühlen. Tatsächlich aber werden eine Reihe von Männern nie bereit, allzuviel Verantwortung zu übernehmen. Wenn sie nach Hause gehen müssen, dann können sie nicht mit ihren Freunden ausgehen. Wenn sie einen Geschirrspüler und einen Kombiwagen anschaffen müssen, können sie sich den neuen Sportwagen nicht leisten, mit dem sie liebäugeln.

Manche Frau mag überrascht und vielleicht sogar irritiert sein, wenn sie erfährt, wie die meisten Männer die Entscheidung einer Frau zur Ehe ansehen – als Entscheidung nämlich, die eine ganze Menge neuer Möglichkeiten bietet. Wenn eine Frau es will, kann sie die traditionelle Rolle einer Nur-Hausfrau übernehmen. Diese Rolle läßt ihr Zeit für kreative Haushaltsführung und Engagement innerhalb der Gemeinde (vorausgesetzt, das Einkommen ihres Mannes reicht zur Erfüllung der beiderseitigen Erwartungen). Außerdem wird niemand die Nase rümpfen, wenn eine Frau sich entschließt, daheim zu bleiben, schon gar nicht in christlichen Kreisen. Andererseits kann eine Frau sich auch dafür entscheiden, ihre Berufslaufbahn fortzusetzen und ihr eigenes Potential zu vergrößern. Für manche ist das einfach eine Frage der Beibehaltung ihres Lebensstils oder der Suche nach Erfüllung. Unabhängig von ihrer Entscheidung glauben die meisten Männer jedoch, daß die Ehe den Frauen eine Tür zu neuen Möglichkeiten öffnet.

Viele modernen Frauen aber wollen alle Chancen im Leben erkunden – und zwar möglichst gleichzeitig. Sie haben das Gefühl, etwas „versäumt“ zu haben. Eine gläubige Frau sollte ihre Identität aber nicht auf den neuesten Trend in Madame oder Für Sie abstützen, sondern auf dem Wort Gottes. Die Bibel ist die Richtschnur, die über Kultur und Zeit hinausgreift. Die Heilige Schrift ist spezifisch genug, um uns die breite Richtung zu zeigen, doch ihre Anweisungen engen nicht so ein, daß kein Raum mehr für Individualität und Berufung bliebe. In Titus 2, 3-6 sagt Paulus den reiferen Frauen, Teil ihres Wirkens sei es, daß sie „die jüngeren Frauen zur Besonnenheit anhalten, daß sie ihre Männer und Kinder lieben...“. Dem liegt der Gedanke zugrunde, eine Frau in dem Prozeß zu unterweisen, in dem sie bereits tätig ist: der gottgegebenen Aufgabe, eine Familie liebevoll zu umsorgen. Dies ist keine Forderung, sich innerhalb der vier Wände von Haus und Gemeinde selbst einzusperren. Es gibt in der Heiligen Schrift keinen Hinweis, daß Frauen nicht mit den gleichen Gaben ausgestattet sind wie Männer, obwohl es Angaben für ihre Prioritäten gibt. Selbst sie sind im allgemeinen im Einklang mit dem von Gott für die Frauen vorgezeichneten Weg.

Häufig kann man heute den Ruf hören, das Christentum sei für moderne Frauen zu einengend oder zu bedeutungslos. Das stimmt nicht. Selbst in ihrem eigenen Haushalt soll eine Frau alles andere als eine passive Beobachterin sein, die nur herumsitzt und Anweisungen von ihrem Mann erwartet. Paulus schreibt: „So will ich nun, daß die jüngeren Witwen heiraten, Kinder zur Welt bringen und den Haushalt führen und dem Widersacher keinen Anlaß zu Verdächtigungen geben" (2.Tim.5, 14). Diese Textstelle besagt zusammen mit anderen, daß Frauen an der Verantwortung für den Familienhaushalt beteiligt sind. Damit soll nicht etwa ein zweiköpfiges Monstrum geschaffen werden mit widerstreitenden Ansprüchen auf die Führung des Haushaltes, sondern vielmehr ein System des geteilten Vertrauens, der Suche nach Führung im Gebet und der gegenseitigen Unterstützung. Stephen Clark schreibt in seinem ausführlichen Werk über die Rollen von Männern und Frauen:

> Wenn der Mann die Leitung des Hauses übernimmt, enthebt das die Frau weder der Verantwortung noch verurteilt es sie zur Passivität. Sie wird dadurch auch nicht zur einfachen Hausgehilfin.

Der schlimmste Ankläger einer Frau ist meistens ihr eigenes Gewissen.

Manche Frauen haben das Gefühl, sie müßten unter dem Druck von zuviel Arbeit und zuwenig Zeit, zu vielen Erwartungen und mangelndem Verständnis seitens derjenigen, die sie am besten kennen, zusammenbrechen. Woran orientiert sich eine Frau über die Art und Weise, wie sie ihr Leben planen und festlegen soll? Wohin wendet sie sich, um selbst versorgt zu werden?

Eine Frau möchte gerne das Gefühl haben, daß sie zu ihrem Mann gehen kann, wenn es um Führung geht. Bedauerlicherweise ist das eine Position, die er womöglich aufgegeben hat – vielleicht, weil er sich überflüssig oder im Vergleich zu seiner auf allen Gebieten kompetenteren Frau eingeschüchtert vorkommt. Bis vor ungefähr vierzig Jahren waren solche Überlegungen von Männern nicht zu hören. Im jüdisch-christlichen Erbe übernahmen die Ehemänner die Leitung des Hauses und die Verantwortung für die Entwicklung der darin lebenden Menschen. Die Führung eines Mannes sollte angestrebt und seine Meinung respektiert werden. Die Fernsehspots, mit denen viele von uns aufwuchsen, passen nicht in eine Kultur, die versucht, Frauen in eine Welt der Verantwortung zu erheben.

Die biblische Rolle des Mannes endet nicht an der Türschwelle. Viele Männer glauben, sie sorgen gut für ihre Familie, wenn sie den Lebensunterhalt bestreiten. Doch das reicht nicht, um den Zielen Gottes gerecht zu werden und zu dem vollen Potential der Männlichkeit zu gelangen, das Gott geplant hat. Paulus gab Timotheus ein Verzeichnis der Qualifikationen für jeden Mann, der in der Gemeinde ein führendes Amt einnehmen möchte:

> ...der seinem eigenen Haus gut vorsteht und seine Kinder in Gehorsam und Ehrbarkeit hält. Denn wenn jemand seinem eigenen Haus nicht vorstehen kann, wie soll er dann für die Gemeinde Gottes sorgen? (1.Tim.3, 4-5)

Die Aufgaben des christlichen Mannes enden nicht, wenn er sein Haus betritt. Nach Gottes Vorstellungen sollen Männer die Leitung ihres Haushaltes auf ihrer Prioritätenliste weit obenan setzen. Die Familie ist der Ort für das Wirken eines jeden Mannes.

Selbst wenn ein Mann seinen Verpflichtungen daheim nachkommt, lastet auf den Frauen mit ihren vielerlei Rollen immer noch ein unglaublich großer Druck. Halten Sie sich nur einmal den Konflikt einer gläubigen Frau vor Augen, die vielleicht in ihrem Beruf „das Kommando hat" und sich daheim um Unterordnung bemühen muß. Zudem trägt die berufstätige Frau im allgemeinen einen ungleichen Anteil an der zu Hause anfallenden Arbeit. Unabhängig von dem, was ihr Scheckbuch über ihren Beitrag zum Familieneinkommen aussagt, der Haushalt wird nach wie vor als weibliche Bürde angesehen. Die Zeitung „USA Today" schreibt dazu:

Sehen Sie sich das an: In diesem Zeitalter der Befreiung und Chancengleichheit sagen 94 Prozent aller Frauen, die mit einem Manne zusammenleben, daß sie daheim den größten Teil der Arbeit erledigen. Überraschenderweise wünscht sich 1 unter 5 Frauen – 21 Prozent – mehr Hilfe von seiten des Mannes im Haus. Dies ist der Schlüssel zum Verständnis des Konflikts der Frauen in den achtziger Jahren. *Während sie ihren Horizont erweitern, sind sie sich keineswegs sicher, ob sie das aufgeben möchten, was ihnen zu allen Zeiten Selbstachtung vermittelt hat – die Fähigkeit, für Heim und Familie zu sorgen.*

Kann sie wirklich „alles haben"?

Die Frauen wurden zu dem Glauben verleitet, sie könnten „alles haben". Eine erfolgreiche Karriere, einen glücklichen Gatten, wohlerzogene Kinder, ein „bedeutsames" Amt in der Gemeinde, eine gute Figur, eine Feinschmeckerküche und ein sauberes Badezimmer – das alles erwartet die energische Frau mit Organisationstalent. Salomo gibt uns in Pred.9, 10 folgenden Rat: „Alles, was dir vor die Hände kommt, es zu tun mit deiner Kraft, das tue." In den Tagen Salomos erstreckte sich das, was man mit seinen Händen finden konnte, auf einen relativ engen Bereich. In unserer Überschall-High-Tech-Gesellschaft bleibt uns nicht viel Zeit, etwas mit aller unserer Kraft zu tun. Doch Frauen sind weit eher geneigt, den Versuch zu wagen.

Der vielfältige Druck zu Hause und im Beruf – nicht zu erwähnen den Rückzug ihres Mannes von Führungsaufgaben – bringt es mit sich, daß sich eine Frau oftmals auf allen Seiten von Feinden belagert fühlt.

Wie sieht nun der häufigste Feind aus, der sich in die private Welt der modernen Frau einschleicht?

Privater Feind Nummer 1: Streß

Streß ist einer der wichtigsten Faktoren am Arbeitsplatz. Firmen halten Seminare ab, und Psycho-Gurus streichen dicke Honorare ein, um sich mit diesem Problem zu befassen. Für berufstätige Frauen kann Streß zu einem gewichtigen Problem werden, weil Frauen dazu neigen, ihre Probleme stärker nach innen zu verlagern. Die Sache wird dadurch kompliziert, daß die meisten Lösungen, auf die sich die Unternehmensseminare konzentrieren, männerorientiert sind. Ideen wie Beschäftigung mit einem Hobby oder den Eintritt in einen Sportclub mögen in den Ohren des Durchschnittsmannes gut klingen, doch für eine berufstätige Mutter mit Kindern und einem Mann, der auf das Abendessen wartet, bieten sie herzlich wenig Hilfe.

Die berufstätige Frau unterwirft sich selbst einer Reihe von Verhaltensweisen, die Druck erzeugen. Es ist, als werde ein Tonband immer und immer wieder abgespielt, und wenn sie die Botschaft über sich selbst glaubt, dann kann sich der Dampfkochtopf von Zuviel-zu-tun-und-nicht-genügend-Zeit bis über den Siedepunkt hinaus aufheizen. Nachstehend einige Verhaltensformen, die Streß erzeugen oder verstärken.

Band Nr. 1: „Ich muß unter allen Umständen eine gute Leistung erbringen.“ Es gibt einen Aufkleber mit dem Text: „Der beste Mann für den Job. . .ist eine Frau.“ Viele Firmen haben festgestellt, daß das stimmt. Frauen scheinen unermüdlich in ihrer Arbeit zu sein. In vielen Unternehmen mit Fließbandarbeit sowohl in den USA als auch in anderen Ländern wurde festgestellt, daß Frauen den für eine Fließbandarbeit erforderlichen Details mehr Aufmerksamkeit schenken. Es gibt weniger Fehler, weniger Arbeitsunfälle, und die Produktivität ist größer. Ein Firmenchef drückte es mir gegenüber so aus: „Die Frauen hier haben den Ehrgeiz, den Job richtig zu machen.“

Selbstverständlich ist der Wunsch, eine Arbeit korrekt zu erledigen, kein negatives Attribut. Doch eine Frau lehnt es vielleicht ab, eine Aufgabe niederzulegen, weil sie nicht zu ihrer Zufriedenheit ausfiel oder weil sie befürchtet, schärfer beurteilt zu werden, weil sie eine Frau ist. Das führt häufig zur Erschöpfung und zu der Vorstellung, sie könne überhaupt nichts ordentlich machen. Sie merken, daß Sie auf dieses „Band“ hören, wenn:

- der Tag mit einem Gefühl der Frustration und des Nichtfertigwerdens endet;
- absolut alles nach dem höchsten Standard erledigt werden muß;
- Kritik oder bereits eine Frage als vernichtender Schlag empfunden wird;
- fast jeder Satz mit „Tut mir leid“ eingeleitet wird.

Band Nr. 2: „Alles bleibt an mir hängen.“ Manche Haushalte sind mit einem „eingebauten Märtyrer“ ausgestattet. „Ich weiß nicht, wie diese Familie es ohne mich schaffen würde", ist der Schlachtruf in einem solchen Heim. Die Frau lehnt Hilfe in der Küche ab und wendet eine Menge Zeit auf, die Schränke und Schubladen jedes einzelnen Familienmitglieds ordentlich einzuräumen. Sie begreift nicht, daß es wesentlich einfacher ist, einmal die Menschen statt hundertmal die Schubladen zu organisieren. Außerdem könnte es ja geschehen, daß jemand sie beobachtet, wie sie sich gerade ausruht, und sie muß doch beim Arbeiten gesehen werden.

Band Nr. 3: „Ich muß Punkte gutmachen." Es kommt vor, daß eine Frau mit dem Wunsch in die Arbeitswelt eintritt, die Waage ihres Lebens auszugleichen. Wenn ihr Selbstwertgefühl durch etwas verletzt wurde, was sie lediglich als Mangel an finanziellen Mitteln betrachtet, dann kann mehr Geld sie für diesen vergangenen Schmerz entschädigen.

Wenn es darum geht, etwas zu tun, was von anderen bemerkt wird („Wer achtet schließlich auf eine Hausfrau", so überlegt sie), dann findet sie das in einer wichtigen, arbeitsreichen Stellung.

Sehen wir uns als Beispiel Alice, die überarbeitete Kindergottesdienstleiterin, an. Sie erzählte mir: „Mein Vater hatte sich einen Jungen gewünscht. Vermutlich habe ich immer geglaubt, ich müsse mehr leisten und besser sein, einfach um das auszugleichen."

Band Nr. 4: „Warum mögen mich die Leute nicht so, wie sie sollten?" Gedanken dieser Art entspringen der Vorstellung, daß Liebe etwas ist, was man sich verdienen muß. Ein Mensch, der sich nicht geliebt fühlt, hat häufig die Ansicht, wenn er – oder sie – mehr leistet, führe das zu gesteigerter Liebe. Wenn die von einer solchen Frau ersehnte Zuneigung ausbleibt, zieht sie den Schluß: „Ich tue nicht genug."

Diese Denkweise bildet den Beginn eines mühseligen, aufgabenorientierten Verhaltens, der zur Niederlage führen muß. Ein Mensch, der auf diesem Niveau arbeitet, tut das innerhalb und außerhalb der Ehe. Jede Freundschaft wird zu einer Sache von Geben und Nehmen; der Arbeitslohn muß genau auf der Grundlage der geleisteten Arbeit bezahlt werden. Geschieht dies nicht, dann gibt sich der oder die Betreffende selbst die Schuld. „Irgend etwas muß mit mir nicht in Ordnung sein."

Die Werte, die zu einem solchen Denken führen, wurzeln letzten Endes in unserer Vorstellung von Gott. Unsere Sicht von dem, wer Gott ist und wie er eine Beziehung zu uns aufnimmt, bildet die

Grundlage für unsere innere Stabilität. Wenn der mit dem überhaupt höchsten Standard, Gott der Schöpfer, uns annimmt und ganz ungeachtet unserer Leistungen liebt, warum müssen wir dann unseren Standard hinaufschrauben, um den Beifall anderer Menschen zu erringen?

Larry Crabb schreibt:

> Mein Bedürfnis nach Sicherheit verlangt, daß ich jetzt und für immer bedingungslos geliebt, akzeptiert und umsorgt werde. Gott sieht das Schlimmste von mir und liebt mich trotzdem so sehr, daß er sein Leben für mich gab. Solche Liebe kann ich niemals verlieren. Für ihn bin ich immer annehmbar, ganz gleich, wie ich mich verhalte. Meine Annehmbarkeit für Gott hängt einzig und allein davon ab, daß der Tod Jesu als volle Bezahlung für meine Sünden akzeptiert wurde.

Eine Liebe, die frei ist von allen Vorleistungen, ist nur für den gläubigen Menschen erreichbar. Andere Leute schustern sich Strategien zurecht, um aus Beziehungen die Art von Zustimmung zu erlangen, die Gott uns frei schenkt. Doch diese brüchigen Hilfsmittel zerfallen alle im Laufe eines normalen Lebens. Häufig ist die Ehe der erste Platz, an dem das Material zu verschleißen beginnt. Bei vielen Menschen kreisen die Pläne um ihre Fähigkeiten, Aufmerksamkeit und Beifall anderer zu erhaschen, indem sie das tun, was der Tradition entspricht und auf Wohlwollen stößt. Das Ergebnis ist eine äußere Hülle von einem Verhaltensmuster, das im wesentlichen von jammervoller Leere geprägt ist.

Band Nr. 5: „Warum passiert mir das alles?“ Die Menschen durchleiden vielfach beträchtlichen Streß, weil sie sich einbilden, wenigstens für Christen müsse das Leben frei von Sorgen sein. Sie wissen um die Dinge, die anderen zustoßen, doch irgendwie hat sich in ihnen die Ansicht herausgebildet, kraft ihres Glaubens seien sie freigestellt von Schmerz. Jesus hob in seiner Bergpredigt ganz besonders den Punkt hervor, daß „es auf Gerechte und Ungerechte regnet“ (Matth.5, 45). Doch wenn der erste Regentropfen auf das Leben einer Frau fällt, die auf dieses Band hört, nimmt sie an, daß bei ihr etwas nicht im rechten Lot sei. Die natürliche Schlußfolgerung ist, daß schlimme Dinge geschehen, weil sie ihrer vollen Berufung als Frau irgendwie nicht gerecht wird.

Band Nr. 6: „Ich tauge einfach zu nichts.“ Das Bedürfnis, sich zu verstecken, kann ebenfalls Streß auslösen. Viele Menschen sehen ihr Leben als Fehlschlag an und empfinden den Drang, sich vor jedem zu verstecken. Eine Frage, von der die meisten von uns heimgesucht werden, lautet: „Was würden all diese Leute sagen, wenn sie wüßten, wer ich wirklich bin?“

Frauen, die einem Beruf nachgehen, kämpfen das Gefühl des Versagens wenigstens zeitweise nieder. Sie haben so viel um die Ohren und neigen dazu, alles so zu erledigen, daß es Wohlgefallen erweckt – beim Arbeitgeber, bei den Kollegen, ihrer Familie oder dem Ehegatten. Wenn so viele Ziele angestrebt werden, dann nistet sich der Fehlschlag als Faktum im Leben ein. Doch das heißt nicht, daß die Frau, die bei der einen Pflicht „versagt“, untauglich ist. Und ein „Fehlschlag“ ist auch kein Mal, das eine berufstätige Mutter auf ihrem Gewissen mit herumschleppen muß.

Ein Gewissen, das nicht mit sich im reinen ist, fügt einem ohnehin arbeitsreichen Tag noch zusätzlichen Streß hinzu. Die Ungewißheit führt zu einer Entfremdung von Gott und von den Menschen, die uns die größte Stütze geben.

Band Nr. 7: „Ich geb's auf.“ Der letzte Schritt in einem von Streß geprägten Verhaltensmuster besteht darin, den Alarm abzustellen. Er resultiert aus einem Gefühl der Hilflosigkeit, das von Frustration getragen ist. Das ist keine Übergabe unserer mangelnden Fähigkeiten an die Gnade Gottes, sondern ein glattes Aufgeben.

Wie finde ich da heraus?

Die frohe Nachricht lautet, daß der Streß der berufstätigen Frau überwunden werden kann. Er braucht keine Quelle verzehrender Spannung zu sein, die unsere familiären Beziehungen auffrißt.

Im folgenden werden einige Schritte aufgeführt, die Ihnen helfen sollen, den Fallen des Stresses zu entgehen.

Was sage ich zu mir selbst?

Der Ausgangspunkt zur Reduzierung der Streßbelastung ist das ganz bewußte Hören auf Selbstgespräche. Was wird geäußert? Sind die Dinge glaubhaft? Was bewirkt, daß sie glaubhaft klingen?

Dinge, die offen angesprochen werden, bestehen nur selten diese

Prüfung. Wir neigen dazu, unsere Ängste vor anderen so gut zu verbergen, daß sie im Verlaufe dieses Prozesses auch vor uns selbst verborgen bleiben.

Stellen Sie sich zum Beispiel folgende Frage: „Was war die Ursache des Problems, als ich mich das letzte Mal zornig oder niedergeschlagen oder nervös fühlte?“ Schon während die Beschreibung abläuft, wird das den Streß erzeugende „Band“ mit Selbstgesprächen hörbar. Dann werden Sie erkennen, mit welchen Unwahrheiten Sie es zu tun haben und wie Sie am besten damit fertig werden.

Was ist die Wahrheit über mich selbst und über Gott?

Jemand kann sich derart an die falschen Botschaften über das eigene Leben gewöhnen, daß die Wahrheit „unglaubhafter als ein Schundroman“ wirkt. Hat man erst einmal entdeckt, daß das „Band“ mit den Selbstgesprächen eindeutig nicht der Wahrheit entspricht, besteht der nächste Schritt darin, klarzustellen, was denn nun Wahrheit ist.

Die klarste Wahrheit finden wir in der Heiligen Schrift, und auf sie müssen wir uns konzentrieren. In Phil.4, 8 heißt es:

> Weiter, liebe Brüder: Was wahrhaftig ist, was ehrbar, was gerecht, was rein, was liebenswert und erfreulich ist, alles, was als Tugend gilt oder Lob verdient – darauf seid bedacht!

Es liegt auf der Hand, daß Gottes Meinung von uns und der Wert, den er unserem Wohlergehen bemißt, unendlich viel bedeutender ist als die unseres Chefs, Gatten oder unserer Kinder. Bedauerlicherweise schrumpft unsere Welt allzu häufig auf die Größe der letzten Person zusammen, die uns kritisierte.

Anstatt uns daran zu erinnern, daß Gott uns für wichtig genug erachtete, um für uns zu sterben, heften wir unsere Gedanken an die eine Person, die wenig von uns hielt. Tatsächlich soll jedoch unsere Beziehung zu Gott jeden Bereich unseres Denkens in jedem Augenblick beherrschen.

Bekennen Sie die Lügen, die Ihre Gedanken beherrschen.

Das einzige Mittel, das wir zur Wahrung unserer Gemeinschaft mit Gott haben, ist unser Anspruch an das Blut Christi und die Versicherung, die uns im Bekenntnis und in der Vergebung unserer Sünden gegeben wird (1.Joh.1, 9). Dann folgt der nächste Schritt in dem segensreichen Prozeß, falsches Denken und streßerzeugende Selbstgespräche zu überspielen. Identifizieren Sie „Mißbrauch des Denkens“ mit den objektiven Normen der Schrift und halten Sie sich an die von Gott, unserem Vater, angebotene Versicherung, der Sie zutiefst liebt.

Das Ziel besteht letzten Endes darin, falsche Denkmuster – die Ihre Gefühle und Handlungen steuern – durch Gottes richtige Denkmuster zu ersetzen. (Siehe Röm.12, 1-2).

Was mache ich nun wirklich?

Der Geist ist nicht die einzige Front, an der der Kampf gegen den Streß geführt werden muß. Sie müssen bereit sein, wirkliche Veränderungen vorzunehmen. Manche Ideen mögen naheliegend sein, doch hier sind noch einige, die Sie in Betracht ziehen sollten:

1. Seien Sie heiter.

Das Leben ist ein Geschenk Gottes. Ein gesunder Schritt zur Erholung vom Streß besteht darin, daß Sie lernen, den Quotienten der Heiterkeit zu erkennen und zu kapitalisieren, den Gott jedem von uns gibt. Angenehme Lebensumstände sind nicht das, wofür wir leben – aber man sollte sie auch nicht umgehen. In einer klösterlichen Denkweise ist nicht von Natur aus etwas Geistliches enthalten. Paulus stellt ein wunderbares Gleichgewicht für den Umgang mit angenehmen Lebensumständen her:

> Den Reichen in dieser Welt gebiete, nicht hochmütig zu sein und ihre Hoffnung nicht auf den unsicheren Reichtum zu setzen, sondern auf Gott, der *uns alles reichlich darbietet, damit wir es genießen.* (1.Tim.6, 17, Hervorhebungen vom Verfasser).

Wir dienen nicht einem Gott, der keinen Spaß duldet, und die meisten Menschen nehmen sich selbst viel zu ernst.

Wir sollten wieder lernen, heiter zu sein.

2. Üben Sie Selbstbeherrschung.

Menschen, die unter Druck stehen, haben das Gefühl, das Leben sei außer Kontrolle geraten. Sie haben den Eindruck, von der stärksten

Strömung in ihrem Leben mitgerissen zu werden, und glauben, wenn sie nicht wie wild rudern, würden sie wer weiß wo hingeraten. Wenn sie anfangen, nur die Verantwortung für Dinge zu übernehmen, die sie auch steuern können – auch wenn es sich nur um das handelt, was sie essen oder in der ersten Viertelstunde des Tages tun –, beginnt der Druck nachzulassen.

Selbstbeherrschung ist eines der Anzeichen, daß der Geist Gottes Ihr Leben steuert (Gal.5, 22-23).

Selbstbeherrschung sollte in kleinen, leicht verdaulichen Portionen beginnen. Es ist leicht, allzu schnell Ehrgeiz zu entwickeln und noch schneller wieder den Mut zu verlieren. Wenn eine Diät allzu anspruchsvoll ist, dann versuchen Sie es einmal in der Woche oder mit einer Diät, die sich nur auf das Mittagessen erstreckt. Selbstbeherrschung bedeutet, uns zu sagen: „Nein, das tue ich nicht, ich werde statt dessen etwas anderes tun."

3. Hegen Sie Träume und Ziele, die einem Kind Gottes angemessen sind.

Wir brauchen unsere Träume nicht aufzugeben, wenn wir erwachsen werden. Auch wenn wir in einem Zeitalter leben, in dem die Reichen und Berühmten zu „Helden" werden, gibt es Werte, die über Geld und Macht hinausreichen. Wenn wir die Richtung verlieren und den Motor trotzdem auf höchsten Touren laufen lassen, kommt es schnell zum Durchbrennen. Wie schreibt doch Salomo: „Wer Geld liebt, wird vom Geld niemals satt, und wer Reichtum liebt, wird keinen Nutzen davon haben" (Pred.5, 9).

Für viele Frauen, die die Jahre der Kindererziehung „verloren" haben und sich nun daran machen, einem Beruf nachzugehen, bleibt kein Ziel mehr, das größer ist als sie selbst, das die Macht Gottes mit einschließt und für das sie planen und beten können. Wie aber stellt man es an, sich lohnenswerte Ziele zu stecken?

Ein guter Ansatzpunkt ist, sich eine völlig neue Lebensperspektive vorzunehmen. Versuchen Sie, vom Ende her auf Ihr Leben zu blicken. Stellen Sie sich die Frage: „Was muß ich am Ende meines Lebens sehen, um zu erkennen, ob ich das vollbracht habe, wozu Gott mich berief?"

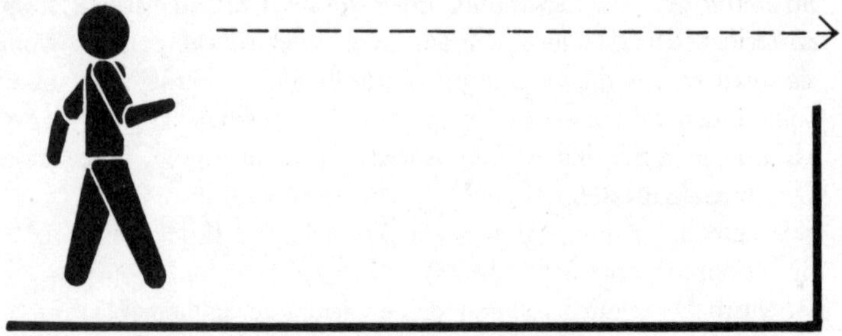

Meist verblassen die Dinge, die uns mit zweiundzwanzig von lebenswichtiger Bedeutung erscheinen, zur völligen Belanglosigkeit, wenn wir fünfundsiebzig sind. Die Reife führt zu einer Klärung unserer Wertvorstellungen. Es mag uns wichtig erscheinen, auf ein neues Auto hinzuarbeiten, doch wenn wir es unter der Perspektive eines ganzen Lebens betrachten... Genau das aber tun wir, wenn wir nicht überlegt und von Gebet begleitet unsere Planungen treffen.

Selbstverständlich müssen wir eine gewisse Zeit und Mühe auf die Versorgung mit materiellen Dingen verwenden; wenn sie jedoch die Gesamtsumme unseres Lebenswerkes ausmachen, dann wird unser Leben wirklich ohne Sinn und Zweck sein. Der Christ, der innerlich mit diesem Gefühl der Sinnlosigkeit ringt, ist in besonderem Maße streßanfällig.

Beim Studium der Heiligen Schrift finde ich nur zwei Dinge von ewigem Wert, in die wir unsere Zeit investieren können: Menschen und das Wort Gottes. (Siehe Apg.24, 16 und Matth.24, 35). Wenn unsere Ziele diese Werte widerspiegeln und unsere Zeit in diesen Bereichen weise genutzt wird, dann bekommen unsere Träume einen wahren und befriedigenden Sinn.

4. Üben Sie es, nein zu sagen.

Wenn wir Zeit dafür aufwenden, die richtigen Ziele im Gebet zu entwickeln, dann sind wir viel besser darauf vorbereitet, nein zu Plänen und Wünschen zu sagen, die unseren Träumen nicht entsprechen. Sie mögen zwar lohnend sein – aber nicht unbedingt für uns. Oft liegt es nicht daran, daß wir keine Pläne hätten, wir können uns nur nicht dazu überwinden, jemandem nein zu sagen. Ein Angebot, eine Verantwortung für eine bestimmte Sache zu übernehmen, bedeutet nicht unbedingt, daß das für uns das Beste ist oder daß ein anderer diese Tätigkeit nicht genau so gut ausführen kann.

Die Notwendigkeit, gebraucht zu werden, ist ein Feind, den wir nur allzu oft in unsere Planung einschleichen lassen. Lernen Sie, diesen Feind zu besiegen, und Sie werden eine Menge Streß in Ihrem Leben beseitigen.

Besonders für Frauen beginnt das Erfordernis, nein zu sagen, im allgemeinen daheim. Vor allem, wenn Sie einem Beruf nachgehen, müssen Sie unbedingt die Schuldgefühle überwinden, die Sie vielleicht befallen, wenn Sie bei bestimmten Streßfaktoren zu Ihrer Familie nein zu sagen beginnen.

Beispielsweise ist es völlig in Ordnung, einem Zwölfjährigen zu sagen, er sei alt genug, selbst ein belegtes Brot zu machen, seine Wäsche zu versorgen und sein Zimmer aufzuräumen. Es ist völlig in Ordnung, Ihren Mann zu bitten, daß er den Abfall hinausbringt, das Konto führt (oder Ihnen wenigstens dabei hilft), die Kinder zum Sporttraining fährt oder sich die Zeit nimmt, sich die Probleme anzuhören, die Ihnen am Herzen liegen. Es ist völlig in Ordnung, wenn Sie nicht der Sklave Ihres Mannes und Ihrer Kinder sein wollen, vor allen Dingen, wenn Sie berufstätig sind. Es trägt sogar dazu bei, die ganze Familie in der Übernahme von Verantwortung, in gegenseitiger Liebe und im Geben zu üben, wenn Sie nicht alle Lasten auf Ihre Schultern nehmen. Wenn Sie weiterhin alle Lücken ausfüllen und Ihre eigenen Bedürfnisse verleugnen, was wollen Sie dann Ihren Kindern und Ihrem Mann über das Leben sagen? Etwa, daß es keine Anforderungen stellt? Oder daß immer einer kommt und hinter ihnen aufräumt?

Der Haushaltssklave zu sein und noch durch Berufstätigkeit zum Familieneinkommen beizutragen, treibt jede Frau zur Erschöpfung, auch wenn sie vor Energie nur so strotzt. Es ist sinnlos, auf die kleine Stimme in Ihrem Hinterkopf zu hören, die da sagt: „Wenn du besser [stärker, geschickter] wärst, könntest du das alles leisten, was von dir verlangt wird." Sie sollten nicht nur das Band mit dieser Stimme löschen, sondern damit anfangen, Verantwortlichkeiten zu delegieren. Sie werden überrascht und erfreut sein, wieviel Streß allein durch diese Änderung von Ihnen genommen wird.

Bitten Sie Ihren Ehegatten, daß er Ihnen beim Umgang mit dem Druck der Berufsarbeit und den endlosen Anforderungen daheim zur

Seite steht. Die Entwicklung neuer Gewohnheiten und der Abbau von Streß kann nur einsetzen, wenn man tägliche Erfolge verzeichnet und berichtet. Das kann bedeuten, daß Sie festhalten, wie oft Sie nein gesagt haben. Es kann ferner bedeuten, daß Sie sich die negativen „Bänder mit Selbstgesprächen" nochmals anhören oder sich überlegen, wie Sie in der einen oder anderen Weise die Kontrolle in Ihrem Leben übernommen haben. Auf jeden Fall bedeutet es aber, daß Sie jemanden ins Vertrauen ziehen und um Hilfe bitten.

> So ist's ja besser zu zweien als allein; denn sie haben guten Lohn für ihre Mühe. Fällt einer von ihnen, so hilft ihm sein Gesell auf. Weh dem, der allein ist, wenn er fällt! Dann ist kein anderer da, der ihm aufhilft. (Pred.4, 9-10)

Bei plötzlichem Druckabfall in der Kabine fällt eine Sauerstoffmaske herab. Wenn Sie mit einem kleinen Kind reisen, legen Sie sich selbst die Maske zuerst an und anschließend dem Kind.

Sicherheitshinweis für Flug-Passagiere

13. Durchbrechen Sie den Teufelskreis bei Ihren Kindern

Wenn das Ringen um die Kontrolle in der Ehe auf Mann und Frau beschränkt werden könnte, dann wäre schon etwas gewonnen. Doch Ehen haben die Eigenheit, daß Kinder aus ihr hervorgehen, und Kinder bekommen den Niederschlag mit, wenn zwischen Vater und Mutter ein Krieg ausbricht. Probleme und Schmerzen von Männern und Frauen werden schnell zu den Problemen und Schmerzen ihrer Söhne und Töchter.

Eltern belasten ihre Kinder nicht absichtlich mit ungelösten Problemen, doch wir wissen, daß das geschieht. Die Konflikte und Sehnsüchte der Jugend werden dann zu einem Bestandteil der Eltern-Kind-Beziehung, wenn dieses Kind erwachsen ist. In 5.Mos.5 wird dieser Zyklus in kurze Worte zusammengefaßt, wenn es heißt, daß die Missetaten der Väter heimgesucht werden an den Kindern „bis ins dritte und vierte Glied". Das ist eine einfache Tatsachenfeststellung: Wir erzeugen Nachkommen nach unserer eigenen Art. Wir geben unseren Kindern, was tief in uns selbst verwurzelt ist.

Die in diesem Buch angesprochenen Probleme – Wunden, die von distanzierten oder schwachen Männern resultieren, die mit dominierenden, mißbrauchten oder überängstlichen Frauen verheiratet sind – führen bei einem Kind fast sicher zu Entwicklungen, die langdauernde seelische Hilfe und fortwährende Ermutigung bedingen. Paul Meyer stellt in seinem Buch über Kindererziehung fest:

> Die eindeutige Mehrheit neurotischer Kinder, die ich behandelt habe, stammt aus Familien mit einem schwachen,

> passiven Vater und einer dominierenden und überängstlichen Mutter. Bei den Vorbereitungen zu diesem Buch verbrachte ich viele Tage in der Bibliothek der Duke University Medical School und suchte nach Forschungsberichten über Eltern-Kind-Beziehungen – welcher Elterntyp welche Art von Kindern hervorbringt. Die Forschungsliteratur beschreibt Hunderte von Syndromen, und in der Mehrzahl findet sich ein schwacher, passiver Vater und eine dominierende, überängstliche Mutter.

Ungelöste Kränkungen, das Gefühl der Vernachlässigung und ein Mangel an Zuwendung rufen, kurz gesagt, langdauernde seelische Verletzungen hervor. Ganz gleich, wie oft wir uns als Kind vorgesagt haben: „Niemals werde ich meine Kinder so behandeln", wir setzen den Zyklus unweigerlich fort. Untersuchungen haben gezeigt, daß Alkoholiker und Kindesmißhandler wiederum Alkoholiker und Kindesmißhandler hervorbringen. Tragischerweise geben wir die Kränkungen weiter, die uns zugefügt wurden.

Für Christen ist noch eine weitere Dimension zu beachten: Gott. Wenn Jesus Gott als „Vater" bezeichnete, gebrauchte er dies als Wortbild, um den Gedanken über Gott Wärme und Nähe zu verleihen. Es sollte unser eigenes Denken über unsere Gefolgschaft mit Gott entzünden. Für viele Menschen ist das Bild, das ihnen dabei in den Sinn kommt, jedoch das eines voreingenommenen, fernen und kalten Wesens. Betrüblicherweise spiegelt sich darin gewöhnlich die einzige Vaterfigur, die sie je gekannt haben.

Eltern sein bedeutet, auf das Leben der Kinder den grundlegenden Einfluß auszuüben. Wenn Eltern sich lieber zurückziehen oder ihren Einfluß auf das Leben ihrer Kinder auf ein Minimum beschränken, dann warten bereits andere „Beeinflusser" – Geld, Gleichaltrige, Videospiele und Fernsehen – darauf, in ihre Fußtapfen zu treten. Man macht es sich viel zu leicht, wenn man zurücktritt und einem Kind erlaubt, mit dem Strom von Gesellschaft und Technik mitzuschwimmen.

Vor kurzem hörte ich von einer Mutter, die sich in einem Spielzeugladen mit den Worten an den Verkäufer wandte, sie wolle „ein Spielzeug, das mein Kind den ganzen Abend lang unterhält. Es muß pädagogisch wirksam sein", fuhr sie fort, „aber ich will sichergehen, daß er auch damit spielt, weil ich nicht alle Viertelstunde hinaufrennen und nach ihm schauen will." Nach längerem Suchen und vielen abgelehnten Vorschlägen meinte der entnervte Verkäufer: „Madam, was Sie *wirklich* suchen, ist ein Vater oder eine Mutter, und die führen wir nicht."

Der Punkt, den ich besonders unterstreichen will, ist: Wir Eltern haben einen ungeheuren Einfluß auf unsere Kinder, und nicht nur auf sie selbst, sondern auf ihre spätere Ehe, ihre Kinder und vielleicht sogar ihre Enkel. Dieser Einfluß kann zum Nutzen oder zum Schaden sein.

Wie können wir unsere Söhne zu starken und empfindsamen Führern ihrer Familie heranbilden? Wie können wir unsere Töchter unterweisen, Vertrauen in eine Beziehung zu setzen, ohne den Drang zur Dominierung oder Manipulation zu empfinden? Wie erziehen wir Kinder zu gesunden, vollständigen Erwachsenen und durchbrechen damit den Zyklus von Spannung und verdeckter Kriegführung in der Ehe?

Wir wollen uns die Antworten auf diese Fragen zuerst im Zusammenhang mit unseren Söhnen ansehen.

Erziehung von Söhnen zu aktiven und nicht passiven Männern

Es gibt ganz bestimmte Bausteine, mit denen Sie heute ein Fundament legen können, um Ihren Sohn zu einem starken, empfindsamen „Führer" von morgen zu erziehen. Schon als Jungen können Sie ihn darauf vorbereiten, daß er einmal ein reifer, in sich gefestigter und fürsorglicher Ehemann und Vater wird. Diese Bausteine sind nicht schwer zu legen, erfordern aber Engagement und Beständigkeit von Ihrer Seite aus.

Bauen Sie sein Vertrauen auf. Der Eckstein des Vertrauens ist engagierte, unerschütterliche Liebe. Wenn ein Kind Liebe erfährt und lernt, sie in der Familie weiterzugeben, dann ist dieses Kind auf dem besten Wege, ein gesunder Erwachsener zu werden. Nicht das *Selbst*vertrauen des Draufgängers ist es, was einen Jungen zu einem guten Ehemann werden läßt, sondern Vertrauen, das aus dem Wissen erwächst: „Ich werde hier in dieser Familie geliebt. Ich kann mich ihnen anvertrauen, auch wenn das Schmerzen mit sich bringt." Die Familie ist der beste Ort, um bedingungslose Liebe zu pflegen.

Die andere Seite des Vertrauens ist eine Hingabe an die Wahrheit. Liebe ohne Wahrheit ist nichts weiter als hohle Sentimentalität. Sie mag sich warm und bequem anfühlen, doch selbst Kinder wissen, daß diese Art der Liebe niemals die Prüfungen des wirklichen Lebens besteht. Wenn man ein Kind nimmt und sein ungezogenes Betragen im Namen der Liebe entschuldigt, dann bedeutet das, daß man es in eine Welt hinausschickt, auf die es nicht vorbereitet ist. Man verurteilt es zum Leben in einer Realität auf Märchenniveau. Wahrheit verleiht der Liebe ihre Bedeutung. Wenn man ein Kind der „Liebe" ohne Wahrheit aussetzt, wird es betrügerisch; setzt man es der „Wahrheit" ohne Liebe aus, dann wird es scharfzüngig und kritisch. Eine Mischung aus beidem gibt ihm das behutsame Vertrauen, das es braucht, um ein seelisch gesunder Mensch zu werden.

Um einen Jungen davor zu bewahren, ein passiver, desinteressierter Ehemann und Vater zu werden, ist auch Bestrafung notwendig, die von bedingungsloser Liebe und Zuwendung gestützt werden muß. Liebe erschließt bei einem Kind den Zugang, der zur größten Wirkung einer Strafe führt. Dr. Ross Campbell schreibt in seinem Buch *„Kinder sind wie ein Spiegel"* (Marburg 1979):

> Wir können nur dann darauf vertrauen, daß ein Kind korrekt bestraft wird, wenn unsere grundlegende Beziehung zu ihm auf bedingungsloser Liebe beruht. Ohne die Grundlage bedingungsloser Liebe ist es nicht möglich, ein Kind und sein Verhalten zu verstehen oder zu wissen, wie man mit Fehlverhalten umzugehen hat.

Liebe bereitet die Grundlage für die verantwortlichen Eigenschaften, die Voraussetzung für die Entwicklung eines Mannes sind, der sich um seine Familie kümmert und sie leitet.

In der Natur jedes Mannes steckt das Streben nach Achtung – das bedeutet Vertrauen bei seinesgleichen. Daher müssen sorgfältig die Grundlagen für das Bild gelegt werden, das ein Mann von sich selbst hat als Versorger, Leitbild und treibende Kraft in seiner Familie. Je mehr ein Junge das Gefühl hat, er könne sich auf seine Familie und die wichtigen Leute in seinem Leben verlassen, desto geringer ist die Gefahr, daß er sich falschen Mitteln der Vertrauensbildung – Erwerb von Dingen und das Angeben mit hohlen Errungenschaftn – zuwendet.

Schenken Sie ihm Zeit und nicht einfach Geld

Viele Eltern geben ihren Kindern Geld oder teure Spielsachen, verweigern ihnen aber ihre Zeit. Wenn man Zeit für ein Kind aufwendet, dann bedeutet das „Du bist wichtig"; wenn man ihm ungeteilte Aufmerksamkeit schenkt, dann bedeutet das „Dein Denken und Fühlen ist wichtig". Einem Kind in die Augen zu schauen und ihm zuzuhören, ist das größte Geschenk, das Eltern machen können.

Ein Kind lernt, was wirklich wichtig ist, durch die Beobachtung dessen, was seine Eltern für wichtig halten. Wenn wir unsere Freizeit Tag für Tag damit zubringen, das Auto auf Hochglanz zu polieren, dann wird ein Kind naturgemäß zu der Ansicht gelangen, daß „der Wagen und sein Aussehen von höchster Wichtigkeit ist". Selbst den kleinsten Kindern entgeht nicht, was wir beobachten, was wir lesen, Dinge, die unsere Aufmerksamkeit wecken und selbst die Stimmungen unserer Umwelt. Sie sind geradezu Experten für das, was Mutter und Vater tatsächlich motiviert.

Kinder übersehen auch keineswegs unsere Einstellung zum Geld und die Begeisterung, die es auslöst, wenn es im Zentrum des Lebens ihrer Eltern steht. Geld beziehungsweise das Gefühl, das es uns vermittelt, ist zu einem höchst gefährlichen Schnellweg zu seelischer Sicherheit geworden. Die Werbung erklärt uns, daß der Schlüssel zu dauerhafter Zufriedenheit bei einem bestimmten Produkt zu finden sei. Ein falsches Wertgefühl und die Pseudosicherheit durch Geld erzeugt bei kleinen Jungen eine seelische Distanz. Wenn der Lebensstil der Eltern zum Ausdruck bringt, daß angenehme Gefühle, Freundschaft und produktive Beziehungen sich mit Geld einstellen, braucht es einen dann zu wundern, wenn diese kleinen Jungen zu Männern heranwachsen, die ihr Augenmerk hauptsächlich darauf richten, zu immer mehr Geld zu kommen?

Wer kann den Kindern beibringen, daß eine fürsorgliche Familie aufgebaut und nicht gekauft werden muß? Mutter und Vater. Die Zeit, die wir in fürsorglicher und überlegter Weise mit unseren Kindern verbringen, vermittelt ihnen die Vorstellung, daß Menschen, Gespräche und Fürsorge für andere echte Befriedigung schenken.

Heute wird so gerne mit dem Begriff „besondere Zeit“ operiert. Wenn wir schon nicht Stunden mit unseren Kindern verbringen können, dann muß das durch „besondere Zeit“ wettgemacht werden. Nach Tagen und Wochen fehlender Aufmerksamkeit und nicht geführter Gespräche schnüren wir eine Familie von Fremden zusammen und zwingen ihnen, die selten miteinander reden und sich gar nicht richtig kennen, ein bißchen Spaß auf.

Ein Vater, der diesem Verhaltensschema verhaftet war, berichtete folgende Geschichte vom Familienausflug in den Zoo. Nachdem die Kinder genötigt worden waren, die Comic-Serie im Fernsehen auszuschalten, saßen sie schließlich alle im Auto auf dem Weg zum verordneten Spaß. Eines der Kinder lehnte sich auf dem Rücksitz zurück und fragte: „Dad, ist das heute eine besondere Zeit?“ In der Welt eines Kindes gibt es keine „besondere“ Zeit. Es gibt nur Zeit.

Stellen Sie ihn vor Herausforderungen

Ein junger Mensch muß lernen, daß Eigentum und Verantwortung Hand in Hand gehen. Je mehr Dinge wir besitzen, desto mehr Zeit wird auf die Pflege dessen verwendet, was wir zusammengetragen haben. Anstatt den Prozeß der Reife zu fördern, gestatten wir den Kindern oftmals, sich an Besitz und Gebrauch der Dinge zu erfreuen, halten aber die Verantwortung dafür fest.

Wenn ich in ein Haus mit kleinen Kindern komme und die Mutter dabei beobachte, wie sie herumkrabbelt und Spielzeug aufhebt, bin ich versucht zu fragen: „Sind das Ihre Spielsachen?“ Statt ruhiger Anweisungen vermitteln wir allzu häufig ein Leben des Krisenmanagements. Genau dies ist die Denkweise, die ein Ehemann, der beschloß, der Wirklichkeit zu entfliehen, sein Leben lang kultivierte. Während die Probleme im Alter von fünf Jahren relativ einfach zu lösen sind, werden sie bei einem Fünfundvierzigjährigen zäher als Sohlenleder.

Diese Einflüsse der Eltern sind, wie ich schon bemerkt habe, bei der Erziehung von Jungen besonders wichtig. Natürlich haben andere Einflüsse bei der Erziehung von Söhnen und Töchtern Bedeutung, die zu gesunden, vollständigen Menschen heranwachsen sollen.

Umgang mit der Gewohnheit der Schuldzuweisung

Die Fähigkeit, Verantwortung von sich zu weisen, beginnt in der Kindheit und wird im Erwachsenenalter vervollkommnet: Einem Problem folgt die Reaktion der Schuldzuweisung auf dem Fuße. Damit wird einem Kind erlaubt, verantwortungslos zu sein. Jedes Problem ist das Problem eines anderen.

Das Entwischen aus der Schuld ist eine Wissenschaft, die schon im Garten Eden praktiziert wurde. Sie gehört zur Natur der Sünde. Ich verbringe, wie mir scheint, ein Leben lang damit, über lange und kurze Strecken mit drei kleinen Kindern auf dem Rücksitz herumzufahren und kann ein Urteil darüber abgeben, wie ausgeprägt der Zug zur Schuldzuweisung im menschlichen Charakter ist. Kein Stoß, Schubser oder böses Wort ist jemals ein Originalvergehen. Alles Böse scheint von jemand anderem verübt zu werden.

Das Problem der Schuldzuweisung besteht darin, daß es sich im Laufe der Zeit wie Zement verfestigt.

Georg war ein Student, der einen Sommer lang bei uns wohnte. Seine Reife stand in starkem Gegensatz zu seinen liebenswerten Eigenschaften. Er war sechsundzwanzig, mit dem Verhalten eines Vierzehnjährigen, ein kleiner Junge in einem ausgewachsenen Körper. Seine Mutter hatte stets hinter ihm hergeräumt, und wir merkten plötzlich, daß wir bedauerlicherweise das gleiche taten – während wir uns seine Ausreden anhörten und noch selbst einige beisteuerten.

Nachdem er zu einem Besuch bei seinen Eltern weilte, rief ich seine Mutter an, um zu erfahren, wann er zu uns zurückkehren werde. Sie sagte mir, ihr Sohn habe sie gebeten, mich vom Flugplatz aus anzurufen in der Erwartung, ich würde ihn bei seiner Rückkehr abholen. Nachdem ich erklärt hatte, daß ich andere Pläne habe, fragte ich: „Macht er das öfters?“

Sie erwiderte: „Ach ja. Ich glaube, er erwartet einfach, daß andere Erwachsene ihn so behandeln, wie er das von seinen Eltern gewohnt ist.“ Sie fügte noch einen interessanten Kommentar an: „Er ist ein guter Junge – ein bißchen unordentlich – aber ein guter Junge.“

Das sind traurige Worte, wenn sie einen Vierzehnjährigen beträfen, doch im Zusammenhang mit einem Sechsundzwanzigjährigen sind sie tragisch.

Die Liste der Entschuldigungen von Georg und seinesgleichen

nimmt kein Ende. („Ich mußte zur Vorlesung rennen, drum konnte ich meine Wäsche nicht aus der Waschmaschine holen"). Diese fortwährenden Rechtfertigungen sind die Folge, wenn ein Kind in einer „Schaumgummi"-Umwelt aufwächst. Wenn kleine Buben sich ständig sanft aus Fehlern davonschleichen dürfen, werden sie zu großen Jungen, die auf die Fehler anderer Menschen zeigen, aber nie gelernt haben, eigene Fehler zuzugeben.

Helfen Sie ihnen, eigene Werte zu entwickeln

Nichts ist so sehr unser eigen wie eine Idee, die unserem persönlichen Denken entsprang, oder Gegenstände und Handlungen, für die wir die Verantwortung übernehmen.

Viele Kinder sind jedoch daran gewöhnt, daß alle ihre Ansichten durch den Druck der bedeutsamen Leute in ihrem Leben geformt werden – einschließlich überängstlicher Mütter, dominierender Väter und Gruppen von Gleichaltrigen. Im Endeffekt wissen die Kinder nicht, woran sie wirklich glauben, und ihre Werte verschieben sich je nachdem, wer zu der Zeit den meisten Einfluß auf sie ausübt. In ihrer eigenen Vorstellung bleiben sie „kleine Leute", deren Pflicht es ist, Konflikten und Schmerzen aus dem Weg zu gehen. In der Ehe tendieren sie zur Rolle des schwachen Ehemannes oder der Frau, die ihre Verbitterung unterdrückt, aber gleichzeitig zuläßt, daß sie mißbraucht wird.

Wenn ein Kind vor Gericht als Zeuge vorgeladen wird, lautet eine der ersten Fragen zur Feststellung seiner Aussagefähigkeit: „Kennst du den Unterschied zwischen Recht und Unrecht?" Es überrascht, wie viele Kinder diese Frage nicht eindeutig beantworten können. Ihnen wurde beigebracht, daß „was recht ist, ein gutes Gefühl gibt, und was unrecht ist, ein schlechtes Gefühl". Die Ursache liegt darin, daß die Pflicht der Eltern zur Entwicklung von Werten sich allzu oft nicht um den allgemeinen Standard von Recht und Unrecht dreht. Sie tendieren zu dem, was bequem und billig ist oder was Anerkennung einbringt.

Wir sagen den Kindern „rühr das nicht an", „sag nicht...", „mach das nicht". Oft vergessen wir aber, ihnen zu sagen, aus welchem Grunde. Wenn man ihnen die Gründe nennt und eine Lektion für die Zukunft gibt, dann braucht das Zeit, Nachdenken und Anstrengung.

Zu den Dividenden gehören auch Charakterbildung und Wertvorstellungen, denn sie wachsen innerlich im Denken eines Kindes.

Als ich jung war, mahnten mich meine Eltern, mich ordentlich zu benehmen, wenn ich irgendwo eingeladen war. „James, nimm dir keine Bonbons oder Schokolade, wenn's dir nicht jemand angeboten hat." Die Worte, die solchen Ermahnungen folgten, wogen noch schwerer: „Du bist ein Gentleman, und ein Gentleman wartet immer geduldig, bis ihm etwas angeboten wird." Ich konnte das Haus meiner Gastgeber nicht nur mit einer Liste von „tu das und laß jenes" bewaffnet betreten, sondern mit einem Bild von dem, wer ich war und dem Wissen, wie das mein Verhalten beeinflussen würde.

Ausgefeilte Wertvorstellungen sind die Produkte von Heim und Familie. Um den Charakter eines Menschen zu erreichen, ist viel Zeit zum Verständnis und das Engagement zu langdauernden Resultaten vonnöten. Christliche Erziehung ist zwar etwas Wunderbares, aber sie kann niemals den direkten lebendigen Einfluß einer Familie ersetzen.

Arbeiten Sie an guter Kommunikation

Kinder werden tief betroffen, wenn Eltern ihnen das Wort abschneiden oder es nicht verstehen, die Kommunikation mit ihnen zu unterhalten. Die Unerfahrenheit ihrer Eltern bringt diesen Kindern Nachteile, und sie glauben dann, daß der Mangel an Verständigung ihr eigener Fehler sei und nicht das Versagen ihrer Eltern. *Reden* ist nicht *unterweisen,* doch manche Eltern erteilen Anweisungen und nehmen dann an, daß das Kind wissen muß, was es zu tun hat.

Um ein Kind richtig zu unterweisen, braucht man Zeit und die Bereitschaft, den Kindern sich selbst und seine Gedanken zu offenbaren.

Vor kurzem führte ich in der Gemeinde ein Gespräch mit einem Besucher aus China. Unsere Familie ist kaum jemals unter den ersten auf dem Parkplatz draußen, und an diesem speziellen Sonntag ergriff meine Kinder wachsende Ungeduld, weil es so lange dauerte, bis sie nach Hause zum Essen und einem vergnügten Nachmittag kommen würden. Nachdem sie zum dritten- oder viertenmal mein Gespräch unterbrochen hatten, machte ich mir in Gedanken eine Notiz, ihnen nach dem Heimkommen eine Lektion in Benehmen zu erteilen.

Bevor das Essen aufgetragen wurde, tagten wir auf der Wohnzimmercouch. „Ihr wißt, Kinder", begann ich, „daß wir nicht nur in die Kirche gehen, um uns eine Predigt anzuhören, Lieder zu singen und die Sonntagsschule zu besuchen. Warum gehen wir *sonst noch* in die Kirche?"

Nach vielerlei Diskussion wurde das Thema herausgearbeitet: „Dad, wir gehen auch in die Kirche, um Menschen liebzuhaben und ihnen dabei zu helfen, daß sie Jesus kennen und lieben lernen."

Ich griff das bereitwillig auf. „Wißt ihr, genau das habe ich für unseren Besucher heute zu tun versucht, als ihr uns unterbrochen habt. Er mußte das Gefühl bekommen, als sei er ein Eindringling. Möchtet ihr gerne allein in einem fremden Land sein und das Gefühl haben, daß niemand sich die Zeit nimmt, mit euch zu sprechen?"

Ernsthaft und nüchtern wie drei Richter saßen sie da. Bei zweien der drei Richter füllten sich die Augen mit Tränen.

„Dad, wir wußten nicht, worüber du gesprochen hast."

„Ja, niemand hat uns das gesagt."

Darauf erwiderte ich: „Ich weiß. Meine Aufgabe ist es, euch diese Dinge beizubringen, und ich respektiere euch drei und glaube, daß ihr alt genug seid, diese Lektion zu lernen."

Später, als wir beim Essen saßen, wurde ein kurzes Gebet gesprochen, daß „wir unseren Freund aus China besser kennenlernen."

Bemühen Sie sich um Verbundenheit zwischen Geschwistern und der erweiterten Familie

Isolierung erzeugt nur einsame, unabhängige, egozentrische Menschen (also genau die Eigenschaften bei einem Ehemann, die eine Frau auf die Palme bringen!)

Der rauhe Individualist ist der Held in unserer Kultur, nicht der Mensch, der mit anderen zusammenarbeitet und lernt, ihnen zu helfen. Die Technik erlaubt es Kindern, isoliert und ohne die Herausforderung einer notwendigen Kooperation heranzuwachsen. Meine Kindheit war erfüllt von Träumen und den kollektiven Anstrengungen anderer Buben und Mädchen, eine Phantasiewelt mit Armeen, Rittern zu Pferd, Indianerüberfällen und Häuschen auf der Prärie zu schaffen. Viel zu oft kreist heute die Welt eines Kindes um einen Fernsehschirm und auf Wechselwirkung abgestelltes Spielzeug als Ersatz für wirkliche Menschen. Familien sind nun kleiner geworden, und die isolierte Welt vieler Kinder ist auf die Größe des Raumes vor dem Fernseher zusammengeschrumpft. Während Kinder nach Anregung durch andere Menschen hungern, spüren Sie sehr wohl, daß sie mit einer Diät von Geld und Sachen gefüttert werden.

Vor mehreren Jahren, als unsere Kinder zwischen drei und sieben Jahre alt waren, stellte ich eines Abends fest, daß es bei uns zu Hause von Häschen wimmelte. Jedes der Kinder hatte sich Hasenohren aus Papier gemacht und einen Wattebausch als Schwänzchen hinten am Rücken befestigt. Jedes hatte sich selbst einen Bart zurechtgemacht und hielt eine Karotte in den „Pfoten", während es durchs Wohnzimmer hoppelte. Unter ihnen befand sich zu meinem Erstaunen auch ein achtjähriger Zyniker aus der Nachbarschaft. Andrew, der einzige Sohn eines berufstätigen Ingenieursehepaars, erschien regelmäßig an unserer Haustür, um sein neuestes kostspieliges Spielzeug vorzuführen, doch er hatte ständig Schwierigkeiten, mit anderen Kindern zu spielen.

Meine Frau zog mich auf die Seite. „Sie wollten, daß ich ihnen helfe, Häschen zu sein. Als Andrew kam, schaute er sie an und sagte: 'Das ist doof.' Doch nachdem er ein Weilchen zugesehen hatte, wollte er auch ein Häschen sein, und da ist er nun!" Nie habe ich unseren kleinen „Neinsager" glücklicher erlebt. Die ungeordnete, weit geöffnete Welt des phantasievollen Kinderspiels läßt sich durch nichts ersetzen.

Legen Sie mehr Schwergewicht auf das Spiel als auf den Wettstreit

Kinder müssen die Fähigkeit, mit anderen zu arbeiten und zu spielen, kultivieren. In vielen Vorstädten ist der Wettstreit schon in frühem Alter an die Stelle des unorganisierten Spiels getreten. Als Footballtrainer an einer Highschool erlebte ich junge Burschen im Alter von fünfzehn Jahren, die bereits seit sieben Jahren einem Club angehörten. Anstatt einfach ein Spiel zu sein, war Football für sie ein Ort geworden, an dem sie sich beweisen mußten, was weit über ihrem Stand kindlicher Reife lag.

Kinder, die der Erwachsenenwelt der Konkurrenz „auf Leben und

Tod“ unterworfen sind, werden viel zu früh einer Atmosphäre von Streß ausgesetzt, wo absolute Regeln herrschen und die Sprache und Intensität kaum als „Kinderspiel“ bezeichnet werden kann. In dieser Welt können kleine Jungen es sich nicht leisten, verletzbar zu sein oder zu weinen. Diese harte Schale des „Machos“ paßt zu einem Jungen wie ein Paar Socken an Hühnerbeine. Doch er versucht weiter, sie mit sich herumzuschleppen, als sei es das, was die Autoritätsfiguren in seinem Leben von ihm verlangen.

Wenn ein Kind lernt, zu anderen in einer Kinderwelt Beziehungen zu unterhalten, dann tut es sich mit seinesgleichen auf seinem eigenen Niveau zusammen und wird ein viel kontaktfreudigerer und sozial höherentwickelter Mensch. Wenn ihm das Leben jedoch in beschleunigtem Tempo zwangsweise eingetrichtert wird und Fehlschläge eine neue, fatale Auswirkung auf seine sich entwickelnde Persönlichkeit bekommen, versucht es nur, sich vor anderen zu verbergen und vielleicht in zunehmend schädliche Auswege zu flüchten.

Kinder, die auf schnellstem Weg in das Erwachsensein katapultiert und den Konkurrenzstürmen der Gesellschaft ohne Fallschirm ausgesetzt wurden, sind im späteren Leben Anwärter auf tiefergehende Störungen. Kleine Jungen glauben, sie müßten ein Fußballstar werden, und kleine Mädchen spielen die Rolle von Vamps, ehe sie überhaupt wissen, was Liebe bedeutet. Bei diesen Alternativen ist es Kindern vorherbestimmt, irgendwie und irgendwann einen Fehlschlag zu erleben. Wenn in ihrer Welt kein Raum für Versagen bleibt und das Konkurrenzgefühl überhandnimmt, dann wird die Aussicht, die sie für ihr eigenes zartes Leben mit herumschleppen, wirklich verzerrt und düster. Diese unter Druck heranwachsenden Jugendlichen werden mit der Zeit zu vorrangigen Kandidaten für Ehen, in denen ein Junge sich selbst als Mann sieht, der in der Welt niemals versagen darf, und jedes kleine Mädchen mit dem Gefühl aufwächst, daß sie alles haben und tun müsse.

Kinder der gehobenen Mittelklasse können leicht durch Reichtum isoliert und löffelweise mit Streß gefüttert werden. Die Erwartungen, die ihre Eltern an sie stellen, nehmen mit jedem Geschenk zu. Die Ansammlung von Sachen, Geld und Vergünstigungen wirkt sich als außerordentliche Belastung aus, die sie nicht länger ertragen zu können glauben. Da sie erst Kinder sind und ihr Leben doch schon auf einer Schnellstraße abläuft, haben sie das Gefühl, ihr Leben sei „außer

Kontrolle". Wenn sie nun aus engen, herzlichen Verbindungen zu anderen Kindern herausgerissen werden und sich in Beziehungen eingespannt sehen, die von starkem Wettbewerb geprägt sind, muß dies zwangsläufig zu einer Katastrophe führen. David Elkind, Pädagogik-Professor an der Tufts University, schreibt:

> Jugendliche sind sehr publikumsbewußt. Versagen ist ein öffentliches Ereignis, und der Heranwachsende spürt die öffentliche Mißbilligung. Gerade dieses Gefühl, daß „jeder Bescheid weiß", macht die Sache so schmerzlich und kann zu versuchtem oder vollendetem Selbstmord bei Jugendlichen führen. Das Antreiben unserer Kinder hat meiner Ansicht nach zu dem außerordentlichen Anstieg der Selbstmordrate unter jungen Leuten im vergangenen Jahrzehnt geführt.

Ein gewisses Maß an Selbstkritik bei Kindern ist vernünftig, wenn sie richtig eingesetzt wird. Aber unsere Gesellschaft nimmt Kinder, die es nach Spielen dürstet, und verpaßt ihnen einen Schluck aus einem Feuerwehrschlauch. Wenn Eltern nicht das Streßniveau ihres Kindes beobachten, wenn ihnen entgeht, was ihre Kinder empfinden, dann führt die aufgezwungene Konkurrenz zu Erwachsenen, die ihre eigene Selbstachtung durch die Anstrengungen eines Kindes suchen, das zufällig den gleichen Nachnamen trägt.

Vergleiche sind und waren immer ein menschliches Problem, und dieses Problem betrifft auch Kinder. Paulus warnt uns davor in 2. Korinther 10, 12:

> Denn wir wagen nicht, uns denen zuzurechnen, die sich selbst empfehlen, oder uns mit ihnen zu vergleichen; aber weil sie sich nur an sich selbst messen und mit sich selbst vergleichen, sind sie unverständig.

Niemand gewinnt bei dem subjektiven Spiel des menschlichen Vergleichs. Entweder liegen wir vorn und werden stolz, oder wir schneiden schlecht ab und werden unsicher. Doch Konkurrenz läßt wenig Platz für Zweifel – entweder man gewinnt oder man verliert. Wenn ein Kind ständig den kürzeren zieht und dazu noch in einer Familie lebt, wo es nicht durch bedingungslose Liebe gestützt wird, dann ist die Belastung durch den streßbeladenen Wettstreit den möglichen Vorteil, den er bringen kann, nicht wert.

Keiner dieser Faktoren bringt einen Jungen für sich allein dazu, später ein passiver oder distanzierter Ehemann zu werden. Doch bei ihrem Vorhandensein und einer unvollständigen oder verwirrenden Grundlage der Liebe ergibt sich ganz natürlich ein Leben der Flucht vor Schmerz, dem Fürsorge in der Familie fremd ist. In unserer Gesellschaft, wo alle diese Faktoren auf uns drücken und die Scheidungsrate sowie das Phänomen der Familien mit alleinerziehenden Elternteilen weiter anwachsen, werden gleichgültige Männer und enttäuschte Frauen vielleicht zur unseligen Norm.

Der Umgang mit häuslichen Konflikten

Das Wichtigste, was ein Mann für seine Kinder tun kann, ist, daß er ihrer Mutter in Liebe zugetan ist. Eine Frau wiederum kann nichts Besseres für das Wohlbefinden ihrer Kinder tun, als ihrem Mann Achtung entgegenzubringen und ihren Kindern damit ein Gefühl der Sicherheit zu vermitteln. Jede Lösung für eine Fehlentwicklung bei den Kindern muß notwendigerweise beim Verhältnis zwischen Vater und Mutter beginnen. Wenn ein Kind sich seine beiden Eltern ansieht, kommt es unweigerlich zu dem Schluß: „So werde ich auch einmal." Dieser Gedanken kann für Eltern erschreckend oder tröstlich sein.

Viele Frauen haben ihre Männer als rettungslos abgeschrieben. Die Pein ihres Lebens wurde zu stark, und die Enttäuschungen häuften sich immer mehr. Für die Frau, die ihrer eigenen Zukunft den Rücken gekehrt und ihre Ehe abgeschrieben hat, mag dieses Kapitel über Kinder vielleicht als einzige Hoffnung erscheinen, ein Weg für einen Neubeginn. Ich würde diese Sehnsucht gerne stillen ohne die Qual, sich der Wurzel des Problems zu stellen, aber das kann ich nicht. Eine Frau kann das Problem ihrer eigenen Ehe nicht dadurch lösen, daß sie sich auf ihre Kinder konzentriert; ihr Brennpunkt muß erstens, zweitens und drittens das Leben sein, das sie mit ihrem Manne teilt. Dann können beide gemeinsam den Kindern helfen.

Schaffen Sie schöne Erinnerungen

Unser Tun entspringt unseren Erinnerungen. Vor unserem geistigen Auge sehen wir klar und deutlich die Lösung für unsere Probleme, und ob wir wollen oder nicht, wir stützen uns dabei auf die reichen

Erinnerungen unserer Kinderzeit. Manche Erwachsene bringen von der Quelle der Erinnerung einen leeren Eimer zurück, andere schleppen einen daher, der randvoll ist mit erfrischendem Wasser. Als Eltern müssen wir uns Ziele stecken für Dinge, an die sich unsere Kinder erinnern sollen. Wir sollten dabei nicht außer acht lassen, daß unsere Kinder nicht nur das im Gedächtnis behalten, was wir planen, sondern auch unsere ungeplanten Reaktionen – heftiges Aufbrausen, Entmutigung, schlechte Laune, Distanz und so fort. Aus all diesen Faktoren formt sich der Hintergrund für die Erinnerungen unserer Kinder. Die helle, hoffnungsfrohe Seite all dieser Dinge besteht darin, daß unsere Kinder sich sicher erinnern werden, welche Probleme wir hatten – doch in erster Linie bleibt ihnen im Gedächtnis haften, wie wir darangingen, sie zu lösen.

Der Ausgangspunkt für die Lösung von Problemen sind unsere Knie. Das Gebet wird häufig von jedem außer von Gott selbst übersehen. In der Heiligen Schrift wird es als gesunder, notwendiger Bestandteil einer christlichen Ehe dargestellt. In 1. Petrus 3, 7 werden die Männer ermahnt, ihre Frauen verständnisvoll zu behandeln und ihnen Achtung entgegenzubringen, „damit euer gemeinsames Gebet nicht behindert wird“. Das Gebetsleben der Eltern ist für Kindheitserinnerungen ein wertvoller Schatz.

Ich fragte einmal einen äußerst erfolgreichen Pastor, woran er sich bei seinem Vater, der Polier gewesen war, am meisten erinnerte. „Am deutlichsten ist mir im Gedächtnis“, sagte er, „daß ich morgens auf dem Wege zum Zeitungsaustragen am Schlafzimmer meiner Eltern vorbeiging und hörte, wie mein Vater für mich betete. Sooft ich in Schwierigkeiten stecke oder unsicher bin, was ich tun soll, fallen mir wieder die Worte meines Vaters ein: 'Herr, bitte führe du meinen Sohn und hilf ihm, ein Mann Gottes zu sein.' Ich werde das niemals vergessen.“

Auch die romantische Beziehung ihrer Eltern fasziniert Kinder. Wenn ein Kind etwas von den romantischen Erlebnissen seiner Eltern erfährt, gibt ihm das ein starkes Gefühl der Sicherheit. Damit wird ihm gesagt, daß es als Produkt von Liebe und Überlegung geboren wurde und nicht aus Zufall.

Eine langjährige Bekannte erzählte von einem Gespräch, in dem sie ihren Kindern den Heiratsantrag ihres Vaters schilderte. Die Kinder feuerten an jenem Abend eine Frage nach der anderen auf sie ab –

wohin sie gingen, was sie für Kleider anhatte, was sie unternahmen,– und was ihnen sonst noch einfiel.

Eins der Mädchen erkundigte sich: „Als Dad dich endlich bat, ihn zu heiraten, was hast du da empfunden?“ Meine Bekannte antwortete: „Ich hatte so ein Flattern in der Magengegend und wußte erst nicht recht, was ich sagen sollte.“

Bei diesen Worten schaltete sich die jüngste, sechsjährige Tochter ein: „Mama, als du dieses komische Gefühl in deinem Bauch gehabt hast, da haben wir Kinder uns gemeldet: 'Sag ja, Mammi, sag ja.'“

Die Technik hat uns ebenfalls einige wunderschöne Erinnerungsmöglichkeiten beschert. Alte Photoalben mögen für Besucher langweilig sein, doch für die Familie sind sie an einem verregneten Tag geradezu ideal. Bei seltenen Anlässen, wenn unsere Kinder Besuch von entfernt lebenden Vettern und Basen bekommen, borgen oder mieten wir uns auch eine Videokamera. Ungeachtet des neuesten Disneyfilms auf dem Markt genießen Familienvideos den Vorrang im Hause Walker. Die Kinder wollen sie von Zeit zu Zeit immer wieder sehen. Das ist schließlich die Familie, zu der sie gehören, und es sind ihre gemeinsamen Erinnerungen. Ob langweilig oder nicht, sie selbst sind auf den Filmen zu sehen, und das ist aufregend für sie! Es gibt einige „Dinge“, in die eine Familie wirklich investieren muß, doch Erinnerungen gehören unbedingt dazu.

Beginnen Sie Familientraditionen und setzen Sie bestehende fort

Tradition ist ein Teil der Kultur, und jede Familie hat ihr eigenes kulturelles Erbe; daran ist nicht zu rütteln. Traditionen sollten gehegt und geschützt werden. In unserer Familie wäre Weihnachten nicht Weihnachten ohne einen brennenden Klotz im Kamin und ein Fischstew am Heiligen Abend. Wir halten auch eine Bibellese und nehmen uns spezielle Zeit für eine Familiengeschichte von einem weit zurückliegenden Weihnachtsfest, die immer wieder erzählt wird. Zu Geburtstagen in der Familie Walker gehört es auch, daß wir um den Tisch sitzen und jeder berichtet, was er oder sie am Geburtstagskind besonders hervorheben möchte und was er an ihm mag. Der Gefeierte sitzt ganz still da, hört zu und strahlt. Diese Sitten und noch andere bilden etwas für unsere Familie Einziges und Besonderes.

Vermitteln Sie Werte und Ziele für die Familie

In vielen jüdischen Familien erhalten Feierlichkeiten ihren besonderen Akzent dadurch, daß Vater und Mutter das, woran die Familie glaubt, immer wieder erzählen. Traditionell stellt eines der Kinder die Frage: „Vater, warum ist dieser Abend anders als alle anderen Abende?" Darauf antwortet der Vater mit Sätzen, die jedes Jahr wiederholt werden und die ihm von seinen eigenen Eltern gelehrt wurden, damit er sie im Gedächtnis behalte.

Sicherlich gibt es Zeiten, da diese vielgebrauchten Worte langweilig und gestelzt wirken und andere Gelegenheiten, wo sie uns wärmen und im Gedächtnis haften bleiben. Doch das Endergebnis bleibt sich gleich: Eine Kontinuität dessen, was man denkt und glaubt. Der Prozeß ist also eine lebendige Kommunikation. Die Fähigkeit zu diskutieren, zu erklären, wer wir sind, was und warum wir glauben, ist in der Familie von heute fast eine ausgestorbene Kunst.

5. Mose 6, 4-9 enthält die eindrücklichsten und häufig gebrauchten Anweisungen für die Unterweisung von Werten in der Familie. Es beginnt mit einem Ausblick auf Gott: „Höre, Israel, der Herr ist unser Gott, der Herr allein" (V.4). Diese Aussage bezeichnet die erste und wichtigste Aufgabe der Familie bei der Vermittlung von Werten. „Wer ist Gott?" 5.Mos.6, 5 sagt uns: „Du sollst den Herrn, deinen Gott, liebhaben von ganzem Herzen, von ganzer Seele und mit aller deiner Kraft." Die Familie ist die Stelle, an der der theologische Reifen unseres Lebens die Straße berührt. Wie wir auf Gott reagieren und was wir über unseren Glauben an Gott äußern, liegt für Kinder offen zutage. Wenn wir über unseren Glauben sprechen, wollen unsere Kinder zu Recht wissen, was das bedeutet. Die Antwort auf diese grundlegende Frage wird jeden Tag gelehrt durch unser Tun, wenn niemand zusieht, durch das, wofür wir unser Geld ausgeben und wie wir auf die täglichen Ereignisse des Lebens reagieren. Ob es Ihnen gefällt oder nicht, es ist eine Tatsache, daß Eltern zu Hause einen Kurs in praktischer Theologie erteilen.

Unseren Aussagen über das, was wir glauben, sollte der tiefgehende Effekt unseres Glaubens auf unser Denken und Fühlen auf dem Fuße folgen. Nur selten sehen Kinder ihre Eltern einmal weinen, noch seltener werden sie Zeuge, wie sie über Kränkungen und das Leiden anderer weinen. Wenn wir als Eltern uns wünschen, daß unsere Kinder ein Gefühl für die Prinzipien entwickeln, die unsere Welt regieren, dann müssen sie diese Ethik auch in unseren Handlungen erkennen. Gott und sein Wort müssen tiefer reichen als bis zu dem, was wir sagen. Er muß auch unsere Empfindungen lenken. „Und diese Worte, die ich dir heute gebiete, sollst du zu Herzen nehmen" (V.6).

Vor kurzem hörte ich, wie ein Vater erläuterte, auf welche Weise seine Familie mit dem Schicksal der Obdachlosen in Berührung kam. Sie hatten in den Nachrichten ein Programm gesehen, das sich mit den frierenden und hungernden Menschen in der Stadt befaßte. Kurz nachdem das Programm zu Ende war, kam der zwölfjährige Sohn mit Decken über dem Arm die Treppe herab und ging in die Küche, um belegte Brote zu machen.

Der Vater fragte ihn, was er da tue.

Der Sohn gab zur Antwort: „Vati, ich kann einfach nicht zu Bett gehen und an diese Menschen auf unseren Straßen denken, die nichts zu essen haben und frieren müssen. Würdest du mich in die Stadt fahren und mir helfen, dieses Zeug zu verteilen?"

Der Vater erklärte, er habe es einfach nicht über sich gebracht, das erste zu entgegnen, was ihm durch den Sinn ging: „Weißt du auch, was diese Decken gekostet haben? Weißt du, wie lange man für den Weg in die Stadt braucht?" Wortlos zog er seine Jacke an, nahm ein paar Decken und begab sich zur Tür.

Dieses unbewußte, alltägliche Stückchen Leben ist es, das unseren Kindern wirklich vor Augen führt, was wir glauben und warum. 5.Mos.6, 7 weist darauf hin: „. . .und sollst sie deinen Kindern einschärfen und davon reden, wenn du in deinem Hause sitzt oder unterwegs bist, wenn du dich niederlegst oder aufstehst." Kurz gesagt, wir Eltern sind immer gefragt.

Abschließend möchte ich empfehlen, daß sich jede Familie die Zeit nimmt, um sich zusammenzusetzen und folgende Fragen zu diskutieren:

Kinder, was stellt diese Familie wirklich dar und was meint ihr, von welchem Glauben sie erfüllt ist?

Was kann ich tun, um euch diese Dinge noch besser beizubringen?

Wenn ihr an dieser Familie etwas ändern könntet, was würdet ihr anders machen?

Die Antworten auf diese einfachen Fragen könnten nicht nur den Kernpunkt für Familiengebet und Pläne bilden, sondern geradezu den Ausgangspunkt für ein Erziehungsprogramm. Sie könnten auch den Grundstein für ein geistliches Familienerbe legen, und die Auswirkung davon wäre die Entwicklung starker, gesunder, in sich ruhender Männer und Frauen für kommende Generationen.

Anmerkungen

[1] Es besteht ein natürlicher Widerstand gegen den Gedanken, daß das Schicksal durch die Anatomie bestimmt wird. Viele versuchen die Illusion einer von Frauen geleiteten Familie zu demonstrieren, in der der männliche Teil eine Rolle als Ernährer spielt, indem der Mann den Haushalt und die Kinder versorgt, während die Frau kraft ihrer Gaben und besonderen Fähigkeiten sich in die Welt hinausbegibt, um das Familieneinkommen zu verdienen. Ich bin mir darüber im klaren, daß der Versuch, hierbei Erfolg zu haben, nur Frustration mit sich bringt. Unsere Sexualität wird nicht mitspielen, sondern diese Rollen werden in hohem Maße von unserer Sexualität beeinflußt.

[2] Es gibt Zeiten, in denen eine Frau aufgefordert ist, eine feste Linie zu ziehen und ihren Mann von seinem Bedürfnis nach Mutterliebe weg in das Verhalten eines Erwachsenen hineinzuschubsen. (Mehr dazu in Kapitel 7).

Meinem Vater, der mich lehrte, ein Ehemann zu sein,
Joyce, die mir fortwährend beibringt, das zu schätzen, und
Nata, die mir zeigte, wie man über diesen Prozeß glücklich sein kann.

James Walker gehört dem Stab der „Navigatoren" in San José, Kalifornien, an. Er erhielt seinen Doktor der Theologie am Talbot Theological Seminary mit dem besonderen Schwergewicht praktische Theologie und Seelsorge. Er ist Pfarrer an der Evangelical Free Church. Er und seine Frau haben drei Kinder.

In der Reihe BRENNPUNKT FAMILIE sind außerdem erschienen:

Ross Campbell
Kinder sind wie ein Spiegel
Ein Handbuch für Eltern, die ihre Kinder richtig lieben wollen
Edition C, Nr. F 1, 112 Seiten

Tim Timmons
Ehe – nach Gottes Plan
Praktische Anleitungen, die Leben und Liebe in Ihre Ehe bringen
Edition C, Nr. F 6, 120 Seiten

Ilse Wenzel
Christliche Erziehung und Intelligenzentwicklung
Briefe an Claudia
Edition C, Nr. F 7, 120 Seiten

Joyce Landorf
Stark und zart
Wie sich eine Frau den Mann wünscht
Edition C, Nr. F 9, 144 Seiten

Joyce Landorf
Wendepunkte im Leben der Frau
Wenn wir ihn am meisten brauchen
Edition C, Nr. F 10, 128 Seiten

Ross Campbell
Teenager brauchen mehr Liebe
Ein Handbuch für Eltern, die ihre Teenager richtig lieben wollen
Edition C, Nr. F 11, 128 Seiten

Walter Trobisch/Jim Conway u. a.
Auch Eltern brauchen Liebe
Ein Handbuch für den Umgang mit Eltern und Verwandten
Edition C, Nr. F 12, 112 Seiten

Charles Swindoll
Entfache das alte Feuer
Vom Duell in der Ehe zurück zum Duett
Edition C, Nr. F 13, 168 Seiten

Richard Strauß
Geheimnisse biblischer Ehen
Die Flitterwochen sind vorbei
Edition C, Nr. F 14, 134 Seiten

Dorothy Pape
Wir Frauen und Gott
Was sagt uns das Neue Testament?
Edition C, Nr. F 16, 151 Seiten

Truman Esau/B. Burch
Ehe als Gabe und Aufgabe
Wie eine Ehe wird, wächst und gedeiht
Edition C, Nr. F 17, 137 Seiten

John White
Eros – Segen oder Fluch?
Wegweisung und Hilfe
Edition C, Nr. F 18, 168 Seiten

John White
Eltern im Schmerz
Ein Buch voller Trost und Rat
Edition C, Nr. F 19, 208 Seiten

VERLAG DER FRANCKE-BUCHHANDLUNG, MARBURG

In der Reihe BRENNPUNKT FAMILIE sind außerdem erschienen:

Duane Cuthbertson
Hilfe, ich erziehe
Entweder wir erziehen unsere Kinder, oder sie uns
Edition C, Nr. F 20, 132 Seiten

Elise Arndt
Rund um die Uhr
Wieviel Zeit hat eine Mutter?
Edition C, Nr. F 21, 152 Seiten

Ron Rand
Es ist noch kein Vater vom Himmel gefallen
Für Väter, die noch nicht vollkommen sind
Edition C, Nr. F 22, 164 Seiten

Phil Phillips
Aufruhr in der Spielzeugkiste
Gefahr für unsere Kinder
Edition C, Nr. F 24, 136 Seiten

June Miller
Warum sinken, wenn du schwimmen kannst?
Sieben Schritte für eine Frau zu einem frohen Leben
Edition C, Nr. F 25, 96 Seiten

Gary Smalley/John Trent
Bitte, segne mich!
Auf der Suche nach dem verlorenen Segen
Edition C, Nr. F 26, 220 Seiten

Ross Campbell
Kinder sind Persönlichkeiten
Hilfen zur geistlichen Reife
Edition C, Nr. F 27, 152 Seiten

Elise Arndt
Mütter – hautnah
Niemand kann ihre Liebe ersetzen
Edition C, Nr. F 28, 138 Seiten

Marie Chapian
Mutter, verstehst du mich?
Wie Mütter und Töchter Freundinnen werden
Edition C, Nr. F 30, 192 Seiten

Marylin W. Heavilin
Eine Frau nach dem Herzen Gottes
Meine liebe Tochter
Edition C, Nr. F 31, 104 Seiten

June Miller
Maria – die Mutter Jesu
Für Frauen von Heute
Edition C, Nr. F 32, 160 Seiten

Rod Boreham
Mein Leben für meine Frau
Was einen guten Ehemann ausmacht
Edition C, Nr. F 33, 128 Seiten

Joan Hake Robie
Neuer Aufruhr in der Spielzeugkiste
Die Bedrohung wächst
Edition C, Nr. F 34, ca. 160 Seiten

Sally Hudspeth
Für einen guten Start
Wie man Kinder auf die Schule vorbereitet
Edition C, Nr. F 35, 88 Seiten

VERLAG DER FRANCKE-BUCHHANDLUNG, MARBURG